이상주의와 공산주의

이상주의와 공산주의

이론과 실천의 역사적 전개와 내용

초판 인쇄 2019년 7월 10일
초판 발행 2019년 7월 15일

지은이 전석린
펴낸이 이찬규
펴낸곳 북코리아
등록번호 제03-01240호
주소 13209 경기도 성남시 중원구 사기막골로 45번길 14
우림2차 A동 1007호
전화 02-704-7840
팩스 02-704-7848
이메일 sunhaksa@korea.com
홈페이지 www.북코리아.kr
ISBN 978-89-6324-663-5 93300

값 17,000원

이상주의와 공산주의

이론과 실천의 역사적 전개와 내용

전석린 지음

북코리아

첫머리에

사람들은 지배와 억압이 없는 자유의 나라, 가난이 없는 평등하고 풍요한 나라, 서로 다툼이 없는 평화의 나라가 하늘 위에 있다고 믿고 있었고, 고도의 상상력으로 그러한 하늘나라를 환상으로 보고 있었다. 그러한 하늘나라를 지상에 옮겨서 '지상의 낙원'에서 살고자 한 것이 '이상주의'가 되고 있었다. 그러나 창세기 이전부터 오늘날까지 하늘에는 어두운 적막과 암흑과 무서운 자연의 혼돈만이 계속되고 있다. 하늘과 하늘나라도 없고, 평화도 없다. 하늘나라를 믿고 지상에 지상낙원을 건설하고자 한 것이 이상주의가 된 것이다. 그리스교의 교황이나 교회는 지상의 낙원을 건설하기보다는 세속의 부정부패와 타락에 중하고 있었다. 교황과 교회를 개혁하여 지상의 낙원을 건설하고자 한 개혁론자들을 이단으로 몰아서 파문하거나, 국외 추방, 화형(火刑)으로 무참하게 처단하였다. 많은 개혁주장론자들이 죽어갔다. 휴스(Hus)와 위클리프(Wyclif) 같은 사람들이 여기 포함되고 있었다.

이 책을 쓰면서 교황이나 교회가 그다지도 용납할 수 없는 악행을 할 수 있는가 하는 미운 생각이 들었고, 반대로 지상낙원의 건설을 위하여 목숨을 내던진 개혁론자들을 존경하는 마음과 함께 이상주의의 꿈은 아름다운 것이지만 그러한 이상사회가 지상에 건설될 수 없다고 여겨져서 불쌍한 생각이었다. 사람들이 사는 세상에는 지배와 억압이 있고, 부자와 가난한 사람들이 있게 마련인 것과 다툼과 전쟁이 없는 세상에서만 살 수 없겠다는 생각을 하게 되었다. '지상의 낙원'은 현실적으로 실현될 수 없다는 것도 깨닫게 되었다.

각 개인이 자신의 능력에 따라서 일하며 그 이상 일하라고 강요되지 않는 사회가 평등의 나라이다. 내 주장을 모두 관철하고자 하지 않는 사회가 평화의 나라이다. 이상주의가 추구하는 모든 것을 다 채우려는 사람들의 탐욕을 자제하는 사람들이 사는 곳이 이상사회이다. 하늘나라도 없고 하늘나라의 낙원도 없다는 것을 알게 되었다. 지상의 낙원도 없는 것이다. 또 앞으로도 있을 수 없을 것이다. 이상사회는 아름다운 꿈이지만 그 꽃을 꺾는 것보다는 잘 보살피고 바라보는 것이 우리가 해야 할 일로 알게 되었다. 이 책을 쓰면서 알게 된 교훈이다.

차례

제8장 러시아 공산주의 혁명 233

제1장 이상주의의 아침

1. 종말사상과 순환사상

유대인들은 사막의 모래바람 속에서 양떼를 몰고 풀밭을 찾아 유랑생활을 했다. 마실 물도 먹을 식량도 넉넉지 않은 상황 속에서 해가 뜨면 끝없이 이리저리 옮겨 다녀야 했다. 선지자 아모스는 이스라엘이 다마스쿠스와의 전쟁에서 승리하고 평화를 누리던 때의 사람이다. 그러나 사회 기강은 극도로 해이해져 있었고 부정부패가 만연했다. 사람들은 말할 수 없는 향락에 빠져 있었고 상류사회의 부유한 인사들은 부를 독점하고 빈민들을 학대했다. 유대인 사회의 내부는 빈민들의 불만으로 가득했고 사회적 혼란과 소요가 발발했다. 선지자 아모스는 베델의 축제에서 이러한 현상은 신의 뜻이 아니며 신의 뜻에 따라야 한다고 경고했다. 아모스는 개인의 타락, 부도덕, 불법보다 유대인 사회 및 국가의 타락과 범죄를 비판했다.

선지자 이사야는 구약성서 39권 중에서《욥기》와《시편》과 더불어 3대 걸작으로 알려진《이사야서》에서 사회와 정치 그리고 국가의 불법과 타락을 꾸짖었다. 가난한 사람들에게 부당하게 무거운 세금을 물리는 세리들과 재판에서 가난한 사람들에게 억울한 판결을 내리는 재판관들을 꾸짖었다. 부자들의 지나친 사치와 낭비를 꾸짖고 상인들의 부당한 상행위를 경고했다. 풍요롭게 살아가는 낙원의 꿈을 예언했다. 종말의 날에 모든 유대인들이 살아갈 이상적인 꿈의 나라를 예언했다.

유대인들은 계속되는 유랑생활 속에서 그들이 어디에서 왔으며 또 어디를 향해 가고 있는지 생각했다. 모든 것에는 시작이 있고 끝이 있는 법이다. 유대민족은 신에 의해 특별히 선택되어 창조된 민족이라고 스스로를 믿었다. 선민사상은 그들이 믿는 철학이며 신앙이었다. 지금 그들이 살고 있는 자연적 생활환경이 어렵고 또 가난해도 그들이 이르게 될 종말의 땅은 천상의 낙원 같은 이상향일 것이라고 믿었다.

맑은 시냇물이 넘쳐흐르는 곳, 깨끗하고 시원한 물이 끊임없이 솟아오르는 곳, 형형색색의 풀과 꽃이 다투어 피어나는 곳, 푸르고 무성한 나무들이 시원한 그늘을 만드는 곳, 과일과 식량이 넉넉하고 풍요로운 곳, 가진 자와 못 가진 자 없이 모두가 풍요롭고 평등하게 살아갈 수 있는 곳, 호령하고 억압하는 지배자도, 지배받는 자도 없이 자유롭게 살아가는 곳, 강제로 일하지 않아도 되는 자율의 땅, 젖과 꿀이 흐르는 지상의 낙원을 유대인들은 꿈꿨다.

선민사상과 종말사상을 통해 결국은 지상의 낙원에 살 수 있으리라는 꿈이 유대인들의 이상이었다. 유대인들은 그들의 종교적 신앙으로 이상사회를 포장하고자 했다. 이상사회의 아침은 이렇게 밝았다. 아모스나 이사야의 예언서와는 달리 경제적 측면과 사회적 제도 면에서 구체적으로 실천해야 하는 내용이 《신명기》와 《레위기》에 기록되어있다. 《신명기》는 모세가 유대인들을 이끌고 애급에서 광야로 나와 40년의 방랑생활을 하며 고난을 겪고 이를 극복하고 이길 수 있었던 것은 신의 가호와 은총이 있었기에 가능했다고 기록하고 있다. 그런 신의 가호와 은총을 체험할 수 없었던 제2세의 유대인들을 위해 쓰인 것이《신명기》다.《신명기》는《레위기》와 함께 고대적 형태의 사회입법 또는 구빈법으로 이상주의의 내용을 담고 있다.

레위는 야곱의 셋째 아들이었고 그 후예로 아론과 모세가 있다. 그의 후손들이 제사와 사제의 일을 수행했다. 모든 사람은 법 앞에 평등하다. 사회생활에 있어서 귀천이나 빈부의 차이에 의해 차별을 받아서는 안 된다. 특히 부당하게 재판을 해서는 안 된다. 작물을 생산하는 사람은 추수할 때에 한 모퉁이를 남겨놓아야 하며 이삭을 충분히 떨궈두어서 가난한 사람들이 거두어들이도록 한다. 매년 소출의 1/10을 성읍에 비축하여 빈민들의 식량으로 삼도록 한다. 농사를 6년 경영하고 7년째 되는 해를 안식년(安息年, Shabbat)으로 하고 모든 채권과 채무를 없던 것으로 한다. 안식년은 사람과 사람 사이, 사람과 자연 사이에 완전한 조화를 회복하는 휴식의 해이다. 어떤 것을 파괴하거나 어떤 것을 새롭게 건설하지 않아야 한다. 인간과 인간, 인간과 자연세계와의 싸움에서 휴전이 되는 해이다.

이러한 안식년이 일곱 번 지난 49년의 다음 해, 즉 50년째 해를 특히 희년(禧年)이라고 하여 유대인들이 지켜야 할 여러 계율을 정해두었다. 이 계율은 유대인들의 꿈, 이상사회를 실현하는 이상주의의 내용으로 이루어져 있다. 재판은 하나님, 즉 신에 속한 것으로서 빈부와 귀천을 가리지 말고 공평해야 한다. 모든 곡물의 생산자들은 그 소출의 1/10을 성읍에 비축하여 가난한 레위인과 과부, 고아들을 굶주리지 않게 한다. 모든 채권을 포기하며 웃는 낯으로 채무노예를 자유롭게 한다.

개인적인 사유욕에 따른 경제활동을 구약성경은 인정하고 있다. 인간은 근본적으로 강한 소유욕을 버릴 수 없다고 본다. 그러나 그러한 인간의 소유욕을 제한 없이 허용하면 사람들의 개인적인 능력의 차이가 있기 때문에 빈부의 격차가 크게 드러나게 된다. 아랍 세계의 포위 속에서 유대민족과 그들의 신앙과 종교를 계속 유지할 수 없게 된다. 유대민족의 결집력을 유지하고 그들의 꿈인 지상낙원이라는 이상을 실현하기 위해 이상주의 사상을 종교적인 신앙으로 포장하게 되었다.

대서양을 끼고 지중해의 온화한 기후 속에 넘실거리며 흘러가는 강물과 비옥한 땅이 있고 수풀과 나무가 우거진 산과 들에서 그곳 사람들은 유대인들과 다른 기후조건과 자연환경에서 살았다. 그 땅에 터를 닦고 아담한 집을 짓고 농사를 지으며 사는 사람들이 있었다. 사막의 모래바람 속을 걷지 않아도 되었다. 어젯밤에 만난 이웃과 같은 곳에서 오늘 밤에도 다시 만날 수 있다. 내일도 같은 생활이 이어진다. 봄에 밭을 갈고 씨를 뿌리고 가꾸면 가을에 넉넉한 수확을 할 수 있었다. 이 사람들은 신이 약속한 낙원이 아닌 사람과 사람의 어울림 속에서 살았다. 모든 것이 되풀이되는 순환 속에서 사는 것이다. 이러한 생활과 자연환경이 그들의 철학이 되었고 순환사상(Cyclism)이 되었다. 처음이 있고 끝으로 맺어지는 유대인들의 절대적인 종말사상과는 다르게 순환되는 상대적인 사상이 되었다.

순환사상을 말할 때 플라톤(Platon: B.C. 427-347)을 빼놓을 수 없다. 플라톤은 아테네의 부유한 가정에서 태어났다. 희랍사회가 지극히 융성했던 페리클레스(B.C. 459-431) 시대의 막이 내려진 때에 활동했다. 기원전 404년에 아테네가 스파르타와의 전쟁에서 패전하고 폭군정치가 있었던 때이며, 소크라테스가 처형된 시기이기도 했다. 그의 정치학으로서 《국가론》(*The Republic*)과 《법률론》(*The Law*) 등 두 권의 대표작이 있다. 기원전 388년에 아카데미를 창설했고 디온(Dion)의 소개와 추천으로 시라쿠사(Syracusa)에서 디오니시우스(Dionysius)를 도와 그의 이상국가 이론을 현실 속에서 실현하려고 했으나 성공하지 못했다. 그의 저서의 중요한 내용은 다음 몇 가지로 요약할 수 있다.

진리란 무엇인가? 옳고 바른 정당한 생활방법은 어떤 것인가? 통치의 목적은 무엇인가? 이상적인 정치제도는 어떤 것인가? 훌륭한 통치자는 왜 필요한가? 지식이란 무엇인가?

플라톤은 인간이 소유한 물질과 부의 많고 적음이 아닌 정신적인 것과 타고난 성품에 따라서 인간을 세 부류로 나누었다. 물질적인 것에 지배되며 물질의 생산을 위해 성실하게 일하는 사람들을 생산 계급이라고 했다. 용기가 있고 용맹하며 투쟁적인 사람들을 전사 계급이라고 칭했다. 이들은 외부로부터 쳐들어오는 적에 맞서서 백성과 나라를 구하고 지켰다. 생산 계급이나 전사 계급보다 훨씬 이성적이고 참다운 지식을 가진 사람들을 철인 계급, 즉 지배자(The Ruller)라고 했다.

철인들이 왕이 되거나 모든 왕들이 철학자가 되어야 한다. 철인들이 하는 일은 그 사회의 구성원들에게 알맞은 일을 맡기고 그 일을 감독하는 것이었다. 또 장차 철인이 될 아이들에게 시, 미술, 문학에 대한 교육을 하는 것이었으며, 이들은 특히 음악을 중시했다.

철인 계급은 가족과 사유재산을 갖지 못하도록 했다. 일상생활에서 부족하지도 남지도 않을 만큼의 식량과 생필품을 받을 수 있었다. 사유재산은 사람들이 서로 미워하며 다투게 되는 원인이라고 보았다. 특히 가족은 인간의 소유욕을 억제할 수 없도록 만드는 원인이라고 보았기 때문에 가정을 갖지 못하게 했던 것이다.

철인들은 같은 지붕 아래서 잠자야 하며 같은 식탁에서 먹어야 했다. 내 집이나 식당이 따로 없는 공동생활을 했다. 부부관계도 일부일처제가 아니라 우생학적으로 선발된 여인들이 철인 모두의 아내이며 철인은 이 여인들의 남편이 되는 공동 부부가 되어야 했다. 아이가 태어나도 그 아버지를 알 수 없어야 했다.

아리스토텔레스는 플라톤의 철인정치에 대해 다른 의견을 내놓았다. 플라톤은 철인들의 생활에 대해 많은 내용을 썼으나 생산 계급이나 전사 계급에 대해서는 별로 살피지 않은 것 같으며, 사람을 가족이나 가정 또는 재산도 갖지 못하면서 사회와 국가만을 위해 헌신적으로 일할 수 있는 존재로 본 것은 그대로 받아들일 수 없다는 것이었다. 따라서 철인들에게 요구한 내용이 현실 속에서 실현될 수 없다는 점을 지적했다.

희랍 도시국가의 자연환경이나 그 속에 살았던 사람들의 생활은 종말적인 것이 아니라 순환적인 것이었다. 플라톤은 정치형태 역시 순환의 논리로 논했다. 군주정치가 여러 정치 형태로 변하면서 우중정치가 되고 그것이 다시 군주정치로 이어지는 순환의 논리를 따랐다. 그러나 그 정치형태가 모두 이상적인 것은 아니었다. 변형되는 정치형태의 고리를 끊고 철인정치를 내세워 이상주의의 철학적인 논리로 삼은 것이 플라톤의 이상주의가 되었다.

인간은 절대적인 존재가 아니다. 상대적인 존재다. 희랍의 도시국가에 살았든 사막의 모래바람 속에 있었든 인간은 상대적인 존재일 수밖에 없었다. 인간은 그렇듯 상대적 가치에 만족하지 못하고 절대적 가치를 꿈꾸며 찾고자 했던 것 같다. 인간들이 찾았던 꿈의 나라, 이상사회를 향한 지향이 이상주의이며 이 이상주의의 아침을 종말사상과 순환사상이 열었던 것이다.

2. 로마의 스토아 철학

아테네, 스파르타, 로마는 그들이 살던 자연환경과 생활환경에 따라서 도시국가인 소규모의 생활공동체로 발전했다. 서로 경쟁하고 대립하는 적대관계로 살고 있었다. 아테네는 기원전 338년에 마케도니아와의 전쟁에서 패하여 그의 속령이 되었고, 100년 후에는 로마의 속방이 되었다. 아테네의 패전과 함께 플라톤의 철학은 그 빛을 잃게 되었다. 반대로 로마는 주위 여러 도시국가들과의 전쟁에서 승리하고 소아시아의 넓은 지역을 지배하는 제국으로 발전해갔다. 로마는 그 초기에 예수교를 인정하지 않고 탄압했다.

로마의 광활한 제국적 지배는 강력한 군사력을 바탕으로 한 것이었다. 그 지배하에 있는 많은 인종과 민족을 효율적으로 통치하기에는 군사력에 의한 강제만으로는 부족하다는 것을 알게 되었다. 사람들의 마음을 움직이고 복종시키는 데에는 군사력에 의한 강제보다 종교적 힘이 더 크다는 사실을 이해하게 된 것이다. 로마는 그 이전에 예수교를 탄압하고 예수를 십자가에 내주었던 것과 달리 예수교를 인정하기에 이르렀고, 그들의 지배하에 있던 소아시아 여러 지역에 예수교 교회가 세워지는 것을 허용했다.

기원전 325년에 소아시아 지역에 있던 교회의 성직자들을 니케아 회의(Nicea Council)에 소집했다. 이 자리에서 이들 교회의 신앙내용과 예배의식을 통일했고, 교회의 내부문제뿐 아니라 세속의 범죄나 제반문제를 교회가 교회법으로 심판할 것을 결정했다. 교회의 신권(神權)이 교회 안과 밖의 모든 문제를 해결하도록 한 것이다. 정치, 법률, 철학, 문화 등이 모두 신권 아래 들어오게 된 것이다. 니케아 회의 이후 교회의 성직자들에게는 일찍이 플라톤이 철인들에게 요구했던 생활과 같은 규범이 요구되었다. 성직자들에게는 청빈과 절제, 신에게 헌신하는 생활을 통해 하늘 위의 낙원을 지상에 세우도록 요구되었다.

초기 교회의 성직자들의 생활은 청빈하고 경건했으나 교회가 세속사에 점차 깊이 간여하고 교회의 재산이 크게 늘어나면서 성직자들의 생활은 차차 문란하게 되었다. 교단이 커짐에 따라 성직자들의 선발도 신앙심에 의하기보다는 일반적인 교회법에 의해 평가되고 선발되어 갔다. 이들은 베드로가 예수를 만나 체험했던 놀라운 종교적 체험을 하지 못했고 세속의 일반적인 인간적 지식에 따라 성직자가 되는 일이 늘어갔다. 이렇게 성직자가 되어 불어나는 교회의 재산과 세속의 일에 깊이 간여하면서, 지상낙원을 세우고자 하는 생각은 약화되었다. 신에 대해 헌신하고 경외하는 생활에는 관심을 잃어갔다.

세속의 군주들 역시 군사력을 키우고 귀족들과 함께 재산을 늘리는 일에 혈안이 되어 이해관계 대립이 심화되어갔고, 서로의 우월성을 앞세워 빈번히 대립하게 되었다. 지상낙원 건설의 꿈은 이제 사라졌다. 이런 가운데 세계적인 제국을 세운 로마는 세계적인 종교가 된 예수교를 받아들였고, 콘스탄틴 대제와 테오도시우스 대제에 의해 예수교는 로마의 국교가 되었다. 교회는 니케아 회의에서 결정한 성직자의 길을 제대로 가지 못하게 되었다.

로마는 예수교를 국교로 받아들이는 한편 효율적인 제국의 통치를 위해 스토아 철학을 사상적인 근간으로 받아들이고 있었다. 스토아 철학은 세계적 제국에 알맞은 철학이었다. 스토아 철학은 자연에 대한 절대적 신뢰에 근거하고 있다. 인간은 자연의 한 부분이며 이성을 가지고 있는 존재라고 여긴다. 자연법은 이성적인 자연에서 온 것이므로 이성적이라고 판단한다. 인간은 자연법에 따라서 사는 것이 가장 훌륭한 것이라고 규정한다. 자연법은 모든 사람을 평등한 존재로 정의한다. 인종이나 민족에 관계없이 모든 사람은 동등하며 모두가 형제라고 본다. 로마의 영토 안에 사는 사람들은 모두 로마의 시민으로 살 수 있으며 로마의 지배와 통치에 따라야 한다는 내용이다.

세계적인 국가로 발전한 로마와 세계적인 종교가 된 예수교가 결합하여 세계를 지배할 수 있는 권력을 만들어낸 것이다. 절대 유일신과 절대적 대권을 행사할 수 있는 군주권이 결합한 것이다. 신과 스토아 철학 앞에서 사람들은 형제로, 또 평등한 시민으로 살게 된 것이었다. 키케로(Cicero: B.C. 106-43)는 자연법에 근거를 둔 스토아 철학이 모든 사람의 이성을 통해 세계를 지배할 것이라고 했다. 사유재산(Private Property)은 본래 빼앗는다는 의미의 privare에서 온 것이다. 어떤 것을 빼앗아 소유하는 사람이 주인이며 그것을 사용하거나 즐길 수 있는 권리가 있는 소유형태를 말한다. 어떤 것을 소유하면 그것을 소유하지 못한 사람보다 우월하다고 믿었으며 소유하지 못한 사람을 지배하고 정복하는 데에서 행복감이 온다고 했다. 키케로 이전부터 소유의 형태는 사유(私有)적인 것이었다. 키케로는 "어떤 페스트균도 재산을 평등하게 나누어주어 재산을 공동으로 소유하게 하는 것보다 더 나쁠 수는 없다"는 말로 이것을 강하게 주장했다.

이러한 재산의 사유를 주장한 키케로와 달리 재산의 공유를 주장한 사람이 세네카(Seneca: A.D. 3-63)이다. 사람들은 일찍이 재산을 사유하지 않고 같이 공유하는 황금시기에 살았다고 그는 주장했다. 그렇게 재산을 공유하며 살았던 때를 사트른(Satrun)의 시대라고 했다. 재산을 공유한다는 것은 어떤 사람들의 하나의 집단이 공통되는 유대의 정신으로 함께 재산을 소유하는 것이다. 재산을 공유했던 사트른의 시기에는 그 누구도 가난하지 않았고 싸움도 없었다. 어떤 사람의 수하가 되거나 어떤 사람을 떠받들지 않아도 되는 평등한 낙원이었다. 세네카는 이러한 낙원을 재현하기 위해 사트른의 날을 구체화할 것을 주장했다. 사트른의 날에는 주인과 노예가 그 신분을 바꾸어보도록 하자는 것이었다. 재산의 소유형태를 사유로 할 것인가, 공유로 할 것인가 상반되는 주장들이 나타나게 되었다.

스토아 철학에서 예수교에 귀의하여 예수교 교리에 많은 영향을 준 사람으로 바울 사도(Apostl Paul)를 들 수 있다. 황제에게 준 군권은 신으로부터 나온 것이므로 모든 사람들은 군권에 복종해야 한다고 했다. 정치적 복종은 종교적인 의무인 것이다. 예수는 태초로부터 있었고 유대인뿐 아니라 세상의 모든 이들을 죄에서 구원하기 위해 십자가에 못 박혔고 부활한 것이다. 이 시기에 세네카와 교회는 사유재산에 반대했으나 바울은 재산의 사유를 인정했다. 그 이후 교회가 사유재산을 승인하게 된 것은 바울의 논리와 영향 때문이라고 볼 수 있다.

이러한 바울의 주장을 보다 구체화한 사람은 오거스틴(Augustine: A.D. 354-430)이다. 신은 모든 사람들에게 필요한 것을 평등하게 나누어주었다고 했다. 모든 것은 사람들의 필요에 따라 만들어진 것이다. 사유재산 역시 사람들에게 필요하여 만든 것이므로 신이 만든 사유재산을 폐하고 재산의 공유제도를 채택하는 것은 신의 뜻에 반하는 것으로서 강요해서는 아니 된다는 것이다. 이후 교회는 재산의 사유를 옹호하게 되었다. 그러나 4세기에서 12세기에 이르는 중세사회에 있어서 교회 밖에 있던 소수의 이상주의자들에 의해 사유재산 제도에 반대하는 논의는 계속되고 있었다.

3. 재산의 사유와 공유

재산을 소유하고자 하는 욕망은 인간의 성격 및 행동의 기본이 되는 이기적 본능이다. 모든 일을 나 자신을 위해 하고자 하는 것은 인간의 본질이다. 어떤 것을 소유하면 그 사람이 주인이 된다. 소유한 사람은 그것을 사용하거나 즐길 권리를 갖는다. 다른 사람보다 많이 소유하면 다른 사람들보다 우월하다고 생각하며 많이 소유할수록 기쁨과 쾌락이 커진다고 믿는다. 많이 갖기 위해 경쟁자들과 대립하며 적대하는 경쟁자가 되기도 한다. 소유는 타인을 지배하며 복종시키면서 기쁨과 행복을 준다고 믿는다. 소유하는 것은 자연스러운 삶의 양식이라고 생각한다.

인간은 살아가기 위해 어떤 물건을 가져야 하며 손질하여 사용한다. 주택, 의복, 음식, 생활에 필요한 도구나 원료와 같은 것이다. 이러한 물건들을 소유하기 위해 다른 사람들의 개입을 배척한다. 소유하는 것은 생활에 있어 안정감을 주며 우월감과 행복한 생각을 갖게 한다. 그러나 소유하는 것은 잃을 수도 있다는 위험 때문에 생기는 불안과 걱정의 원인이 되기도 한다. 이것이 사유재산(私有財産)의 양면성이다. 사유재산

제도는 일찍이 인류의 소유형태의 기본을 이루었다. 그러나 인간의 자유와 풍요롭고 평등한 생활을 꿈꾸었던 이상주의자들은 사유재산을 철폐할 것을 주장했다. 그것이 재산의 공동소유와 관리의 원칙에 따르는 공유재산(公有財産) 제도이다.

공유재산 제도란 모든 재산을 어떤 하나의 집단이 함께 소유하며 관리하는 것이다. 사람들이 공통된 유대의 정신으로 재산을 함께 소유하는 것이다. 재산을 함께 소유함으로써 빈부의 격차 없이 부유한 생활을 할 수 있다고 주장한다. 지배하거나 지배받는 일도 없고 억압하거나 억압받는 일 없이 자유로운 생활을 할 수 있다고 한다. 같은 집에서 살며 같은 식당에서 먹는 공동생활을 할 수 있다고 한다. 사유재산을 죄악시하고 자유와 평등의 낙원을 꿈꾼다. 사유재산을 철폐하고 재산의 소유와 관리를 공동으로 하는 공유재산을 제도화하는 것이 이상주의 사상의 기본원리이다. 인류 역사 속에서 사유재산과 공유재산 제도를 주장하는 사람들의 논리가 계속되어왔다.

이런 상반되는 주장 가운데 사유재산에 대한 바울의 논리를 교회와 신권을 앞세워 보다 구체적으로 주장한 사람은 토마스 아퀴나스(Thomas Aquinas: A.D. 1227-1274)이다. 그는 재산의 공유는 인간의 이성에 의해 만들어졌다고 주장했다. 그러므로 그것은 영원할 수가 없다. 영원하고 절대적인 진리는 인간의 이성에 의해 이루어질 수 있는 것이 아니기 때문이다. 신의 섭리로만 가능한 것이다. 신이 세계와 우주를 지배하는 유일 절대자인 것처럼 속세의 여러 제도 역시 신의 뜻에 따라야 한다는 것이다. 신의 섭리에 따라서 모든 것이 존재하며 발전하는 것처럼, 군주권을 비롯한 모든 세속적인 제도도 신의 뜻을 대행하는 교회의 논리에 따라야 한다고 했다. 재산 소유에 관한 논리는 바울의 주장대로 공유는 불가한 것이라고 했다. 사유재산은 원천적으로 소유의 기본적인 원리가 되어야 하며 다만 그것이 일부 사람들에게 독점적으로 장악되는 일이 없도록 국가가 조정하며 감독해야 한다고 했다. 국가는 소유에 관한 빈부 간의 극단적인 대립을 막아야 한다고 했다.

아퀴나스의 가르침과는 다른 사회적 현상이 일어났다. 농촌의 여러 곳에 도시가 생기고 초보적인 생활용품을 만드는 공장들이 들어서면서 새로운 산업도시가 세워지게 된 것이다. 그때까지 농촌에서 농민이나 농업노예로 살아왔던 사람들은 보잘것없는 집과 농지의 경작권을 잃게 되었다. 영주와 부유한 귀족들은 그들의 영토에 울타리를 세우고 주민들을 그 밖으로 내쫓았다. 울타리 밖으로 쫓겨난 농민들은 생활의 터전을 잃게 되었다. 이들은 교회의 하급 승려들에 의해 조직되었고 선동 지도되어 영국 최초의 농민 반란(The Peasant's Revolution)의 주역이 되었다. 일찍이 그들이 살고 있었던 사회에서는 사람들이 모든 것을 공동으로 소유하고 있었다. 군주들이나 귀족, 그리고 영주들이 만든 제정법도 물론 없었다. 신은 사람들에게 필요한 모든 것을 공평하게 나누어주었다. 군주들과 영주들이 이것을 독점하고 농민들을 가난하게 만들었다. "우리들을 가난하게 만든 것이 사유재산 제도이다. 사유재산 제도를 반대하고 타파해야 한다." 이러한 내용을 주장하여 농민들을 선동하여 농민 폭동을 일으키는 데 중요한 영향을 준 사람이 존 볼(John Ball: ?-1381)이다. 그가 했던 명연설은 재산의 공동소유 제도의 정당성을 잘 대변하고 있다.

> "신은 사람들을 평등하게 창조했다. 노예제도는 인간들이 신의 뜻을 거역함으로써 만들어진 것이다. 영주나 귀족들도 우리와 같이 만들

어졌으므로 그들이 우리를 지배하는 상전이 될 수 없다. 우리는 다 같이 아담과 이브의 후손이기 때문이다. 우리가 넝마 옷을 입고 있을 때 저들은 모피로 된 화려한 옷을 입고 있었다. 우리가 검은 귀리떡을 먹고 있을 때 저들은 포도주와 함께 우유가 들어간 흰 빵을 먹었다. 우리가 비바람 몰아치는 거친 들판에서 굶주리고 추위에 떨면서 일하고 있었을 때 저들은 집 안에서 편히 쉬고 있었다. 우리들의 고된 노동이 저들의 사치스럽고 호화스러운 생활을 할 수 있게 했다. 귀족과 영주들이 지배하고 있는 사유재산 제도는 타파되어야 한다. 자! 모두 일어나 싸우자!"

그러나 이렇게 일어났던 농민 폭동은 곧 진압되었고 농민들은 흩어져 도시로 쫓겨나게 되었다. 그들은 농민 폭동을 통해 재산상의 소유의 불평등이나 억압받는 생활이 일시적인 폭동이나 반란으로 개선될 수 없다는 것을 알게 되었다. 그러나 어떤 평화적인 방법으로도 자유롭고 평등한 이상사회를 만들 수 없다는 것도 알게 되었다. 이후 영국에서는 이러한 농민 반란이 일어나지 않았다.

교황이나 그리스도 교회 그리고 성직자들은 니케아 회의가 선지자나 사도들에게 가르친 생활의 길을 가지 않았다. 교회가 세속권에 깊숙이 관여하고 교회와 성직자들이 많은 재산과 토지를 소유하면서 그리스도 교회는 신앙심에 의한 영적인 구원이 아닌 세속적인 부와 권력을 위한 투쟁으로 얼룩지고 있었다. 청빈과 경건한 생활보다는 재산의 확보와 세속적 이익을 위한 타락하고 부패한 생활을 하게 되었다. 교회와 많은 성직자들, 교황까지도 이러한 생활의 길을 떠나지 못했다. 그리스도 교회는 종교적인 신앙의 문제가 아닌 세속적인 문제들의 갈등과 대럽으로 분열되어갔다. 교황들은 아비뇽을 비롯한 여러 곳에 교황청을 차리고 3명의 교황이 서로 교황의 권위를 내세우고 있었다.

1377년 그레고리 11세 교황이 사망했다. 농촌에서 무장한 사람들이 로마시로 침입하여 교황선출 회의를 강요하여 추기경들로 하여금 새로운 교황을 선출하도록 했는데 그 교황이 우르반 6세(Urban VI: 1378-1879) 교황이다. 그 당시 교황청을 로마시에 두고 있었다. 그러나 그 교황의 선출이 잘못되었다고 하여 추기경 13명이 폰디(Fondi)에 모여 또 다른 교황을 선출했는데 그가 클레멘트 7세(Clement VII: 1378-1384) 교황이다. 우르반 6세와 클레멘트 7세 두 교황이 탄생했고 교황이 로마시와 아비뇽 두 곳에 있게 되었다. 기독교 세계는 크게 양분되어 대분열의 혼란한 시기를 맞게 되었다. 교황의 선출을 놓고 그리스도교의 혼선이 계속되고 있었다. 그러면 교황이란 어떤 자리인가. 그리스도교의 교황은 몇 가지 종교적인 영적 권위를 행사하는 그리스도교 최고 성직자의 자리이다.

- 교황은 베드로 사도의 권위를 계승하는 베드로 좌(座)를 차지하는 교회의 권위의 기초가 된다.
- 교황은 그리스도교적인 삶을 수호하는 권위의 존재로 선택된 최고의 성직자이다.
- 교황은 그리스도교적인 삶을 수호하는 권위의 존재로 선택된 최고의 성직자이다.
- 교황은 그리스도 모든 교회의 행정적인 수장으로서 교회의 모든 업무를 주관하며 감독하는 지위에 있는 최고의 성직자이다.
- 교황은 종교회의를 소집할 수 있는 유일한 성직자이며 여러 성직(聖

職)의 임명권을 행사할 수 있는 최고의 성직자이다.

프랑스와 우호적인 아비뇽은 우르반 6세를 받아들였고 교황청을 그곳에 두고 있었다. 우르반 6세는 프랑스 왕의 보호하에 있게 되었다. 클레멘트 7세의 교황청은 로마시에 있었다. 그리스도교와 교회는 양분되었고 교황의 권위는 땅에 떨어지게 되었다. 이러한 그리스도교의 분열을 막기 위해 교회개혁을 주장하며 소집된 종교회의는 23명의 추기경들이 모여 우르반 6세와 클레멘트 7세를 물러나게 하고 새로운 교황을 선출하도록 했다. 이렇게 하여 제3의 교황이 선출되었다. 그가 존 13세(John XIII: 1410-1415) 교황이다. 그러나 앞의 두 교황은 각각 교황의 권위를 주장하며 물러나지 않았다. 교황은 세 사람으로 늘어났다. 교황 선출에 따른 그리스도교의 종교적 분열은 계속하여 심화되었다.

이러한 그리스도교의 혼란과 분열기에 그리스도교에 대한 비판과 개혁을 주장한 정치 철학자인 파두아의 마르실리오(Marsilio of Padua)가 《평화의 수호자》(*Defensor Pasis*)라는 책을 내놓았다. 교황은 신자들이 정신적인 필요에 따라서 교회조직이 만든 것이다. 신도들 전체가 교회인 것이다. 몇 명의 제후들이나 몇 사람의 개혁주의자들에 의해 영적인 권위의 상징인 교황이 선출되어서는 안 된다. 세속적인 것이나 정신적인 모든 것을 결정할 수 있는 최고의 권위는 신도들 전체에 있는 것이다. 세속에 있는 제후들이나 교구의 성직자들, 더욱이 교황까지도 신도들의 지배자가 아니며 백성들인 신자들의 종이다. 종교회의는 그리스도로부터 직접 유래한 것으로 교황도 그 결정에 복종해야 하며 종교회의가 결정하면 교황도 사임해야 한다. 그 당시의 종교회의로는 콘스탄스 종교회의, 페라라 종교회의, 바제 종교회의가 있었고 교황청과 다른 의견을 두고 대립하고 있었다.

교황과 교황청의 분열뿐만 아니라 교황과 세속군주와의 관계에서 교황의 권위를 약화시키고 실추시킨 사건이 있었다. 소위 '바빌론의 유수'라고 알려진 사건이다. 교황 니콜라스 4세(Nicholas IV: 1288-1392)의 사망 후 10명의 교황 선출을 위한 추기경 회의가 열리고 나폴리 왕국의 산에 칩거하던 현자가 교황으로 선출되었는데, 그 교황이 셀레스틴 5세(Celestin V)이다. 그러나 셀레스틴 5세가 교황으로 적절하지 않다고 하여 1년도 안 된 상태에서 교황을 사퇴시키고 다시 새로운 교황을 선출했다. 추기경이었던 베네딕트 그레타니(Benedict Graetan)가 새로운 교황이 되었다. 그가 보니파키우스 8세(Bonifacius VIII: 194-1303) 교황이다. 보니파키우스 8세는 개인적인 비리를 많이 저질렀고 법황 가문의 재산을 늘리는 일에 적극적이었다. 자신의 소상(小像)을 만들어 널리 배포하고 있었다. 특히 교황청의 돈으로 값비싼 토지를 사들여 친척들에게 나누어주거나, 교황가와 대항하고 있던 콜로나 가(家)의 성을 공격하여 빼앗고 그 토지를 친척들에게 나누어주기도 했다. 당시 프랑스 왕 필리프 4세와 영국의 에드워드 1세는 영국과 프랑스의 성직자들에게 가스코니 공국과 전쟁하기 위해 세금을 부가하고자 했다. 교황 보니파키우스 8세는 〈세속인에 대한 성직자의 지침〉을 발표하여 이에 반대하며 영국과 프랑스의 반목을 초래했다.

프랑스 왕 필리프 4세는 남프랑스 어느 교구의 주교의 직위를 박탈하도록 교황에게 요청했으나 교황 보니파키우스 8세가 거절하여, 필리프 4세와 교황 사이에 불화가 심화되었다. 교황은 필리프 4세를 파문하겠다고 위협하여 반목은 더욱 깊어졌다. 필리프 4세는 노가레라는 책사를 시켜 교황을 모함했고 교황을 시기하며 대립하던 스키아라 콜로나(Sciara Colonna)와 함께 교황이 친척들과 함께 머물고 있던 아나그나성(城)을 공격하여 교황을 생포했고, 얼마 후에는 교황을 석방했으나 교황은 사망했다. 1305년 보르도의 대주교가 교황으로 선출되었는데 그가 베르트랑 드 고(Bertrand de Got)로, 클레멘트 5세(Clement V: 1305-1313) 교황이 되었다.

클레멘트 5세 이후 약 72년 동안 교황청은 아비뇽에 있었고 프랑스 왕의 보호와 영향을 받았다. 교황은 거대한 석조의 화려한 성에서 더할 수 없이 사치스러운 생활을 했다. 성 베드로의 재산으로부터의 수입이 없어서 전 기독교 세계로부터 많은 헌금을 거두어들였기 때문에 여러 지역의 성직자들과 교회로부터 저항이 있었는데 특히 영국의 교회로부터의 반발이 컸다. 영국에서는 '교황 대리자의 법', '교황 종신죄의 법'이 선포되어 영국 내에서의 교황의 성직 임명권이 폐지되었고, 영국에서의 소송 사건을 외국 법정에 상고할 수 없게 되었다. 소위 바빌론의 유수라는 교황청의 이동과 생활이 호화롭고 사치스럽던 것과는 달리 교황의 권위와 영향력을 크게 저하시켰다.

이렇게 저하된 교황의 권위와 기독교 교회는 하늘의 낙원을 지상의 낙원으로 옮기겠다는 기독교의 꿈과 이상을 실현할 수 없게 되었고, 전통적인 교회와 교황권은 이상사회를 실현한다는 이상주의 사상과는 너무나 멀어져갔다. 그러나 교회와 성직자들과 다른 교회 개혁론자들과 수도원 운동은 보다 활기찬 이상사회의 꿈을 현실 생활 속에서 실천하고 있었다. 플라톤이 꿈꾸었던 철학적인 철인정치론이 아닌 구체적이며 현실적인 생활 속에서 이상주의의 꿈을 실현하던 교회 개혁론자들과 수도원 생활이 있었다. 전통적인 교회와 성직자들에 의해 이단으로 정죄되던 사람들도 이상주의의 꿈을 실현하고자 했다는 것을 인정해줄 수 있게 되었다.

3명의 교황이 세 곳에 각기 교황청을 만들고 난립하면서 기독교 세계는 분열하고 교황의 영적 권위는 약화되어갔다. 세속화에 따른 교회의 부패와 타락은 극에 달하고 군주와 교황의 영적 권위는 약화되어갔다. 군주와 귀족들 사이의 갈등 역시 심화되고 있었다. 교황을 중심으로 하는 성직자들과 교회는 이상적인 사회를 만들어 지상의 낙원을 실현한다는 약속을 위해 아무 역할도 할 수 없게 되었다. 그러나 교회의 안팎에서 이상적 사회생활을 실천하는 수도원이 만들어지고 교회 밖에서 교회에 의해 이단으로 정죄되는 일단의 개혁주의자들이 등장했다. 모범적인 수도원을 운영하여 수도원 운영을 대표하게 된 것이 베네딕트 수도원이었다.

4. 수도원 운동과 이단

12세기 서유럽에서 일어난 수도원 운동은 무형의 종교운동이었으며 그리스도교 사도들의 모범적인 생활을 본받아 교회의 개혁과 개선을 수도원 생활의 구체적인 생활 속에서 구현하고자 했던 운동이다. 수도원이라는 제한된 좁은 공간에서 특별한 뜻을 가진 수도사들의 신앙생활이었지만, 플라톤의 철인 계급에 의한 철학적인 논리에 따른 것과는 달리 현실적인 생활 속에서 이상과 꿈을 실현했다는 점에서 의미가 있다.

10, 11세기에 대학이 출현하기 전에 수도원은 사회와 교회에 지성을 갖춘 지식인을 배출하여 제공한 유일한 기관이었다. 지난날 고대의 많은 기록과 저작들을 수도원의 도서관에 보존했고 그것들을 필사하여 후세에 전한 것도 수도원의 수도자들이었다. 많은 학자들을 배출했으며 여러 학문의 저작물이 수도원에서 제작되었으며 사회의 주요 사건들을 기록하고 보존한 것도 수도원이었다.

- 수도원장의 선출, 이웃에서 지내던 영주나 고위 성직자의 사망, 지

진 등의 천재지변 등의 큰 사건들을 기록하고 보존했다.

- 노르망디의 수도사였던 오르데릭 비탈리스(Orderic Vitalis)는 정복왕과 그 아들들에 의한 노르망디의 역사를 기록하여 수도원에 보관했다.
- 수도원에 기증된 토지와 수도원이 소유한 주요 재산의 목록을 기록 · 보관했다.
- 수도원 수도사들의 노동은 개간사업과 함께 농촌의 경작방법의 발전에 크게 기여했고 중요한 자료가 되었다. 농기구와 산업기술의 발전은 그 당시 최고의 기술 개발보다도 앞서 있었다.
- 웅장한 로마네스크 양식의 교회 등을 세워 건축 분야에서 놀라운 업적을 쌓았다.

앞서 말한 베네딕트 수도원이 이 같은 수도원 운동을 선도하고 모델이 되었다. 이탈리아의 귀족 가문에서 태어난 누르시아의 베네딕트(Benedict of Nursia)가 520년에 몬테카시노(Monte Cassino) 수도원을 창설했고 수도사들이 지켜야 할 수도원의 계율을 작성했다. 베네딕트 수도원의 계율을 수도사들이 생활 면에서 수행함으로써 참다운 구원을 얻는다고 했다. 그것은 수도사들이 구체적인 신앙생활을 하는 데 지켜야 할 신앙적 계율이며 구원의 길로 안내한다고 했다. 베네딕트 수도원의 계율의 기본은 순결과 동정, 근면과 청빈, 신과 수도원에 대한 절대적 복종 이 세 가지였다. 이를 지키기 위해 다음의 내용이 제시되었다.

- 성적인 쾌락과 세속의 쾌락을 버려야 하며 개인적인 자주성도 버려야 한다. 교회의 의식을 수행하는 데 전념해야 하며 많은 시간을 독

서와 연구에 할애해야 한다.

- 활동적인 복장을 해야 한다. 함께 일하고 공동의 기숙사에서 잠자며 같은 식당에서 먹어야 한다. 함께 노동하고 연구하며 교회의식에 힘쓰며 청빈한 생활에 힘써야 한다.
- 수도사들의 의견을 수도원장이 들을 수 있으나 원장이 결정하면 수도사들은 절대적으로 복종해야 한다.
- 수도사들은 수도원을 떠날 수 없다.

수도사들이 수행한 노동은 중요한 가치를 지녔고 농업과 산업 발전에 기여했다. 수도사들의 연구는 문화 발전에도 역시 크게 이바지했다. 경제생활에도 수도원의 공헌도는 상당했다. 그러나 수도원 역시 인간의 집합체였기 때문에 부도덕한 생활을 하고 수도원이 요구하는 계율을 따르지 않고 회피하려는 수도사들도 있었다. 캔터베리에 있던 한 부유한 수도원에서는 베네딕트의 계율을 따른다고 하면서 개인적으로 재산을 가지고 개인적인 거처를 갖거나 시중드는 하인들을 거느리기도 했다. 또한 고급스러운 음식을 취하기도 했다. 그러나 세속화된 성직자들이나 세속인들보다는 훨씬 고상한 생활을 영위했다고 볼 수 있다. 베네딕트 수도원의 계율은 프랑스 대부분의 영토에서 적용되었고 클루니파의 수도원과 시토파 교단의 수도원으로 이어졌다.

910년 아키텐느 공인 윌리엄이 클루니 수도원을 설립했다. 교회 안에서 일어났던 악행을 밝히고 개선하려는 일단의 성직자들이 동참했다.

- 교회와 수도원에 토지를 기진(寄進)할 것을 강요하던 바와 달리 클루

니 수도원에 기진하는 토지는 완전히 자발적인 것이었다.

- 클루니 수도원은 봉건적 봉사를 해야 하는 토지를 보유하지 않았다.
- 교회와 수도원 안에 만연하던 게으름과 태만을 없앴다.
- 수도원에 기증된 토지 안에 있었던 노동자들이 농사에 종사하게 하고 수도사들은 교회의 의식에 전념하도록 했다.

클루니 수도원이 중심이 된 교단에 의해 프랑스, 영국, 독일 등에 많은 수도원이 설립되어 높은 수준의 교육과 계율이 보급되었다. 많은 교구의 사제들과 고위 성직자들이 클루니파 교단의 개혁운동에 참여했다.

부르군디의 귀족이었던 베르나르(Bernard)가 1113년 클레르보(Clairvaux) 수도원을 창설하고 수도원장으로 취임했다. 클레르보 수도원을 중심으로 형성된 교단이 시토(Citerican) 교단이다. 베르나르 수도원장의 설교는 감동적이었고 사람들을 지도하는 데 큰 역할을 했다. 그의 지도와 설교에 의해 클레르보 수도원을 중심으로 한 시토 교단은 급속하게 팽창했다. 베르나르 수도원장이 사망한 1153년, 그리고 클레르보 수도원이 창설된 지 불과 40년 만에 343개의 수도원이 생겨났고 그 수는 급속히 늘어나고 있었다. 영국의 시토 교단이 운영하던 리보수도원(Rievaulx Abbey)은 1142년에 650명의 수도사를 거느린 거대 수도원이 되었다. 시토 교단 소속 수도원의 계율은 엄격했고 모범적이었다.

- 수도사들은 단순하고 평범한 의복을 입어야 하며 맛없는 식사를 맛있게 먹어야 한다.

- 십자가나 촛대 등 성물에서 금, 은 장식물을 떼어내고 단조롭고 평범한 것으로 바꾸어야 한다.
- 수도원은 주민들이나 농민이 없는 황무지나 산이나 들판에 세워져야 하고 수도원의 토지에 농민들을 동원하여 노동을 시키는 일이 없도록 한다.
- 베네딕트 수도원의 동정과 순결, 청빈한 생활, 복종의 계율을 철저하게 지킨다.
- 주민이나 신도들로부터의 기진을 거절하며 교회의 후원 역시 거절해야 한다.
- 황무지를 개간하여 목초를 키우고 목장을 만들어 양을 키워서 가난한 농민이나 신도들을 도와 신도들을 가난에서 벗어나게 한다. 후일에 시토 교단에 의해 조성된 목양지가 영국 모직 생산 산업의 중심지가 되었다.
- 시토 교단의 수도사들은 들판의 작업장에서 노동하는 시간이 묵상과 예배시간보다 많았다. 이 문제를 해결하기 위해 예배와 묵상 생활 대신에 수도원에서 필요한 물건을 생산하는 평수사(平修士) 제도를 마련했다.

시토 교단의 수도원은 베네딕트 수도원의 자치적인 생활과 고도로 집중화된 클루니파 수도원의 수도 생활을 절충한 것이었다. 시토파 수도원이 점차 증가하여 수도원장이 모든 수도원을 효율적으로 통제할 수 없게 되었다. 큰 수도원에서 새로 설립되는 수도원을 지도할 수도사들이 보내졌다. 모(母)수도원과 자(子)수도원이 생긴 것이다. 클루니 교단의 수도원에서 대수도원장에게만 있었던 권리가 자(子)수도원장에게도 주어졌고, 시토 교단의 수도원은 상당한 수준의 독립성을 갖게 되었다.

수도원 운동은 수도원이라는 제한된 공간에 수도사들이란 일정한 사람들에 의해 운영되었지만 교황과 교회가 실현하지 못했던 이상적 사회생활을 현실로 실행하고 있었다고 볼 수 있다.

그리스도교의 종교적 신앙의 목적은 천상의 낙원을 지상에 실현시키는 것이었다. 교황과 교회 그리고 성직자들과 세속의 군주나 귀족 제후들이 청빈하고 근면 성실하게 살며 도덕적이며 윤리적인 순결을 하며 신의 섭리를 따라 생활하며 실현되는 이상적인 꿈의 나라가 지상낙원이 된다고 했다. 그러나 교황과 교회 그리고 성직자들에 의해 실천되지는 못하였다. 중세사회에서는 수도원의 수도사들만이 청빈, 동정, 순결 그리고 복종이라는 계율에 따른 생활을 실천하고 있었을 뿐이다.

그리스도교의 신앙생활을 위하여 사람들이 지켜야 할 윤리로서 여러 가지 제도가 마련되고 있었다. 이러한 제도는 그리스도교의 영(靈)적인 신앙생활을 위하여 제정되었던 것이다. 그러나 시간이 지나면서 종교적이고 영적인 내용이 아니고 교황과 교회의 악행(惡行)으로 변질되어 갔다. 그 대표적인 것이 성직 판매와 면죄부의 강매인 것이다.

면죄부는 성 베드로와 성 바울의 교회를 방문하고 순례하는 신도들에게 교황이 면죄의 선언을 하고 면죄부를 주었던 것에서 비롯된다. 그것은 정상적인 신앙생활을 장려하기 위한 종교적인 행사였다. 처음에는 50년이 되는 희년에만 면죄의 선언과 면죄부가 주어졌으나 시간이 지나면서 희년이 아닌 평년에도 면죄선언과 면죄부가 주어졌다. 또한 성 베드로 교회에 참석하지 않아도 교회에 참석할 때 드는 비용을 납부하면 면죄부가 주어졌다. 이러한 변화는 종교적인 영적 생활을 장려하기 위한 것이 아니라 교황과 교회의 재산을 불리기 위한 방편이었다.

면죄부의 부여와 함께 또 하나의 신앙생활을 장려하는 제도가 마련되고 있었다. '선행(善行)의 보고(保庫)'라는 것이 있다. 재산을 교회에 헌납하거나 기진하면 사후에 연옥에 떨어지는 형벌로부터 면죄된다는 것이다. 이것 역시 교화와 수도원의 운영을 원활하게 하기 위한 장려제도였던 것이다. 이러한 고해나 선행은 교황이 승인하는 것을 신앙생활을 위한 영적인 인간의 윤리에 적용된 것이었다. 면죄선언과 면죄부의 발부 그리고 선행의 보고라는 제도는 교황이나 교회의 세속적인 욕구를 충족시켜주는 것으로 변질되어갔다. 선행의 보고에 기진된 현금의 1/2이나 1/3이 교황이나 교회의 재산으로 들어가게 되어 교황과 교회의 타락으로 이어졌고 개혁론자들에 의해 비판되고 있었다.

신도들이 신앙생활을 하면서 종교적인 죄를 지으면 회계하고 고해해야 한다. 고해(告解)는 P. 롬바르드가 정한 일곱 가지 성사들 중의 하나이다. 죄지은 자가 그 잘못을 깨닫고 고해하면 면죄되며 사후에 연옥에 떨어지는 형벌을 면할 수 있다는 그리스도교 신앙의 내용이다. 십자군에 참가해도 이러한 벌은 면죄 받을 수 있다고 했으나 신체적으로 병약하거나 가사로 십자군에 참여할 수 없을 때에 일정한 금액을 기진하면 벌을 면죄 받는 효력이 있다고 했다. 일반 신도들의 신앙생활을 장려하기 위해 제정되었던 여러 가지 제도가 그 본래의 목적과는 달리 교황과 교회의 재산을 증식시키는 세속적인 목적으로 변질되어갔고 이러한 타락과 악행이 개혁론자들에 의해 고발되었다. 그러나 교황과 교회의 타락과 악행에 저항했던 개혁론자들의 주장과 행동은 이단(異端)으로 정죄되었다.

12세기를 전후하여 활동한 개혁론자들을 살펴보면 세 단계의 계승을 볼 수 있다. 12세기 초 독일과 보헤미아 지역의 가난한 하층민들을 상대로 교회의 악행을 고발하고 교회의 개혁을 주장했던 두 사람의 설교자가 있었다. 프랑스의 사제로서 유랑하며 설교를 하고 있었는데, 피터 브뤼스(Peter Bruys)와 로잔느의 헨리(Henry of Lousanne)가 그들이다. 두 설교가는 사도들의 청빈한 생활을 그대로 실천하는 생활을 했고 모든 사물 속에는 신이 내재하고 있으며 모든 생명들은 신에게 돌아간다고 했다. 천당과 지옥은 없다고 했으며 죄의 개념이 없었던 범신론자들이었다. 이들은 신과 인간이 하나라고 주장했던 14세기의 이단자 에크하르트(Eckhart)와 타울러(Tauler)에게 큰 영향을 주었다. 사유재산 제도를 반대하여 재산의 공유를 주장했다. 성직자와 평신도들이 교회를 함께 개혁할 것을 주장했다. 이 두 사람은 중세교회의 이단자로 대표되는 피터 왈도(Peter Waldo)에게 큰 영향을 주었다.

피터 왈도는 이 시기를 대표하는 이단자인데, 일찍이 고리대금으로 큰 부자가 된 상인이었다. 우연히 성 알렉시스(St. Alexis)라는 방랑 시인을 만나 어느 부유한 귀족의 아들에 관한 말을 듣고 큰 감명을 받고 깨달아 생활에 큰 변화를 갖게 되었다. 집에 돌아오는 길로 그의 많은 부동산을 아내에게 주고 그의 사회적인 지위도 버리고 일부 동산만을 정리하여 가난한 빈민들에게 나누어주고 그리스도가 가르친 청빈하고 고결한 생활을 하게 되었다. 세속적인 모든 욕망을 털어버리고 진심으로 고상한 생활을 했으며 성경을 열심히 공부하고 설교하는 길을 택했다.

1178년 리옹의 대주교는 왈도가 허가 없이 설교하고 있으며 그 내용도 잘못되었다고 하여 왈도에게 설교를 중단하도록 명했다. 그 당시 성경을 설교하기 위해서는 교구 대주교의 허가가 있어야 하는데 피터 왈도는 주교의 허가 없이 설교하고 있었다. 설교 금지에 대한 주교의 금지 명령이 잘못되었다고 교황에게 탄원했으나 교황 역시 그의 설교가 잘못되었다고 하여 설교 금지령을 다시 내렸다. 그러나 피터 왈도는 교황의 금지령을 무시하고 계속 설교를 강행했다. 1181년에 그의 추종자들과 함께 이단자로 정죄되어 리옹의 대주교 교구에서 추방되었다.

피터 왈도와 함께 14세기를 대표한 파두아의 마르실리오가 쓴《평화의 수호자》의 내용은 이미 앞서서 소개한 바가 있다. 그러나 이 모든 이단자들보다 체계적으로 교황과 교회 그리고 그리스도교의 종교적인 신앙의 내용을 반대하고 비판하며 14세기의 이단자를 대표한 사람이 존 위클리프이다.

존 위클리프(John Wycliffe: 1320-1384)는 14세기를 대표한 이단자이다. 옥스퍼드대학을 졸업하고 벨리올대학의 학장을 지냈고 1465년 에드워드 3세의 사절로 교황 그레고리우스 3세의 사절과 성직 임명권에 관한 교섭을 했으나 실패했다. 1481년 성경을 영역했고 가난한 선교사들을 파견하여 신도들에게 설교케 했다. 특히 '화체설(化体說)'을 부정하여 교황과 교회의 미움을 샀다. 1482년 이단자로 낙인이 찍혀 옥스퍼드대학에서 파면되었고 1815년 콘스탄스 종교회의에서 이단자로 선고되며 유해가 템스강에 던져졌다.

존 위클리프는 그리스도교가 주장하고 있던 '화체설'을 부정한 것으로 유명하다. 화체설이란 그리스도 교회에서 종교적 성사를 집행하면서 미사에서 신자들에게 주고 있는 포도주와 빵이 단순한 식물이 아니고 그리스도의 성체가 그 속에 함께한다는 그리스도교 신앙의 내용이다. 그것이 교황이나 성직자들의 종교의식의 존엄성과 권위를 나타내는 것이다. 그러나 존 위클리프는 그리스도는 영적으로 존재할 뿐이며 빵이나 포도주의 물질 속에는 존재하는 것이 아니라고 주장하며 교황과 교회와 성직자들이 주장하는 화체설을 정면에서 부정하여 그리스도 교회의 권위를 반대하고 있었다.

뿐만 아니라 사람들의 운명은 오직 신의 뜻에 따라서 예정되어있다는 '예정설(豫定說)'을 주장하고 있다. 교회에서 성직자들에 의해 행해지는 면죄선언과 면죄부의 발행, 십자군의 참가와 교회에 대한 기진 등이 사람들의 구원과 운명을 결정하는 것이 아니라고 했다. 교회나 성직자들의 종교적 의식으로 신도들이 구원받는 것은 아니다. 구원의 문제는 어떤 종교의식에 따라서 바뀌는 것이 아니다. 교회와 성직자들은 인간의 구원의 문제에 있어서 아무런 역할을 할 수 없는 쓸데없는 일을 하고 있다. 사람들의 구원이나 운명은 신만이 알고 있고 신의 뜻에 따라서 살게 된다는 예정설을 주장했다. 이것은 교황이나 교회의 영적 역할을 부정하는 것으로서 그 권위를 정면에서 거부하는 것이었다. 화체설의 부정과 예정설의 주장으로 교황이나 성직자들의 역할은 크게 위축되었고 그리스도 교회의 세입은 현저하게 감소되어갔다.

재산의 사유에 대하여도 반대했고 이상주의자들이 주장하고 있었던 재산의 공유를 주장했다. 아담의 타락 이전에는 재산을 모든 사람들의 공유였다고 했다. 아담의 죄가 생기면서 사유재산이 만들어진 것이라고 했다. 진정한 재산의 소유권은 누구에게도 독점될 수 없고 신에게만 속하는 것이라 했다. 인간이 재산을 독점적으로 소유할 수 없고 신의 대리인으로서의 역할을 할 수 있어서 그 관리를 할 수 있을 뿐이라고 했다.

존 위클리프는 그의 추종자들과 함께 농촌의 가난한 평신도들을 대상으로 화체설을 반대했고 예정설을 설교하고 있었다. 재산의 공유를 주장했고 교황이나 교회의 권위를 부정했다. 그 결과 교회의 세입이 현저하게 감수되었다. 헨리 4세는 의회에서 '이단금지법(De Haeletico

Comburando)'을 제정하여 위클리프와 그의 추종자들을 교회의 재판에 넘겨 화형(火刑)에 처했다. 그들은 중세 교황과 교회에 저항하며 반대한 대표적인 이단세력이 되었다. 교황과 교회에서는 이들을 이단자라고 했으나 존 위클리프와 그의 추종자들은 교회의 타락을 타파하고 교회를 개혁하려는 이상주의를 실현함에 있어서 부정적인 역할을 하고자 했던 것으로 인정되었다.

그리스도교의 이단이 아닌 새로운 종파(宗派)가 등장했는데 그중에서도 비교적 큰 영향력을 행사했던 종파가 마니교라고 할 수 있다. 이들은 이상주의의 내용을 그들 특유의 형식으로 표현한 종파로 볼 수 있다.

5. 마니교: 마니카에안스

마니카에안스(Mani Chaeans)는 우리말로 마니교로 번역되고 있다. 11세기 발칸반도에서 일어나 선교사들에 의해 독일과 프랑스에 퍼져나갔다. 이들은 순결자들(카타리: Cathari)이라고 불렸다. 마니교는 그리스도교의 신앙내용과 신앙형식과 다른 것이다. 그리스도교를 전면적으로 부정하며 그리스도교의 이단이 아닌 새로운 종파가 되는 것이다.

마니교는 이원론적인 최고신을 신앙하고 있다. 영적인 세계를 창조한 선(善)한 신과 물질세계를 창조한 악(惡)의 신이 있다. 이것이 사탄(Satan)이다. 이 사탄은 물질세계를 지배한다. 마니교는 인간들을 두 가지로 나누고 있다. 그 하나가 페르펙티(Perfecti)인데 결혼을 할 수 없으며 독신 생활을 해야 하며 육식을 할 수 없으며 재산을 소유할 수 없이 철저한 금욕 생활을 해야 한다. 사제계층(司祭階層)을 형성하며 콘솔라멘툼(Consolamentum)이라는 종교의식을 집전한다. 이와 달리 사회구성원의 거의 전부를 차지하는 크레덴데스(Credentes)라는 사람들이 있다. 페르펙티와는 전혀 다른 생활을 할 수 있는 사람들이다.

결혼도 할 수 있고 가정을 꾸밀 수도 있다. 직업을 가질 수도 있다.

어떤 간섭이나 제약과 통제도 받지 않고 자유롭고 편안하게 살아갈 수가 있다. 다만 한 가지, 그리스도교를 거부하며 반대해야만 한다. 이 점이 마니교가 그리스도교의 단순한 이단이 아니라 별개의 종파의 종교가 되는 이유이다.

이들은 살아가는 동안 죄(罪)라는 것이 없고 그러한 개념도 없다. 이들은 살아있는 동안은 물론 죽은 후에도 지옥이나 연옥 같은 곳에서 무서운 형벌을 받는 일도 없다. 살아있는 동안에 있었던 죄는 죽기 직전의 종교의식인 콘솔라멘툼에 의해 모두 없어진다고 주장하고 있다. 어떠한 죄가 있든지 간에 페르펙티가 집전하는 종교의식에 의해 죄가 깨끗이 없어진다는 신앙의 내용으로 살아가고 있다. 하고 싶은 대로 마음대로 자유롭게 살아가는 생활이 보장되고 있다. 이상적인 생활을 할 수 있다. 마니교가 보장하는 자유의 왕국이 보장되는 것이다. 마니교는 페르펙티의 철저한 금욕생활과 또 하나는 죄에 대한 근심 없이 살아갈 수 있는 자유가 보장되고 있다. 이상사회를 특별한 종교가 보장하고 있는 것이다.

중세사회에 있어서 교황청의 분열과 교회의 악행과 타락은 기독교가 이상사회를 실현할 수 없다는 것이 되었다. 이에 대한 대안의 하나로 인간의 자유로운 생활을 보장하는 마니교라는 종파가 생겨났고, 또 하나는 교황과 교회의 개혁을 주장했던 사람들에 의한 개혁운동이 있게 된 것이다. 그러나 이들은 교회에 의해 이단으로 정죄되어 처단되었다. 베네딕트, 클루니, 시토 교단이 수도원 운동을 통해 겨우 이상주의 사상을 실천하는 이상적 사회의 맥을 이어가고 있었다. 이러한 수도원 운동은 제한된 일정한 수도원 안에서 실천된 것이며 모든 사람이 참여한 것이 아니고 수도사들에 의해 실현되고 있었다는 한계성을 벗어나지는 못했다. 그러나 T. 모어의 유토피아와 그 후의 이상주의자들에 의해 현대사회의 이상주의가 맥을 잇게 된 것이다. 이상주의는 현대사회에 오면서 여러 갈래로 갈라지게 되었다. 그 시발점이 모어의 유토피아라고 할 수 있다.

6. 토머스 모어의 《유토피아》

그리스도 교회의 분열과 교황의 바빌론 유수(幽囚), 교황과 종교회의의 갈등과 대립이 중세 유럽의 실상이었다. 영국과 프랑스 군주권이 강화되고 정치와 종교적 갈등 속에서 이상주의 사상이나 운동은 발전될 여지가 없었다. 베네딕트 수도원과 시토교단에 의한 수도원 운동과 클루니파의 개혁운동 등이 제한된 수도원 안에서 수도사들의 종교적 신앙생활을 통해 실천되어 그나마 이상적 사상과 생활의 싹을 유지하고 있었을 뿐이다. 교회와 성직자들의 사치와 타락을 비판하고 반대한 개화주의자들은 교황과 교회에 의해 모두 이단으로 정좌되어 처단되고 있었다. 그러나 이러한 교회 개혁운동을 위한 주장은 계속하여 이상사회를 위한 운동으로 주장되며 전개되고 있었다. 이러한 상황에서 그리스도교에 반대하는 단순한 이단이 아닌 새로운 신앙을 내세운 종파인 마니교 같은 새로운 종파가 그리스도교와 다른 종파로 등장하고 있었다. 이러한 혼란 속에서 사유재산 제도를 철폐하고 공유재산 제도로 소유제도의 개혁을 주장했던 이상주의자들이 꿈꾸고 있었던 이상사회의 내용을 정리한 토머스 모어의 《유토피아》라는 한 권의 책이 나오게 되었다.《유토피아》는 이상주의의 내용을 정리한 이상주의의 아침을 밝힌 책이다.

《유토피아》라는 책은 아메리고 베스푸치(Amerigo Vespucci)라는 탐험가가 탐험 중에 발견한 섬에 상륙하여 보고 듣고 느낀 내용을 적어놓은 것이다. 그러나 그러한 섬은 실제로는 없었고 그 섬에 관한 기록도 베스푸치가 마음대로 만들어낸 것이다. 역시 가상의 인물인 라파엘 히트로데이(R. Hytholoday)라는 사람의 입을 통해 모어에게 보고되는 형식으로 쓰인 것이다. 유토피아섬은 실제로 있었던 섬이 아니며 유토피아섬의 이야기는 베스푸치가 상상하여 만들어낸 것이다. 모어 이전에 있었던 많은 이상주의자들이 주장했던 이상사회의 꿈과 이상을 종합하여 쓰인 책이다. 그 내용은 이상적인 섬에 관한 가상된 내용으로 되어있다. 그러나 오늘날《유토피아》는 이상주의의 고전으로 되어있다.

우리가 살고 있는 세상에 가장 귀하고 가치 있는 것은 금과 은 그리고 여러 가지 보석 같은 것이다. 사람들은 이러한 귀금속이나 보석 같은 것을 갖고자 하며 그와 같은 것을 많이 가지고 있는 사람을 부러워하고 있다. 그러나 유토피아에서는 귀금속은 가장 천한 것이며 그러한 것을 가지고 있는 사람을 부끄럽게 여기고 있었다. 그와 같은 것은 가장 천하며 더러운 것으로 화장실 같은 곳에 쓰이거나 죄를 지은 죄수의 표시로 쓰고 있다. 죄가 크면 금으로 만든 죄인의 표시는 크게 된다. 죄가 적은 사람은 금으로 만든 작은 표시물을 달게 된다. 북한에서 군 장성들이 행사장에 나올 때에 윗옷에 가득히 훈장을 달고 나오는데 그들이 유토피아에 가게 되면 모두 부끄러운 죄인이 될 것이다.

유토피아섬은 폭이 2마일이고 길이가 24마일이 되는 반달형으로 된 섬이다. 수도는 섬의 중앙에 위치해 있는 아무르(Amouraot)라고 했다.

전국에 54개의 크고 작은 촌락이 있다. 농업이 산업의 중심이고 양모나 마직, 목공 같은 것을 하면서 생활하고 있었다. 40명 내외의 남녀가 아파트(The Great Farm House)에서 함께 공동생활을 하면서 살고 있었다.

유토피아의 수장은 종신 임기의 왕(The Prince)인데 일반 주민과 같은 평복을 입고 있다. 노예와 같은 노동은 하지 않으나 일은 하고 있다. 히트로데이는 다음과 같은 거짓말을 하고 있다. 외국에서 대사가 와서 왕에게 신임장을 제출하는데 그가 차고 있는 검에 유토피아에서는 부끄러운 죄인의 표시로 쓰이는 금과 은 등 보석으로 가득히 장식을 하고 있었다. 뿐만 아니라 쓰고 있는 모자와 입고 있는 윗옷에도 죄인으로서도 아주 큰 죄인인 금으로 된 표시를 달고 있는 죄인에게 다가가 각료들에게는 눈길도 보내지 않고 금으로 된 표시를 달고 있었다. 유토피아에서 가장 큰 가치는 금과 은이 아니다. 열심히 자기 일을 하면서 흘리는 땀방울이 가장 귀한 것이다. 많은 땀을 흘리는 것이 존경받고 부러움을 받는 유토피아의 가치관이다.

사유재산을 갖는 것은 절대적으로 부정되며 배척된다. 사유재산은 죄악시되며 부정된다. 모든 주민들은 생산한 곡식이나 생산품을 자기 집에 가지고 있지 못한다. 쌀 10가마를 생산하고 낫과 호미 등 농기구를 각각 다섯 자루를 만들었다면 자기 집 창고에 보관하는 것이 아니고 유토피아 마을의 중앙에 있는 공동창고에 입고시키도록 한다. 그리고 필요할 때는 자유롭게 가져다 쓸 수 있다. 쌀 10가마를 공동창고에 입고했으나 필요하면 15가마도 가져갈 수 있고 한두 가마만을 가져다 쓸 수도 있다. 낫이나 호미를 각각 5개씩 입고했으나 쓸모없으면 가져갈 필요가 없고 필요한 대로 하나만을 가져다 쓸 수도 있다. 그러나 쌀이나 생활용품은 모자라지 않고 남아돌고 있었다. 주민들 모두가 탐욕이 없고 서로 필요한 것을 절제하고 있기 때문이었다.

정치조직은 중앙집권적이기보다 지방분권적이다. 매 30가구마다 행정관인 필라크(Philarch) 한 사람을 선출하고 각 30 필라크에 알크 필라크가 선출된다. 이들이 모여 종신 임기의 왕을 선출한다. 유토피아 전체에 영향을 미칠 중요한 문제가 있을 때에는 모든 주민들에게 알려야 하고 책임 있는 필라크에게 통보한다.

《유토피아》의 책은 영국 왕에게 제출되었다. 유토피아론자들인 이상주의자들은 그러한 이상적인 유토피아의 사회나 국가를 그들의 힘으로 현실적으로 만들 수 없다는 것을 알고 있었다. 강력한 왕권에 의해서만 유토피아를 건설할 수 있다고 보았기 때문이다. "이렇게 사는 것이 사람들이 살아갈 생활공동체인 국가의 모습입니다. 영국을 유토피아로 만들어주십시오." 이렇게 영국 왕에게 청하고 있었다. 유토피아의 이상사회의 실현을 왕에게 청했기 때문에 그것이 '청원적인 이상주의(請願的理想主義)'라는 것이다. 그러나 영국 왕은 그러한 유토피아에는 관심이 없었다. 1,000일의 앤이나 군사력을 강화하여 군권(君權)을 강화하고 국토를 확장하는 것이 영국 왕의 관심이었을 뿐이었다. 이상주의자들은 왕권을 통해 이상사회의 꿈을 실현할 수 없다는 것을 알게 되었다.

이러한 일은 왕에게만 있었던 것은 아니었다. 일반 국민들도 그러한 이상에 대해 별로 관심이 없었고 소수의 이상주의자들만이 사유재산 제도를 반대하며 재산의 공동소유를 주장하고 있었다. 여기서 청원적 이상주의는 끝이 났다. 땀 흘려 일하는 것을 부러워하는 가치관을 가지고 있는 사람들이 함께 모여 새로운 생활 공동체를 만들고자 하는 시도가 일어나게 되었다. 이것이 협동적 이상주의이다.

이러한 협동적 이상주의를 꿈꾼 사람들이 새로운 생활공동체를 만들게 되면 곧 그러한 공동체가 주민들에게 알려지게 되고 관심이 없던 주변의 주민들이 하나둘 이러한 생활공동체에 동참할 것이라고 믿고 있었다. 이러한 생활공동체가 왕국의 여러 곳에 만들어지고 왕국 안에 가득 차게 되면 왕국은 바로 유토피아와 같은 이상사회로 변화될 것이라고 믿고 있었다. 이상사회를 왕에게 청원할 것이 아니라 이상사회를 꿈꾼 사람들이 먼저 그러한 이상적인 생활공동체를 만들어 사는 것이 우선되어야 한다고 생각하고 있었다.

이상주의자들이 협동하여 유토피아와 같은 생활공동체를 만들고자 했고 그러한 계획을 왕국의 한 구석에서 실제로 생활화했다. 이것이 '협동적 이상주의'이다. 청원적 이상주의는 협동적 이상주의의 형태로 발전되었다. 그러나 청원적 이상주의나 협동적 이상주의는 18세기에 이르기까지 크게 성과를 거두지 못했고 모어의 유토피아의 형식과 내용을 모방한 여러 가지의 주장이 유럽 여러 나라에서 쓰이고 있었다.

존 발렌틴 안드레는 독일의 사회개혁가이며 여행가였다. 《크리스티아 노플리스시》(*The City of Christiano Polis*)라는 책을 썼는데 중공업 지역과 경공업 지역으로 나뉘어 사는 400명 내외의 사람들이 부부 중심의 가족제도에서 살며 일체의 생산물을 사유하지 않고 시(市)의 공동창고(The Public Booth)에 보관하며 시민들이 공동으로 생활하며 관리하는 공유재산 제도를 채택하고 있다. 시민들이 살고 있는 시에는 도로에 면한 모든 건물 앞에 비를 피할 수 있는 높이 5피트, 폭 12피트의 피우로(避雨路)를 만들어 비 오는 것을 걱정 없이 거닐 수 있는 시가지를 만들어야 한다고 했다.

토마스 캄파넬라(Thomas Campanella: 1568-1630)는 《태양의 도시》(*City of the Sun*)를 집필했다. 모어의 유토피아의 형식을 모방하여 제노아 선장이 실론섬의 수도 솔라리알(Solarial)과 기타 여러 섬의 모습을 담고 있다. 모든 것을 공동으로 소유하며 가족관계도 개별적인 가정이 아닌 공동적 생활을 하며 하루 노동시간이 4시간이고 나머지 시간은 쉬거나 오락시간으로 한다고 했다. 교육은 시청각 교육으로 하며, 개인은 전체를 위해 존재한다고 했다.

제임스 해링턴(James Harrinton: 1611-1677)은 《오세아나》(*Oceana*)의 책을 썼다. 옥스퍼드에서 공부했고 여행하면서 베니스 자치시에 특별한 관심이 있었다. 공화정치를 지지했고 공화정이 실패한 후에 런던탑에 감금되었다. 오세아나의 중요한 내용은 토지의 소유자가 정치권력자가 된다고 하여 정치형태를 세 가지로 분류했다. ① 토지를 한 사람이 소유하면 군주정(Monarchy) ② 소수의 몇 사람이 소유하면 귀족정치(Aristocracy) ③ 모든 사람이 소유하면 공화정(Common wealth)이라고 했다. 민주정치가 실현되기 위한 다섯 가지 전제를 내놓고 있다. ① 비밀선거 ② 양원제도 ③ 의무교육의 실시 ④ 종교의 자유 ⑤ 공무원의 순환제동이다.

공트 윈스탄리(Gond Winstanly)는 성 조지 언덕의 토지를 공동으로 경작한 주동인물로서 후에 E. 베른스타인이 영국 박물관에서 발견한《강령으로서의 자유원칙: 1651》에 몇 가지의 주장이 기록되고 있다. ① 흐르지 않는 물은 썩는다. 매년 통치자를 교체해야 한다. ② 일부일처제와 결혼의 자유 보장 ③ 금이나 은은 소지하지 못하며 가구에만 사용해야 한다. ④ 상거래는 죄악으로 농업적 생산이 장려되어야 한다. ⑤ 공립학교 교육이 장려되어야 한다. ⑥ 가족은 개별적인 가정으로 되어야 하며 토지와 창고는 공동으로 관리되고 소유되어야 한다. 사유재산의 부정을 기록하고 있다.

플로크호이(Plockhoy)는 이와 같이 주장했다. ① 사유재산제를 인정하나 협동조합으로 운영해야 한다. ② 농촌과 도시인들은 6시간의 교대노동을 하도록 한다. ③ 식사는 공동식당에서 공동으로 해야 한다. ④ 회당(會堂)에서 개인의 의견을 자유롭게 발표하게 해야 한다. ⑤ 공동체의 책임지도자는 매년 선거로 선임해야 한다.

존 벨라(John Bellers: 1655-1725)는 플로크호이의 영향을 받고 있다. ① 소비조합 운영을 주장하여 투기(投機)와 독점, 생산자와 소비자의 중간거래를 폐지해야 한다. ② 공업학교의 교육을 강조하고 있다.

데니스 베라스(Denis Vairasse)는 ① 《세브람부의 이야기》의 저자로 ② 1,000명의 인원을 수용할 수 있는 경제, 교육, 건축, 농경, 연극 등 인간생활의 모든 것을 내포하는 오스마치엔(Osmasien)의 건설과 운영을 제시했다. ③ 사교육보다 공교육으로 자녀교육을 실시해야 한다. ④ 과잉인구는 해외 식민지로 이주토록 한다. ⑤ 감정적인 종교가 아닌 이성적 신앙에 따른 종교가 권장된다.

이 시기의 중요한 주장은 노동시간을 4시간 또는 6시간으로 제한해야 한다는 것과 사유재산권을 인정하나 소비조합과 협동조합을 운영하여 경제활동에 있어서 투기와 독점, 그리고 중간거래에서 오는 상거래의 부당한 폐단을 막아야 한다는 주장이었다. 도시와 농촌의 사람들을 1년마다 교대케 하며 농가의 노동의 평등을 보장해야 한다는 주장이 있게 되었다. 정치 면에서 통치권자의 부패와 독재를 막기 위해 그 임기를 1년으로 하고 교체한다는 주장이 있다. 생산수단을 사유하는 것과 공유한다는 상반되는 주장들이 있었으나 P. 쳄바레인이 주장한 국유화(國有化)는 특이한 것이 되었다.

제2장 이상주의의 발전과 분파

《유토피아》 책의 형식과 내용을 모방하여 책을 쓰고 있었던 유럽 여러 나라의 이상주의자들은 18세기에 각각 다른 내용의 주장을 하게 되었고 여러 분파로 갈라지게 되었다.

- 국유화론자: A. 모렐리, 에티엔 카베
- 개량주의자: 생 시몽, C. 푸리에, L. 블랑
- 폭력주의자: F. N. 바뵈프, B. S. 아우구스투스, W. 바이틀링
- 무정부주의자: P. J. 푸르동
- 협동주의자: R. 오언

7. 국유화론자

《자연법전》을 쓴 모렐리와 《이키리아의 여행》을 쓴 에티엔 카베가 대표적인 사람으로 그들이 주장하는 것은 다음 몇 가지로 요약할 수 있다. 국가는 사람들의 공공의 이익을 위해 연령과 능력에 따라서 일할 수 있도록 사람들을 관리할 수 있다.

국가는 사람들의 교육을 담당하여 사회개혁을 폭력이나 군사력에 의하지 않고 할 수 있도록 한다. 사회의 여러 가지 제도는 사람들의 인간성에 따라서 마련되어야 하며 국가의 강제나 권위에 따라서 지배되지 않고 자유롭고 또 평등하게 국가의 관리하에서 살도록 한다.

모든 국민들, 특히 농민들은 국가의 비용으로 생활할 수 있도록 부양되어야 하며 농민들이나 노동자들이 일할 때에 쓰게 되는 도구나 농기계를 국가가 빌려주어야 한다. 다만 모든 재산은 사유할 수 없기 때문에 빌린 농기구 등을 개인이 소유할 수는 없다.

모든 국민의 생활은 국가가 정하는 규제하에서 할 수 있다. 아이들은 모유로 키워야 하며 5살에 학교에 입학해야 하며 10살에 공공의 작업장에 가서 일해야 한다. 15~18세에 결혼할 수 있고 40세가 넘어야 이혼할 수 있다. 10~30세까지는 국가가 직업에 따라서 정해준 색깔과 복식의 의복을 입어야 하며 30세가 넘으면 사치하지 않는 색깔의 의복을 개인이 선택하여 입을 수 있다. 모든 재산은 국가가 소유하며 관리하고 국민들은 국가가 정한 규정에 따라서 자유롭고 평등한 생활을 할 수 있다고 했다.

8. 개량주의자

생 시몽(St. Simon: A.D. 1760-1825)은 일부 이상주의자들이 주장하고 있었던 황금시대는 일찍이 과거에는 없었다고 주장했다. 황금시대는 과거에서 찾을 것이 아니고 현실과 미래의 생활 속에서 만들어가야 한다고 주장했다. 그러한 이상사회를 만들기 위해서는 사유재산 제도를 철폐하고 점진적으로 사회개혁과 개량을 실천해야 한다는 주장이었다. 생 시몽은 사람이 가지고 있는 지능에 따라서 사람들을 세 가지로 나누었고 사람들이 각각 그 지능에 알맞은 일을 할 수 있도록 조직하고 관리할 것을 주장했다. 창안원, 집행원, 심사원 등 세 가지의 부류로 나누어 사람들의 지능에 따라서 일하게 한다는 것이다.

창안원은 주로 기술자들로 구성되며 사회의 발전과 번영을 가능하게 하는 아이디어를 창안하는 역할을 한다. 심사원은 과학자들로 구성되며 창안원에서 작성한 사업을 위한 계획서를 심사하고 평가하는 일을 하는 곳이다. 동시에 그 계획서에서 삭제될 것과 추가될 것이나 보충될 것을 결정한다. 계획안이 실행되는 과정에서 들어날 수 있는 문제점을 찾아내고 보충하는 일을 하게 된다. 집행원은 실제로 사업을 담당하는 사람들로 구성된다. 심사원에서 최종적으로 넘어온 사업계획서를 구체적으로 사업현장에서 집행하는 일을 하게 된다.

생 시몽은 우리가 오늘날 쓰고 있는 계급(階級)이라는 말을 처음으로 사용한 사람이다. 생 시몽은 대중과 계급이라는 개념을 구별하고 있다. 야구장에 야구경기를 관람하기 위해 많은 사람이 모여 있다. 이들은 아무리 많은 사람이 모였다 해도 계급은 아니다. 이들은 야구경기를 관전하기 위해 모인 대중(大衆)일 뿐이다. 계급이란 세 가지의 요건을 갖춘 많은 사람들이라고 했다.

첫째로는 사람들이 개별적으로 분산되지 않고 어떤 곳에 모여 있는 사람들이란 것이 계급이 되는 하나의 조짐이다. 둘째로는 사람들이 사회적이거나 정치적으로 불법하거나 불행한 처지에 놓여있다는 것을 알고 있어야 한다. 셋째로는 그러한 불합리하고 불행하게 된 내용을 알고 그러한 일을 반대하며 극복하고자 하는 행동을 함께 하고자 하는 많은 사람들의 집단을 계급이라고 했다. 이들은 인간권(Mom's Right)을 알게 되고 인간권을 회복하고자 하는 많은 사람들이다. 인간권이란 사람이 사회와 역사의 주인으로 살고자 하는 인간의 권리를 뜻한다. 인간이 다른 동물들과 달리 역사와 사회의 주인으로 살며 역사와 사회 발전에 책임을 지고 살고자 하는 인간의 권리를 뜻한다. 인간권을 지니고 살고자 하는 많은 사람들이 계급이 된다고 한 것이다.

생 시몽의 계급론이 나오기 이전에는 계급은 존재하지 않았다. 로마의 장군 가나 귀족의 집에는 몇 사람씩의 노예가 있었다. 희랍의 도시국가에도 채무노예나 전쟁포로 노예가 있었다. 이들은 자신들의 불행한 처지의 원인을 알지 못했고 불행한 생활을 그들의 숙명으로 알고 있었고 그러한 불행한 처지를 거부하며 힘을 합쳐 극복하려는 저항을 하지 못했다. 그들에게는 인간권이라는 자각이 없었기 때문이다. 귀족이나 영주와 장군 가에 개별적으로 살고 있었을 뿐 집단으로 모여 있는 대중도 아니었다. 상전의 영지 안에 얼마간의 경작지를 할당받고 얼마간의 곡물과 채소를 가꾸었고 그들 상전의 농토와 가사의 일에 노동을 제공하고 있었을 뿐이다.

또 이들 노예들은 그들의 상전이 전쟁에 참전할 때에 무장하고 주인을 따라서 병사로서 참전했으나 그들의 불행한 처지를 벗어나고자 하는 의지 같은 것이 없었다. 인간권이란 개념을 알지 못했으므로 이들은 노예였을 뿐이다. 일부 지식인들이나 이상주의자들과 신권하에 있었던 성직자들 가운데 사람들의 인간권이 회복되어야 한다는 의지를 갖게 되었고 가진 자와 가지지 못한 자나 노예들의 고달픈 생활을 개선해보고자 하여 사유재산 제도를 철폐하고 공유재산 제도를 마련해야 한다는 주장을 하게 되었다.

생 시몽은 이러한 인간권을 회복하기 위한 세 가지 조건을 갖춘 인간의 집단을 계급이라고 했다. 따라서 희랍이나 로마 그리고 중세에 있었던 노예들은 그 시대의 불행한 사람들이었으나 이들은 계급은 아니었다. 계급은 모든 역사 속에 있었던 것은 아니었다. 마르크스는 공산당 선언의 첫머리에 다음과 같은 말을 쓰고 있었다. “이제까지의 인류의 역사는 계급투쟁의 역사였다.” 이러한 공산당 선언의 글은 하나의 선전적인 글로 명문이라 하겠으나 인류의 모든 역사 속에 계급은 없었기 때문에 그 명제는 잘못된 것이다. 로마나 중세의 노예들은 계급이 아니었기 때문에 계급투쟁을 했다는 명제는 잘못된 것이라고 할 것이다. ‘19세기 이후의 역사가 계급투쟁의 역사였다.’ 이렇게 쓰는 것이 역사 인식의 정확한 표현이라고 생각된다.

생 시몽은 귀족의 아들로 태어났으나 생애를 빈민들을 위한 일에 헌신했다. 임종 직전의 그의 생애에 대한 독백은 우리를 감동케 한다. "나는 지금 굶주리며 죽어가고 있다. 무서운 추위 속에서 일해 왔고 지금도 추위와 굶주림 속에 떨고 있다. 입고 있는 의복 밖의 모든 것을 팔아버렸고 지금은 헐벗고 있다. 나는 살아오는 동안 유럽에 살고 있는 사람들의 고통과 불행을 극복할 수 있는 수단과 방법을 알고자 했고 그것을 극복하는 일에 힘쓰며 살아왔다. 내가 지금 겪고 있는 어려움이 이러한 일을 하는 데 쓰였기 때문이라 여기며 믿고 있고 그것을 자랑스럽게 여기고 있다. 나의 이 어려운 삶은 부끄럽지 않고 자랑스러울 뿐이다."

찰스 푸리에(François Marie Chales Fourier: A.D. 1772-1837)는 대표적인 개량주의자이다. 생 시몽과 함께 개량주의자로서 쌍벽을 이루고 있다. 양복공의 아들로 가난하게 태어났으며 19살에 상점의 사환으로 일했고 정규적인 교육을 받은 바가 없다. 부자들로부터 많은 기부를 받아 그의 이상을 실현하고자 했으나 그 일이 여의치 않았다.

사람은 다섯 가지의 감각, 보는 것(視), 듣는 것(聽), 맛보는 것(味), 냄새 맡는 것(嗅), 만져 느끼는 것(觸) 등이 있다. 또 네 가지의 정감(감정), 우정, 연정, 야망, 가족애 등이 있다. 그리고 세 가지의 계획적인 감정인 계획성, 변혁성, 결합 통일성이 있다. 따라서 인간들로써 형성되는 사회의 이상적인 형태는 이러한 인간들이 가지고 있는 12가지의 성격을 가장 합리적으로 조직하고 합리적으로 결합하는 것이라고 했다.

푸리에는 특별한 역사관을 가지고 있는데, 역사를 네 단계로 나누고 있다.

- 유년기: An age of descline

- 황금기: The thousent glorious years
- 유멸기: An age of declane
- 멸망기: A forth era detage

지금은 유년기가 막 끝나고 7만 년이나 되는 황금기가 막 시작되고 있다. 황금기가 끝나면 인류는 유멸기를 거쳐 멸망기를 맞게 되지만 그것은 별로 걱정할 필요가 없다. 7만 년이나 계속되는 황금기가 시작되었기 때문이다. 역사를 극히 낙관적으로 보고 있었다. 황금기에는 사자들이 사람들의 시중을 들며 이상한 수레가 사람과 물건들을 운반하며 고래가 배를 끌고 바다를 건너며 바닷물을 담수로 바꾸어 생활에 쓸 수 있다고 했다. 이러한 푸리에의 예언은 과학과 기술의 발전에 의해 그 모습이 그대로 실현되지는 않았으나 오늘날 그런대로 생활 속에서 실현되고 있다고 볼 수 있다.

사람들의 이상적 생활을 하게 되는 곳을 푸리에는 팔랑(Phalanx)이라고 했고 황금기를 인도할 정치적이며 경제적 생활공동체의 중심이 되는 곳이라 했다. 특별히 팔랑에서 사람들이 살아갈 집을 팔랑스테리(Phalanstery)라고 했다. 팔랑에는 400~2,000명의 주민이 살게 되고 공동으로 농지를 경작하며 공동으로 식사하며 소비는 소비조합을 통해 살게 된다고 하고 있다.

팔랑에는 기본적으로 135개의 씨어리스(Series)가 있는데 80개의 씨어리스에 사는 주민들은 농사일과 목축에 종사하게 되어있다. 20개의 씨어리스에 사는 주민들은 여러 가지 생활에 필요한 생활용품을 생산하는 제조업에 종사하고 있다. 나머지 35개의 씨어리스 주민들은 음악이나 수학 등의 학업 분야에서 공부하게 되어있다.

정치적 책임자는 모든 주민들에 의해 선출되며 움 아르크(Umareh)라고 했다. 모든 사람들은 그 능력에 따라서 일하며 모든 생산물은 일정한 배분의 기준에 따라서 할당된다. 생산하는 데 노동력을 제공한 사람들에게 배분되는 기준이 가장 많은 5/12가 되고 자본의 제공자들에게는 4/12, 재능과 아이디어 그리고 기술을 제공한 사람들에게는 3/12을 할당하여 배분한다. 어떤 물품을 생산하는 데는 노동과 자본 그리고 아이디어가 결합해야 된다는 논리에 따른 것이다. 생산에는 노동이라는 일이 중요하지만 그러한 노동은 아이디어와 기술이 뒷받침 되어야 하며 일정한 자본에 의한 생산용구와 기계 등의 시설이 갖추어져야 하고 생산원료가 공급되어야 한다고 보고 있다. 일체의 불로소득은 인정되지 않으며 철저하게 배척되어야 하나 노동과 자본 그리고 아이디어의 종합적인 결합이 없다면 생산은 불가능하다고 보고 있다. 이러한 배합의 비율과 배분의 공평한 운이 점진적인 개량주의의 원칙이 된다는 주장이다.

루이블랑(L.Blanc: A.D. 1813-1883)은 스페인에서 태어나 로데스대학을 졸업했고 1848년에는 임시정부의 각료가 되었다. A. 블랑키로부터 영향을 받았고 프랑스 노동운동과 사회주의 운동에 철학적 이론을 제공하고 있다. 인간의 능력은 평등하지 않다. 평등이란 사람들 각자의 능력을 최대한으로 발휘케 하는 비율일 뿐이다. 근본적으로 평등하지 못한 사람들을 절대적으로 평등하다고 하는 것은 잘못된 것이다. 참답게 사람들을 평등하게 하는 것은 비율에 따른 평등의 차이를 전제로 각자의 능력의 차이에 맞는 일을 하게 하는 것이다.

사람들이 각자의 능력에 따라서 생산하며 원하는 바에 의해 소비할 것을 주장했다. 그러나 능력이 큰 자와 작은 자들을 위해 국가가 균형에 맞도록 조정해주는 것이 평등을 실현하는 길이라고 하여 국가의 역할의 중요성을 주장하고 있다. 정치권력은 선거의 방법으로 잡아야 하며 다수 국민인 노동 계급의 정치적 · 사회적 복리와 안정된 생활을 향상시키는 것이 국가의 중요한 책임이 된다고 했다. 파리 시민들에게 폭동이나 반란에 참가 · 가담하지 말고 국가가 노동 계급의 이익이 되는 계획을 만들고 그것을 실천하도록 하는 행동에 중지를 모아야 한다고 했다.

국가는 일부의 사람들이 말하고 있는 것처럼 부자들에게만 유익하게 하는 기관이 아니다. 국가는 사회와 역사 발전을 정당하게 개혁할 수 있는 기관이다. 개혁에 있어서 국가의 역할을 강조하고 있다. 따라서 재산의 사유와 공유의 문제보다는 국가가 많은 재산을 관리하며 소유하여 부자와 노동 계급의 평등한 번영을 주도하는 것이 점진적 개량주의의 입장이라고 주장하고 있다.

9. 폭력혁명론

바뵈프(Fransis Noel Bafeuf: A.D. 1764-1796)는 혁명은 폭력에 의해서만 성공될 수 있다고 주장한 폭력혁명론의 대표자이며 아우구스투스와 바이틀링에게 많은 영향을 주었다. 특히 오늘날 공산주의자들이 즐겨 쓰고 있는 동무(The Equals)라는 말을 처음 쓴 사람으로 유명하다. 혁명은 폭력적이고 기습적인 전술에 의해서만 가능하며 특히 노동자들을 선동하는 선동기관을 조직하고 잘 활용해야 성공한다고 했다.

또 혁명이 성공하기 위한 전술로는 혁명을 거부하는 진압부대인 경찰이나 군부대 안에 비밀 조직원을 침투시키는 것이 중요하다. 혁명의 대상이 되는 정권을 안과 밖에서 협공하는 것이 중요하다. 이러한 바뵈프의 전술은 1917년 러시아 혁명에 적용되었고 소비에트 혁명에서 중요한 전술로 작용했다. 혁명이 성공한 후에는 독재적인 지배체제를 수립해야 한다. 이러한 주장 역시 공산주의 혁명을 했던 여러 나라에서 그대로 채택되고 있었다.

정치적 평등과 함께 경제적 평등을 실현하기 위해 일체의 사유재산 제도는 철폐되어야 한다. 모든 사람의 평등과 행복을 추구하는 것이 혁명의 목적이다. 폭력혁명은 성공해야 한다. 혁명은 폭력적이며 동시에 소수의 정예분자들에 의해 지도되어야 한다. 바뵈프는 프랑스 혁명기의 폭력혁명론의 대표자였고 공산주의 운동의 선구자였다. 그러나 1795년에 체포되어 처형되었다.

블랑키(Blanqui Sours Augustus: A.D. 1805-1871)는 바뵈프의 폭력적 혁명론에 영향을 받고 폭력혁명론자가 되었다. 파리에서 법률과 의학을 공부했다. 프랑스의 파리와 리옹에서는 1832년과 1834년 폭동에 참가하였고 1832년에는 사계사(Societe des Seasons)가 중심이 되어 폭동을 일으키고 파리 시청을 점령하였는데 사계사의 지도자이며 그 폭동을 주도한 사람이 블랑키였다. 이 폭동의 주모자로 체포되어 사형 선고를 받았으나 종신형으로 감형되었다. 블랑키는 당시의 공상적인 개혁가들과는 달리 노동자들에 의한 계급투쟁의 혁명전술에 기초를 둔 폭력적인 투쟁을 주장하고 행동했다.

그는 정치적 민주제를 위한 노력이나 노동자들에 의한 대중적 조직을 높이 평가하지 않았다. 직업적인 소수의 정예분자들에 의한 기습공격만이 혁명을 성공할 수 있다고 믿고 있었다. 혁명에 대한 철학적 이론이나 정치이론 등을 정리하지도 않았다. 노동자들의 노동조건이나 사회적 지위를 향상하는 노동조합 운동에도 관심이 없었다. 폭력을 조직하여 혁명을 성공적으로 실현하는 것이 그의 관심이었다. 소수정예 분자들에 의한 폭력적 투쟁만을 위한 기습공격의 행동만을 주장하는 블랑키의 행동에 대해 점진적 사회 개량주의자는 동의할 수가 없었다. 또 자본주의 사회의 생산력과 생산관계의 모순이 자본주의 사회의 필연적인 혁명으로 이어진다는 마르크스의 유물사관의 논리를 신봉하는 마르크스주의자들에게도 블랑키의 논리는 수용될 수가 없었다. 다만 1917년 러시아 혁명에서 비밀결사와 기습공격에 의한 폭력적 행동주의가 그 빛을 보았을 뿐이다.

블랑키는 1827년 민중폭동에 처음 참가했다가 체포되어 8년간의 옥중 생활을 했다. 1839년 폭동의 주모자로 체포되어 사형선고를 받았으나 종신형으로 감형되었다. 1848년 방면되었으나 중앙공화주의자위원회를 조직하여 다시 체포되어 10년간의 징역형을 받았다. 1858년 출옥했으나 1861년 폭동음모죄로 4년 징역형에 처해졌다. 1870년 파리코뮌음모죄로 체포되었고 파리코뮌 실패로 다시 투옥되었다. 1879년 볼드지구에서 대의사로 당선되었으나 피선거권이 박탈되어 당선이 무효가 되었다.

일생 동안 폭력혁명론자로 폭동운동에 직접 가담하여 투옥되어 감옥생활을 계속하게 되었다. 그러나 그의 논리는 폭력론자가 된 바이틀링에게 영향을 주었고 러시아 혁명이 성공하는 데 도움이 되었다.

10. 무정부주의론

푸르동(Pierre Joseph Proudhon: A.D. 1809-1865)은 19세에 대학을 중퇴하고 인쇄소의 교정원과 필생 생활을 했고 상점원 등으로 일했으며 희랍어와 히브리어와 경제학을 독학으로 공부했다. 국유화론자, 개량주의자, 폭력론자들은 현실적으로 실천할 구체적인 개혁안을 제시하고 있었으나 푸르동은 추상적인 인간의 자유, 평등 그리고 박애를 실현시키는 것이 사회개혁의 토대가 된다고 했다.

정부나 국가의 권위가 인간의 자유를 억제하며 빼앗고 있다, 국가의 권위는 인간에 의한 인간의 지배 그 자체이며 인간의 자유를 침해한다고 했다. 인간의 자유, 즉 개인적인 자유를 부정하고 강제하는 것은 정치적인 권위의 주체인 국가라고 했다. 국가의 지배는 이제 거부되어야 한다. 정부가 하고 있던 국내 문제의 처리는 국내통계국(The Department of Statistics)이 담당하며 국제적인 문제는 국제통계국(The international of Statistics)이 담당하게 된다. 개인의 자유와 발전을 반대하고 지배하고 있었던 모든 권위체인 정부와 국가의 권위는 철폐되어야 한다.

경제적 제도는 많은 것을 소유한 부자들과 아무것도 소유하지 못한 가난한 사람들을 갈라놓고 있다. 인간의 경제생활의 평등을 거부하여 사람들의 불평등한 생활을 강요하고 있다. 부자도 없고 가난한 사람도 없으며 주인도 없고 노예도 없는 평등사회가 실현되어야 한다. 무정부적인 사회가 실현되어야 한다. 이러한 평등한 무정부적인 사회를 실현하기 위해 사유재산 제도는 철폐되어야 한다. 사유재산 제도의 근거를 흔히 두 가지로 설명하고 있다. 그 하나가 선점론(先占論)이다.

어떤 물건이나 주인이 없는 것을 먼저 발견하고 소유하는 것은 옳은 일이며 그것이 사유의 정당한 근거가 된다는 것이다. 그러나 무정부주의는 그러한 물건을 먼저 갖는다는 것을 인정하지 않는다. 그 물건이 있는 곳에 있었던 모든 사람들이 함께 소유하는 것을 옳다고 본다. 물건을 선점하여 소유하는 것은 모든 사람들이 소유할 수 있는 것을 훔치는 도적과도 같은 것이라고 했다.

둘째의 논거는 어떤 물건이든지 생산한 노동자의 노동 대가이므로 노동자가 소유할 수 있다는 것이다. 노동자가 생산활동을 할 때 생산수단이 되는 노동기계나 생산원료가 있어야 하는데 그것들은 어떤 물건을 생산하는 노동 이전에 다른 노동에 의해 생산된 것이므로 그 어떤 물건을 생산할 노동자의 노동에 의했다고만 볼 수 없다. 물건을 생산한 노동자가 생산한 물건을 소유한다는 논거 역시 옳지 못한 것이라고 했다.

인간들이 올바른 신앙심으로 종교생활을 할 수 없도록 한 교회와 성직자들을 비난한 죄로 푸르동은 징역형으로 정죄되었다. 인간의 개인적인 자유를 억제하여 지배하는 권위는 국가나 경제 제도만이 아니고 신의 절대적인 권위 역시 개인의 자유를 제약하며 지배한다고 했다. 모든 면에서 인간의 자유를 억제했던 지배적인 권위체인 국가, 경제 제도 그리고 신의 절대성이 거부된 무정부적인 사회에서만이 인간의 박애정신이 실현될 수 있다고 주장했다.

푸르동의 무정부론은 실천해야 할 구체적인 계획안이 없는 공상적인 형태라는 특성이 있고 동시에 개인의 절대적인 자유와 평등을 주장한 두 가지의 특징이 있다고 볼 수 있다. 그의 저서로는 1840년에 발간한《재산은 무엇인가?》와 1846년에 내놓은《빈곤의 철학》두 권의 책이 있다.

고드윈(William Godwin: 1756-1836)

프랑스의 폭력혁명론자들에 의해 주장되었던 기습공격이나 폭력에 의한 폭력론과는 달리 영국에서는 스펜스(Thomas Spence: 1750-1814)와 올리비에(William Olivie)와 같은 사람들에 의해 토지의 소유와 그 개혁론이 일어나게 되었다. 토지를 독점하는 것은 폭군이나 잘못된 교회나 성직자들 이상으로 악덕의 것이다. 토지는 개인이 독점적으로 소유할 것이 아니라 사회 모든 구성원에게 돌아가야 한다. 사유재산은 사회구성원의 동의에 의한 것이므로 그것은 상속될 수 없다. 사유재산의 소유는 계속 갱신되어야 한다. 사유재산은 노동의 대가라고 했으나 그것은 산업이 공업적인 사회에서만 적용되는 것이다. 어떤 토지를 소유하는 사람이 토지의 밑바닥을 파헤쳐 새로운 토지를 만들 수 없기 때문이다. 토지를 소유할 수 있는 것은 그 토지를 개량하기 위해 바친 노력의 대가에 해당하는 부분만을 소유할 수 있다.

또 한편 영국의 런던 통신위원회(The London Corresponding Society) 하디(Thomas Hardy: A.D. 1752-1832)도 소유와 부에 대한 특별한 견해를 밝히고

있다. 모든 소유와 부(富)는 가난한 사람들의 얼굴에서 흘리는 땀의 결과이다. 따라서 법에 의한 인간의 평등과 재산의 공동소유에만 관심을 쏟을 것이 아니다. 인간 자체를 대상으로 관심이 있어야 한다. 노동자들에 대한 교육, 적절한 임금의 내용, 일정한 조건을 갖춘 노동환경이 인간 개성에 적당한 것인가를 생각해야 한다. 보통선거제도, 의회제도 그리고 참정권에 관한 것은 그다음의 문제이다. 이와 같은 온건한 주장이 제기되는 가운데 프랑스 푸르동을 따라 무정부론을 주장한 고드윈(WIlliam Godwin)이 있다.

고드윈은 《정치적 정의에 관한 요구》(*Enquiry Concerning Political Justice*)라는 저서를 통해 여러 사람들에게 많은 영향을 주었다. 정부는 부도덕한 것에서 출발했고 부도덕한 것이다. 국가는 자유로운 개인으로부터 성립된 공동체와 그 구성원인 개인의 인격적인 요구를 거부하며 탄압하고 있다. 이러한 정부나 국가의 권위적인 지배에서 인간의 개인적인 자유를 회복하기 위해 무정부적인 사회가 성립되어야 한다. 무정부적 상태는 새로운 질서를 초래할 이성과 설득으로 이루어지는 사회이다. 그러한 무정부적 상태는 일찍이 생 시몽이 주장했던 소유에 대한 견해를 반대하고 있는 사회이다.

생 시몽은 인간은 그 능력에 따라서 보상이 주어져야 한다고 했으나 무정부 상태의 사회에서는 "아무도 쓰고 남을 만큼을 소유할 수 있는 권리가 없다(for no one has a right to superfluities)"고 주장했다. 루이 블랑은 "모든 사람은 각자가 필요한 만큼만 받아야 한다(to each according to fine need)"고 주장했다. 고드윈은 프랑스에 있어서의 폭동과 폭력에 의한 혁명을 반대했고 영국 이상주의의 특성을 이루게 하는 데 크게 공헌했다. 젊은 시인들에게 많은 감화를 주어 그의 사상을 시로 쓰게 하고 있다.

나라 다스림을
통치자들 열심히 묵상하라
빈부와 강약 사이의 말들을
알도록 힘쓰라.

워즈워스(William Wordsworth) 시인의 시이다.

사우디(Southey) 시인은 다음과 같이 쓰고 있다. 모든 사람들이 가난한 까닭은 공장주인 자본가 때문이라고 적고 있다. 이 시는 훗날 R. 오언이 반성하는 계기가 되었다.

우리가 지니는 길을 막는
너와 나 사이에는 담벼락이 없었노라
쓰고 남을 만큼을 자연은 주었으나
교만과 탐욕으로 그대 창고를 채우노라
그대들 부자들 연약하고 굶주린 가난한
사람들을 훔치노라
네 임은 은혜를 묵상하라

고드윈의 시인 셸리(Shelley: 1793-1832)는 혁명시인으로 고드윈의 사상을 다음과 같은 시로 읊었다.

너희가 뿌리는 씨의 열매는 다른 사람이 거두며
너희가 찾은 보물은 너 아닌 다른 사람이 차지한다
너희가 짜는 작물은 다른 사람이 입노라
너희가 만든 무기를 또 다른 사람이 지니는 나

11. 협동조합론

오언(R. Owen: A.D. 1771-1857)은 철공의 아들로 태어나 10살에 스텐포드(Stenford) 양복점의 사환이 되었고 19세에 맨체스터 방적공장의 지배인이 되었다. 1800년에 결혼하여 뉴라나크(New Lanark)로 옮겨 살았다. 뉴라나크 학원을 창설했으며 미국 인디애나주에 새마을 조화촌(The New Harmony Village)을 개설했다. 그리고 노동조합의 창설을 적극적으로 도왔다.

1810년 노동자들을 중심으로 한 '단결과 협동'이라는 표어를 내걸고 협동적인 생활공동체를 뉴라나크에서 창설했다. 이 생활공동체는 푸리에가 주장하고 있었던 팔랑과 비슷한 것으로 쿼드랭글(Quadrangle)이라고 했다. 주민 500~2,000명을 수용할 수 있는 시설로서 그 안에는 강당, 식당, 도서관, 학교와 숙박시설이 들어서고 있었다. 그곳에 수용되어있는 주민들은 농업이나 수공업 분야의 일을 하고 있었다.

이러한 쿼드랭글이 성공하여 영국 안에 가득 차게 되면 국가는 무용지물이 되고 사회개혁에 의한 이상사회가 건설된다고 믿고 있었다. 이보다 늦게 세워진 미국의 인디애나주의 새마을 조화촌이나 쿼드랭글에서 일하는 노동자들에게는 그 노동의 질에 상관없이 같은 노임이 지불되고 있었다. 지불하는 임금의 평등화를 기하고 있었다. 부를 쉽게 얻을 수 있으면 개인이 재산을 쌓아두지 않는다는 논리에 따른 것이었다. 그러나 결과는 그곳 주민들이 더 열심히 일하지 않게 되었고 태만하게 되었다. 생산성은 점점 떨어지고 노동자들은 게으르게 되었다. 겨우 3년을 넘기지 못하고 모든 사업이 실패로 끝나게 되었다.

"나는 이기적이며 무지한 체제하에서 추하게 경쟁하는 원인을 제거하고 하나의 새로운 모범적인 목적을 가진 이상사회를 건설하기 위해 이곳에 왔다." 쿼드랭글을 만들며 오언이 했던 개설사는 빗나갔고 실패했다.

오언은 뉴라나크에 쿼드랭글을 개설하면서 새로운 이상사회를 건설하기 위한 운동을 펼치고 있었다. 그 주변에 있던 빈민촌의 화장실과 부엌을 위생적으로 개선하고 있었다. 이 일을 하면서 그의 사재(私財)를 아낌없이 투입하고 있었다. 비만 오면 질척거리는 도로에 돌을 깔아 불편 없이 다닐 수 있는 주민들의 생활환경을 개선하는 데 힘쓰고 있었다. 뉴라나크 주변의 빈민가의 생활환경은 몰라보게 개선되었고 불편했던 주민들의 거리도 편리하게 통행할 수 있게 되었다.

> "내 집에 높은 울타리를 치고 가시 철망을 두르고 경비병을 배치하면 들어오는 도적은 막을 수 있으나 넘어오는 '병균'을 막을 수는 없다. 나 홀로 외딴 곳에 집을 짓고 살 수는 없다. 여러 사람들과 함께 살 수밖에 없는데 나와 함께 사는 빈민들 사이에 전염병이 창궐하게 되면 나와 내 가족이 안전할 수 없다. 빈민들이 살고 있는 곳에 깨끗한 최소한의 생활환경이 만들어져야 한다. 빈민촌의 생활환경을 개선하기 위

한 모든 조치는 빈민들만을 위한 것만이 아니다. 나와 내 가족의 안전을 위한 것이다. 나는 주민들과 함께 도로를 사용한다. 최소한의 불편이 없이 도로를 거닐어야 한다. 편안하게 도로를 정비한 것도 주민들만을 위한 것은 아니다. 나와 모든 주민을 위한 것이다."

함께 살아가는 이웃만을 위한 것은 아니었다. 이와 같은 생각은 교육에 대해서도 그대로 적용되고 있었다. 오언은 사회개혁은 교육에 의해서 성공할 수 있다고 믿고 있었다. 인간의 성품은 태어나고 자라면서 생활하는 자연과 생활환경에 따라서 형성된다고 믿고 있었다. 그리고 그러한 생활환경은 교육에 의해 만들어진다고 보았다. 교육은 서로 돕는 일과 서로 돕게 하는 착한 마음을 지니게 하며 산업의 발전을 가능하게 한다. 사람들의 도덕적이며 윤리적인 생활을 하게 하는 것은 교육이라고 했다.

사람들이 생활공동체에서 평화롭고 행복하게 살아가기 위해서는 그들 모두가 도덕적이고 윤리적인 인간성을 갖추어야 한다. 그러한 인간성은 그들이 살고 있는 자연과 사회의 생활환경에 의해 영향을 받게 되고 결정된다고 했다. 그러한 생활을 만들 수 있는 것이 교육이라고 하며 그 중요성을 강조하고 있다. 사람들이 모두 도덕적이고 윤리적인 인간성을 갖추고 함께 행복하게 살아가기 위해서는 교육이 일반적이고 보편화되어야 한다고 주장하고 있다.

오언이 뉴라나크에서 제일 먼저 착수한 일이 노동자들의 자녀들을 위해 유치원을 개설하고 그들 자녀들을 위한 뉴라나크 학교를 창설한 것이다. 공장주나 자본가들은 그들의 자녀들을 위해 학교를 설립하고 그들 자녀들이 교육을 통해 도덕적이며 윤리성에 따른 인간성을 키우며 자라도록 했다. 그러나 노동자들과 빈민들의 자녀는 교육받을 수가 없었다. 자본가의 자녀들이 교육받고 도덕적이며 윤리적인 인간성을 갖추었다고 해도 그들과 함께 살아갈 노동자들의 많은 자녀들이 교육받지 못한다면 전체적인 사회의 행복과 발전을 기대할 수가 없게 된다. 노동자들의 자녀들을 위한 학교를 세우고 그들을 교육하는 것은 빈민들의 자녀들만을 위한 것은 아니다. 교육은 일반화되고 보편화되어야 한다. 교육은 모든 사회구성원들을 위한 것이며 사회개혁의 절대적인 선행조건이라고 했다.

오언은 학교 교육의 중요성만 주장하지 않았고 사회교육의 중요성도 강조하고 있었다. 가족은 떨어져서 아파트에서 생활한다. 아이가 3살이 되면 아이들의 교육을 전문적으로 담당하는 교육시설에 옮겨서 교육받도록 한다. 부모들은 식사 때나 공식적으로 허용된 시간에 자녀들을 만날 수 있다. 이러한 뉴라나크에서의 생활은 미 대륙에 있었던 새마을 조화촌에서도 적용되었고 국민교육으로 실시되었다.

1800년 오언은 공장을 뉴라나크로 옮긴 후 그의 공장에서 일하고 있는 노동자들에게 노동조합을 조직할 것을 권고하고 있었다. 노동조합이 조직되고 노동운동이 강화되면 공장을 운영하는 데 불편한 일이 있지 않겠느냐 하는 말들이 있었다. 이러한 말들을 하고 있었던 사람들에게 오언은 다음과 같은 답변을 했다.

> "물론 불편할 수 있다. 쥐는 고양이에게 쫓기는 동물이다. 쥐는 고양이에게 대적할 만한 힘이 없기 때문이다. 그러나 고양이에게 쫓겨서 낭떠러지 막다른 곳에 몰려서 어찌할 수 없게 되면 앞뒤 가리지 않고 돌아서서 고양이에게 대들게 된다. 공장주인 우리들은 자본이라는 힘

을 가지고 있다. 그러나 노동자들은 아무러한 힘도 없는 쥐와 같은 존재들이다. 공장주들은 노동자들을 벼랑 끝으로 몰아붙일 수 있다. 이런 상황이 되면 노동자들은 돌아서서 자본가들에게 대들게 된다. 우리들의 집과 가족들을 해할 수도 있고 공장을 불사를 수도 있다. 우리 공장주의 집과 공장이 불타고 가족들이 위태롭게 되는 것보다는 공장운영에 다소의 불편이 있는 것이 나은 것이라고 보아야 한다."

오언은 노동운동에 대한 특별한 견해를 가지고 있었다. "1872년 프랑스에서 있었던 파리코뮌을 교훈으로 삼아야 한다. 나와 내 가족 그리고 집과 공장이 파괴되는 것보다는 노동조합이 만들어지고 공장경영에 얼마간의 불편을 겪는 것을 참아야 한다. 노동조합이 조직되고 그들과 함께 공장경영과 노동자 처우에 관한 문제를 협상하는 것이 모든 재산이 파괴되고 불타며 가족들이 위협받는 것보다는 나은 것이다. 공장장들은 힘이 되는 자본이 있으나 노동자들은 많은 인원이 모여 단결하고 단합된 힘으로 그들의 요구를 하는 것이 그들의 힘이 된다는 것을 승인해야 할 것이다."

오언이 뉴라나크에 옮긴 1800년대에 영국의 숙련기술자들이 조직한 노동자 통신협회에서는 다음과 같은 정치적 문제에 대한 요구도 하고 있었다. 보통선거를 실시할 것과 매년 한 번의 국회를 개원할 것을 주장했고 공화제의 정치체제를 채택할 것을 주장하여 노동운동의 정치적 입장을 밝히고 있었다. 정부는 '단결 금지법(The Combination Act)'을 발표했다.

오언은 그러한 가운데에서도 일자리를 요구하는 노동자들에게 일자리를 알선해주었고 일자리에서 파직되는 것을 막아주는 노동국(The

Labor Bureou)의 창설을 주장했다. 10세 미만의 소년노동을 금지할 것과 점심시간 1시간을 포함하여 하루 12시간을 초과하지 않는 노동시간의 제한을 의회에 제출했다. 그 당시 대부분의 공장에서는 노동시간이 15시간이 일반적이었다. 오늘날 8시간의 노동시간에 비한다면 12시간의 노동시간은 너무나 과한 것이었지만 그 당시의 노동시간 15시간에 비한다면 적은 시간이었다고 볼 수 있다.

1824년 전 재산을 투입하여 미 대륙에 30만 에이커의 토지를 구입하여 이상적인 생산공동체인 새마을촌(The new Harmony Village)을 건설했다. 유럽 여러 나라에서 희망하여 이민해온 사람들이 살아갈 집을 짓고 농기구와 농사에 필요한 종자를 준비했다. 쿼드랭글에서 했던 일을 보다 조직적이고 확장된 규모에서 시작한 것이다.

공장주들은 그들이 경영하고 생산한 상품을 차지하고 판매할 수 있다. 그러나 노동자들은 얼마 안 되는 임금을 받고 있을 뿐 아무것도 차지할 수 없다. 노동자들도 무엇인가를 차지해야 마땅하기 때문에 노동자들도 그들이 노동한 시간에 해당하는 노동전표를 받도록 했다. 이러한 일을 담당하고 관리하는 것은 노동국과 노동은행이다. 이 제도는 노동조합의 전폭적인 지지를 받았고 실제로 실시되기도 했다.

그러나 노동화폐는 서로 다른 노동의 양을 시간으로 표시했기 때문에 어려운 일과 쉬운 일을 구별하지 않았고, 같은 질의 노동 역시 어려운 일과 쉬운 일을 구별하지 않았기 때문에 노동자들은 일반적으로 쉬운 일만을 좋아하고 어렵고 힘든 일을 기피했다. 결국 전반적으로 생산성이 떨어지게 되었고 이 제도 역시 실패하게 되었다.

오언은 미국의 새마을 조화촌을 떠나 영국의 여러 지역을 여행하고 돌아와서 전국 노동자 대연합회(The Grand National Tradeunion)를 조직하여 노동조합의 대연합체를 만들었다. 노동운동은 노동시간이나 노동임금 문제도 중요한 일이지만 그것보다는 노동조합이 공장을 직접 만들고 경영하여 지금까지 자신들을 고용하던 공장주들과 경쟁하는 것이 더욱 중요하다고 주장했다. 노동조합이 공장을 직접 만들고 경영할 것을 역설하고 있었다.

자본은 무엇인가를 생산하는 데 도움이 되는 것이다. 재산과 자본을 죄악시하고 자본제 사회를 타도하는 일에 노동자들dl 정력을 소비하기보다는 그 체제 속에서 노동자들의 생활과 사회적인 지위를 향상하고 개선해가는 것이 노동운동이 나아갈 길이라고도 했다. 자본이 깨끗하고 건전하게 운용되도록 하여 자본 그것을 긍정하면서 노사 간의 협조를 이루어가도록 요청했다. 영국과는 달리 대륙의 여러 나라들에서 일어나고 있는 폭력적인 투쟁이나 혁명적인 음모는 자본가나 노동자들 모두에게 아무러한 도움도 되지 않는다는 주장이었다. 이러한 투쟁과 폭력에 의한 혁명을 극복하고 산업사회에 있어서 노사 간의 협동과 평화를 위해 국가 재흥 위원회(The National Regeneration Society)를 조직할 것을 제의했다. 노사 간의 갈등을 최소화하며 산업사회의 평화적 협조를 위한 기관이 되어야 한다는 주장이었다.

오언의 사회개혁론은 일반적인 사회개혁론자들과는 다른 특별한 점이 있었다. 일반적인 사회개혁론자들은 사회개혁에 대한 계획안을 제시하여 다른 사람들에 의해 그러한 계획을 실행하도록 권면하고 있었다. 오언은 자신의 생활과 생애를 그 일에 투신했고 자신의 재산을 그 일에 모두 투입했다.

플라톤은 극히 소수의 철인들의 생활을 통해 그 이상을 실현하고자 했고 중세의 수도원 운동은 종교의 신앙을 중심으로 한 소수의 수도사들로 하여금 이상생활을 할 수 있었다. 그러나 오언은 대중화된 노동자들의 생활과 운동으로 이상사회를 건설하려고 했다. 자본가 계층을 배척하지 않았고 자본과 노동의 협조를 통해 사회의 발전을 기하고 노동자들의 사회적인 지위와 경제적인 이익을 동시에 증진시키고자 했다.

인간권을 알게 된 노동자들의 수를 확대해가고자 했으며 협동적인 노력이 평등사회를 이룰 수 있다는 확고한 신념이 오언의 신념이었고 그러한 신념에 따라서 행동한 사람이라고 평가된다. 이러한 오언의 신념에 따른 행동이 대륙에서 거듭되는 폭력과 투 쟁에 따른 혁명에 의한 혼란을 영국에서 경험하지 않은 것 역시 오언에 대한 평가라 할 수 있다.

"당신과 같은 생각으로 행동하고 있는 사람이 몇 사람이나 있습니까?" 시인 에머슨이 한 질문에 대해 오언은 "한 사람도 없습니다(Not one)"라고 간단하게 답변했다. 수많은 이상주의자들 가운데서 오언과 같은 사람은 찾아볼 수가 없다.

제3장 유물론의 전개

12. 유물론

신권 아래 종속되었던 사람들이 문예부흥 이후 개인으로서의 자아를 발견하게 되고 신권 아래에서와는 다른 자연에 대한 인식으로 인해 자연과학에 대한 관심이 커지게 되었다. 그들의 관심은 신이 아니라 과학의 대상인 자연이었다. 교회와 성직자들의 타락을 비판하고 개혁하고자 한 종교개혁은 신권을 상대적으로 약화시켰다. 이러한 변화 속에서 그때까지 제대로 드러나지 못했던 유물론이 밖으로 드러나게 되었다.

유물론은 일찍이 6세기에 탈레스(Thales: B.C. 625-546)가 모든 것의 시원(始源)을 자연인 물이라고 주장한 것에서 비롯되었다. 그 후에 아낙시만데르(Anaximander)와 아낙시메네스(Anaximenes: B.C. 494 활동) 등은 역시 자연인 공기가 모든 것의 시원이라고 하여 신의 창조설에 반대되는 주장을 하게 되었다. 그 후 자연 철학가인 데모크리토스(Democritos: B.C. 460-370)와 에피쿠로스(Epicouros: B.C. 340-201)가 유물론적인 내용을 주장하게 되었다.

원자(元子), 즉 아토마(Atoma)는 어떤 것을 쪼개고 또 쪼개서 더 이상 쪼갤 수 없는 작은 미립자라고 했다. 우리가 오늘날 알고 있는 원자(原子)

와는 다른 것이다. 데모크리토스의 원자는 넓고 광활한 공간에 수없이 많이 떠 있으며 원자들은 정지해 있지 않고 계속 운동한다고 했다. 원자들은 운동하고 있으나 모든 원자들이 각기 다른 방향으로 직선운동을 한다고 보았다. 원자들은 의식이 있는 것이 아니며 스스로의 운동방향을 바꾸지도 않는다. 이렇게 운동하고 있는 원자들은 운동과정에서 다른 원자들과 충돌하는 것을 피할 수가 없다. 따라서 원자들이 운동과정에서 충돌하게 된다. 그러한 충돌한 원자들이 하나의 덩어리가 되어 하나의 소용돌이가 된다. 이렇게 크게 소용돌이가 되어 덩어리가 된 원자의 옆을 지나는 또 다른 원자들이 충돌하여 원자의 덩어리가 커지게 된다. 그렇게 커진 원자의 덩어리가 해와 달 그리고 지구를 비롯한 천체가 되었다. 지구에 있는 동물과 식물 그리고 광물이 되었다. 사람들도 그러한 원자의 충돌로 만들어졌고 모든 자연이 그렇게 생성된 것이다. 신이 자연과 인간을 창조했다는 창조설은 부정되었고 모든 것은 원자운동의 충돌에서 만들어졌다는 필연성(必然性)의 논리가 되었다.

에피쿠로스(Epicouros)도 데모크리토스와 같은 자연 철학자로 유물론자이다. 그러나 에피쿠로스는 데모크리토스의 원자운동과는 다른 원자의 운동을 말하고 있다. 원자는 공허한 공간에서 운동하고 있으나 데모크리토스의 원자와는 달리 모든 원자가 각기 다른 방향으로 운동하는 것이 아니고 같은 방향으로 운동하고 있다고 했다. 모든 원자들이 같은 방향으로 운동하면 그 운동과정에서 원자의 충돌이 일어날 수는 없게 되고 원자의 덩어리도 만들어질 수 없다. 그런데 같은 방향으로 운동하고 있던 원자 가운데 어떤 원자가 그 운동 방향을 바꾸게 된다. 그러한 운동 방향의 변화는 우연한 것이다. 이렇게 운동 방향이 바뀌게 된 원자는 그 옆에 있던 원자와 충돌하게 된다. 이는 원자의 소용돌이가 되어 하나의 덩어리가 된다. 이러한 원자의 덩어리가 많은 천체와 지구 그리고 그 위에 살게 된 동물과 식물 그리고 광물이 된 것이다. 역시 신의 창조에 의한 것이 아니다. 신의 창조설은 역시 부정되고 있다. 다만 데모크리토스의 필연적인 원자의 충돌이 아닌 같은 방향으로의 원자운동의 필연성과 어떤 원자가 제 운동 방향을 바꾼 '우연성'의 결합으로 자연의 생성을 설명하고 있는 것이 같은 원자론자이면서 데모크리토스의 원자론과의 차이점이라 할 수 있다.

마케도니아의 정벌에 의해 도시국가들이 붕괴되고 그곳에 살고 있었던 사람들은 새로 등장한 제국에 대항할 만한 힘이 없었다. 이러한 분위기 속에서 에피쿠로스의 철학은 개인의 안락을 추구하는 '쾌락주의(Hedonism)'의 방향으로 나가게 되었다. 개인의 자유와 안락을 중심으로 한 '에피쿠로스주의(Epicurianism)'가 형성되었다. 에피쿠로스에 의하면 인간도 원자의 결합에 의해 만들어진 존재이다. 원자가 결합되었을 때에 인간이 되는 것이다. 인간이 모두 두려워하는 죽음이라는 것은 그렇게 결합되었던 원자가 분해되었을 때 나타난다. 따라서 인간은 죽음을 경험할 수 없는 존재가 된다. 인간으로 되었던 원자가 분해되었을 때가 인간의 죽음이기 때문에 원자가 분해되었을 때는 그는 이미 인간이 아니기 때문에 인간은 죽음을 경험할 수 없는 것이다. 그러므로 죽음의 공포를 떨쳐버리고 살 수 있다. 정적인 쾌락주의의 경지에서 살 수 있다. 에피쿠로스는 원자론자이면서 정적 쾌락주의와 에피쿠로스주의의 창시자가 되었다.

마르크스는 〈데모크리토스와 에피쿠로스의 자연철학의 비교연구〉라는 주제의 논문을 예나대학에 제출하여 박사학위를 받았다. 마르크스의 유물론은 데모크리토스의 원자운동의 필연성과 에피쿠로스의 우연성을 결합하여 기계적 유물론을 극복했다고 보고 있다.

데모크리토스와 에피쿠로스의 원자론에 의한 유물론은 니케아 회의 이후 강화된 신권과 로마의 스토아 철학의 그늘에 가려져서 제대로 발전할 수가 없었다. 문예부흥과 종교개혁 이후 새롭게 인간권을 알게 된 개인의 자각과 과학의 발전으로 그동안 역사 속에 잠들어있던 유물론적인 내용이 서서히 밖으로 드러나게 되었다. 그러나 19세기 L. 포이에르 바하의 유물론이 나오기 전까지 유물론 철학은 스스로를 드러내지 못했다. 수리 철학자나 자연과학자들에 의한 철학에 편승하는 데 그칠 수밖에 없었다. 신의 창조를 부정하지 못했고 자연이나 인간을 제대로 알지 못하여 마귀의 마술에 걸려 유물론의 공주는 깊은 잠에 빠져있었다. 황금마차를 타고 달려온 왕자가 잠들어있던 유물론의 공주에게 입맞춤을 하여 공주는 오랜 잠에서 깨어날 수 있었다.

1543년 코페르니쿠스의 이론이 발표되고 그 뒤로 케플러, 갈릴레오와 데카르트 등이 뒤따르게 된다. 이들의 주장은 다음 몇 가지로 요약된다. 지구는 수많은 별들 중에 하나일 뿐이며 모든 천체의 중심은 아니다. 따라서 신의 창조설은 믿을 수 없고 동시에 지구가 모든 천체의 중심이라고는 볼 수 없다.

모든 물체는 운동하여 외부의 힘이 가해지지 않으면 계속 운동하게 된다. 특히 라플라스는 신이 지구를 창조한 것이 아니고 지구는 태양에서 분리되어 떨어져 나온 별이라고 주장했다. 역시 지구가 신에 의해 모든 천체의 중심으로 창조되었다는 것을 구체적으로 부정하고 있었다. 이러한 주장들은 중세 그리스도교의 전통 이론을 부정하여 반대하는 것으로 감히 공개적으로 내세울 수 없는 것이었다. 그러나 그 이론이 체계적인 것이 아니고 단편적인 것이어서 묵인되고 있었다고 볼 수 있다.

확인된 것만을 믿고 실험으로 증명된 것만을 진리라고 했던 과학적인 논리도 처벌되지는 않았다. 유물론 철학이 발전할 수 있게 된 것이다.

13. 홉스와 베이컨

홉스(T. Hobbs)는 잠자는 유물론의 공주를 마법의 잠에서 깨운 황금 마차의 왕자였다. 무신론자로서 신과 신권을 부인하고 도덕이나 종교까지를 국가 주권 아래 놓고 있었다. 그의 저서들은 기독교의 논리에 따라서 그가 죽은 후에 금서가 되었다. 그의 중요한 철학적인 주장은 존재하는 것은 어디서나 언제나 물질만이며 신이 아니라고 했다. 인간의 정신은 사람들의 단순한 뇌의 작용에 불과하다고 했다.

인간과 인간의 횡적 관계에서 사회계약을 맺게 되었고 인간들의 종적 관계로서 국가가 성립되었다. 따라서 국가주권 아래 종교가 종속되었다는 주장이 되었다. 자연 상태는 만인의 만인에 대한 투쟁이다. 이러한 투쟁에 대한 공포를 극복하기 위해 인간들의 이성적 판단에 따라서 사회계약을 맺고 국가를 형성했다. 시민의 평화와 행복은 국가에 의해 보장되는 것이다. 국가의 집행기관으로서의 절대권은 인민들에 의해 조직된 의회가 제정한 법에 따라서 집행되기 때문이다.

홉스와 거의 같은 시기에 활동했던 데카르트(R. Descartes: A.D. 1596-1650)는 정신과 물질을 구별하여 '이원론(Dualism)'자가 되었다. 인간은 정신과 육체를 함께 가지고 있는 복합체이며 이성을 가지고 있어서 다른 동물들과 구별되는 존재라고 했다.

베이컨(F. Bacon: A.D. 1561-1626)은 트리니티대학을 나왔고 1618년에 대법관이 되었으나 1621년에 대법관을 사임하고 집에서 과학과 철학을 연구하여 그의 대표작인 《뉴아틀란티스》(*New Atlantis*)를 1622년에 공간했다.

그는 "지식은 힘이다(Knowledge is power)"라는 명구를 남겼다. 그는 모어 등이 주장하고 있는 사유재산 제도를 폐지하고 사회제도를 개혁하여 이상적인 사회를 실현한다는 주장은 잘못된 것이라는 주장을 하고 있다. 사유재산 제도를 철폐하고 재산을 공동으로 소유하는 공유재산 제도를 실현하기보다는 모든 사람들이 쓰고 남을 만큼의 물건을 만들 수 있는 과학과 기술 그리고 지식을 발전시켜야 한다는 주장이었다. 이러한 사회를 실현하기 위해서는 '재산의 공유'보다는 '과학과 지식의 공유'를 앞세워야 된다는 것이다. 그의 저서인 《뉴아틀란티스》의 중요한 내용은 솔로몬의 집(The Solomon's House)에서 논의된 지식의 공유를 위한 방안을 구체화한 것이다. 솔로몬의 집에는 12명의 연구관이 있고 다음과 같은 연구를 했다.

새로운 맛있는 과일이나 새로운 풀과 꽃을 개발하는 새로운 식물에 관한 연구를 한다. 깊은 동굴에서 사람들의 신병치료에 필요한 예방약을 연구하여 질병으로부터 인간들이 벗어날 수 있게 하며 사람들의 생명을 연장할 수 있게 한다. 사람들의 지식과 기능을 발전시킬 수 있는 과학적인 교육에 대한 연구를 한다. 산업을 발전시키기 위해서는 금속의 소재가 필요하기 때문에 금속에 관한 연구에 노력을 집중한다. 사람들의 생활에 크게 영향을 주는 것이 기후와 기상에 관계되는 것이다. 천체와 기상의 연구를 위해 지상에서 높은 연구탑을 세우고 연구에 임하게 한다. 이상과 같은 연구 목적을 달성하기 위해 다음과 같은 연구시설을 갖춘다.

현미경이나 망원경 같은 연구시설을 갖춘다. 음향이나 음악에 관한 모든 시설과 악기 등을 갖춘다. 증기기관이나 비행선 같은 모형을 만들어 갖춘다. 질병을 예방하기 위한 의학적 연구를 가능하게 하는 의료시설을 만들어 활용한다.

12명의 연구관들을 매 12년마다 해외에 파견하여 다른 나라들의 발전된 내용을 시찰하게 하고 그 내용들을 솔로몬의 집에 보고하여 연구 발전에 활용하게 한다. 특별한 것은 외국과의 무역의 문제가 된다. 무역의 대상이 되는 상품은 귀금속 같은 것이 아니고 '과학과 지식 그리고 기술'이 되어야 한다고 주장되고 있었다.

17~18세기에는 여러 가지 다양한 주장을 했던 사람들을 볼 수 있었다. 홉스, 데카르트, 모어, 그리고 과학과 지식을 공유한다고 주장한 베이컨이 있었다. 중세사회에 이르기까지 인간의 이기적 속성을 죄악시하고 이타적 인간의 속성으로 도덕적이고 윤리적인 사회를 실현하고자 했던 이상주의자들과 그리스도교의 신권하에서 지상의 낙원을 꿈꾸었던 주장들과는 달리 인간의 이기적 속성을 앞세운 새로운 사회를 실현하고자 한 사람들이 등장했다. 이들이 '맨체스터 개인자유주의자'들이다. 이들은 베이컨의 주장과 결합하여 인간의 능력을 최고로 발현시켜가고 있었다.

14. 맨체스터 개인자유주의자

산업혁명에 의해 종전의 수공업이나 매뉴팩처에 의한 생산을 뛰어넘는 대량생산이 가능하게 되었다. 인도나 미 대륙에서 값싼 생산원료가 쏟아져 들어왔고 큰 공장에서 기계생산으로 품질 좋은 상품이 대량으로 생산되어 싼값으로 팔려나가게 되었다. 그러나 이상주의자들과 노동자들은 사유재산 제도를 철폐할 것을 계속 주장하고 있었다. 이상주의자들이 여러 갈래로 갈라지면서 그러한 주장들은 과격한 행동으로 발전되어갔다.

이와는 반대로 사유재산을 소유하여 그것을 토대로 새로운 산업을 일으켜가는 사회사상이 나타나고 있었다. 자연과학과 지식 그리고 기술을 개발하여 사람들이 쓰고도 남을 상품을 생산해야 한다는 베이컨의 주장에 따른 새로운 산업을 일으키고자 하는 주장이 일어나게 되었다. 종전의 이상주의자들은 공동체의 행복을 위해 개인의 이기적인 탐욕을 배척하며 사유재산 제도의 철폐를 주장하고 있었다. 그러나 인간은 동물적인 본능을 지닌 이기적인 존재라고 주장하며 그러한 이기적인 본능에 따른 인간사회의 가치를 앞세우며 따르고자 하는 사람들이 등장했다.

인간은 동물계에 속하는 존재이다. 다만 다른 동물들과 달리 뛰어난 이성과 지혜를 지니고 있는 존재일 뿐이다. 모든 동물들과 같이 자신의 이익을 위해 활동하며 자기를 지키고자 하는 본능을 가지고 있다는 점에서 다른 동물들과 크게 다르지 않은 존재이다. 인간을 이렇게 규정하며 그렇게 믿고 있는 사람들이 등장하게 된 것이다.

인간은 자기 자신이 아닌 다른 사람들, 그들의 부모나 형제를 위해 일하는 것보다도 자기 자신을 위해 일하는 것을 앞세우고 있는 존재인 것이다. 물론 부모에게 효도하며 자녀들을 사랑하는 마음으로 자신을 위한 일을 뒤로 미루고 희생하는 사람도 있다. 마을의 화합과 번영을 위해 자신의 재산과 이익을 돌보지 않고 헌신하는 사람도 있다. 그러나 이러한 사람은 극히 소수일 뿐이다. 그것은 특별한 것으로서 인간 모두의 일반적인 것은 아니다. 국가가 주권을 잃고 망해도 대부분의 사람들은 마시고 먹으며 잠자며 살아가는 존재들이다. 인간은 특별한 예외 되는 경우도 있지만 다른 사람을 위한 일에 자신을 위해 하는 것보다 더 열심히 일하지는 않는 존재이다. 인간은 모든 다른 동물과 같이 이기적인 본능으로 살아가는 존재이기 때문이다. 인간을 이렇게 보고 규정하며 살아가고자 한 사람들이 역사의 현장에 등장했다. 이들이 '맨체스터의 개인자유주의자'들이다.

자신을 위해서 하는 일은 힘들고 어려워도 포기하지 않고 끈질기게 계속할 수 있다. 그러나 다른 사람을 위한 일은 한두 번은 할 수 있으나 자기를 위한 일과 같이 끈질기게 계속하지 못한다. 물론 인간이 이기적인 존재이지만 다른 사람이 불행한 일을 당했을 때 그것을 동정하며 돕기도 한다. 인간은 이타적인 인간성도 가지고 있는 존재이기도 하다. 그러나 그러한 이타적 성향에 의한 이타적 행위는 계속되기가 어렵다. 한두 번 일시적으로 다른 사람을 위한 동정적인 행동은 할 수 있으나 자신을 위해 하는 것과 같이 계속적인 것이 될 수 없다. 인간을 근본적으로 이기적인 존재로 알고 그 토대 위에 세워진 사회사상이 맨체스터 개인자유주의라고 볼 수 있다.

요사이 TV에서 아프리카 어린이들을 위해 후원금 모집에 관한 광고가 계속되고 있다. 많은 사람들이 이에 호응하여 후원신청을 하는 사람들이 계속 늘어나고 있다고 들었다. 그러나 그러한 후원금은 몇 달 몇 년 보낼 수 있으나 그것이 끝없이 계속되기는 그리 쉬운 일이 아니다. 자기 자신을 위한 일이 아니기 때문에 계속되기가 어려운 일이다. 인간은 근본적으로 이기적인 동물의 본능을 가지고 있고 그러한 이기적 성향으로 살아가는 존재이기 때문이다.

북한의 광부들이 채탄을 하기 위해 탄광으로 들어갈 때 탄광의 입구에서 밴드에 의한 격려의 소리가 울려 퍼지는 것을 들을 수 있다. 당과 수령을 위해 많은 석탄을 캐도록 광부들을 격려하기 위한 것이다. 그러나 우리나라의 광부들은 그러한 격려의 밴드의 소리를 듣지 못하고 탄광에 들어가고 있다. 그러나 남과 북의 채탄 광부들이 채탄한 석탄의 양을 보면 우리 광부의 채탄량이 더 많은 것을 알 수 있다. 당과 수령이나 남반부 인민의 해방은 광부 자신을 위한 것이 아니다. 역시 다른 사람을 위한 것이다. 당과 수령을 위한 것도 자기 자신을 위한 일은 아니다. 자신과 가족을 위한 것은 당이나 수령을 위한 것보다 더 소중한 것이다. 따라서 사람은 근본적으로 이기적 본능에 따라서 살아가는 동물계에 속한 존재라고 보는 것이다.

맨체스터 개인자유주의는 하늘에는 천사가 있고 지옥에는 악마가 살고 있다고 했다. 그러나 지상에는 천사와 악마가 함께 살고 있다고 했다. 누가 천사이고 또 누가 악마인가? 자기가 하는 일에서 다른 사람보다 일을 잘하여 앞서가는 사람을 천사라고 했다. 반대로 자기 일을 하는 데 다른 사람보다 뒤처져 있고 떨어져 있는 사람을 악마라고 했다. 맨체스터의 개인자유주의자들은 천사가 되기 위해 뛰고 또 뛰었다. 과학과 지식 그리고 기술을 앞세우고 앞뒤 가리지 않고 '천사의 길'을 재촉했다. 천사의 길이 넓게 뚫리고 자본주의 사회는 크게 발전했다. 그러나 그 사회 속에 많은 모순이 드러나게 되었다. 이기적인 인간의 속성이 강하게 되었으나 이타적인 욕구가 감소되며 사회적인 불평등이 심화된 것이다.

맨체스터 개인자유주의는 공장주와 자본가들을 천사가 되게 했고 국가도 다른 국가들보다 앞서가는 천사의 국가로 발전하게 되었다. 아프리카, 중남미의 여러 나라, 인도와 동남아 여러 나라로 쳐들어갔다. 강력한 군사력을 앞세우고 민족국가의 깃발을 휘날리고 있었다. 원주민들이 가지고 있는 금과 은 그리고 보석들을 강탈했다. 흑인들을 개돼지처럼 팔아넘기는 일도 서슴지 않았다. 저항하는 원주민들을 학살했고, 한 종족을 한 사람도 남기지 않고 학살했다. 식민지 지배를 계속하면서 귀한 자연자원도 계속 약탈했다. 이러한 모습이 앞서가는 천사가 되기 위한 식민지 시대를 장식했던 지배적인 '룰'이 되었다.

이러한 식민지 시대의 룰을 인간으로서 부끄러워하지도 않았으며 아무러한 죄의식도 없이 계속했다. 수탈한 재료와 재물들이 본국에 유입되어 큰 공장들이 여러 곳에 세워졌고 새로 발명되고 개발된 기계들이 설치되어 새로운 상품이 생산되었다. 품질 좋은 상품들이 대량으로 생산되어 싼값으로 팔려나갔다. 공장주의 주머니에는 금화가 넘쳐나게 쌓여갔다. 도시에는 노동자들의 수가 늘어났으나 그들은 여전히 가난했다.

이상주의자들과 사회개혁론자들은 '사유재산 제도의 죄악론'을 계속 주장하고 있었으나 이기적 인간성을 기반으로 한 사유재산 제도에 따른 자본주의 사회는 계속하여 천사의 길을 걷고 있었다. 자본주의 사회는 아프리카와 중남미 지역에서 식민지 약탈의 룰에 따른 수탈과 과학과 지식 그리고 기술을 개발한 산업의 현대화를 결합하여 천사의 길을 계속 걷고 있었다. 자기가 하는 일에서 다른 사람에 앞서가는 천사가 되기 위해 수단과 방법을 가리지 않았다. 이기적 존재이며 사적인 욕망에 따라서 발전했던 자본주의 사회는 모든 일에서 앞서가는 천사가 되었으나 너무나도 많은 '악마'를 생산하게 되었고 악마가 된 노동자들은 천사들에 대한 저항세력으로 성장되어갔다. 일반 국민들도 '인간권'에 눈을 뜨게 되었고, 사회개혁의 세력으로 발전되어갔다. 인간의 이기적 본능이 그래도 정당하게 전개되어 소수의 천사들이 지배하는 '룰'이 그대로 적용될 수 없게 변해갔다. 식민지 시대의 룰을 바꿔야 하는 상태로 발전하게 된 것이다.

"다른 사람에 앞서기 위해 다른 사람을 크게 상하게 하는 수단과 방법이 용납될 수 없다"는 새로운 룰이 만들어지게 되었다. 마라톤 경주에서 옆에 함께 뛰고 있는 사람의 발을 걸어 넘어뜨리고 다른 사람에 앞서가는 천사는 용납될 수가 없다. 인간으로서 부끄럽고 부당하며 불법한 수단과 방법으로 앞서가는 사람을 '천사'라고 하는 사회의 가치관은 용납될 수가 없게 되었다. 떳떳하고 정당한 룰로 앞서가는 사람만을 천사라고 하는 새로운 가치관이 드러나게 된 것이다. 이러한 새로운 룰에 따라서 앞서가는 사람만이 천사가 되는 사회가 되어갔다.

큰 기업을 경영하는 사람들이 불법으로 비자금을 마련하여 정계나 권력기관에 뇌물을 바친다. 국가의 법이 금하는 부당하고 불법한 방법으로 귀한 외화를 해외로 도피시킨다. 뿐만 아니라 해외에 호화주택이나 별장을 마련하기 위해 국가가 정한 세금을 내지 않는다. 회사의 장부를 이중, 삼중으로 만들어 회사의 경영을 정상으로 운영하지 않는다. 이러한 일들로 하여 재벌의 임원이나 총수가 사법기관의 조사를 받고 교도소에 감금되기도 한다. 심지어는 그러한 부끄러운 일 때문에 스스로 귀중한 생명을 끊는 자살을 하기도 한다. 이러한 일들은 부끄러운 일들이다. 오늘날 우리나라의 '천사'들은 정당하며 떳떳한 새로운 시대의 천사의 룰을 지키고 있지 못한 것 같다. 이제 우리나라의 천사들도 부끄러운 천사의 길에서 떠나야 될 것으로 본다.

"나는 다시는 중국 사람으로 태어나고 싶지 않다." 홍콩대학에서 교수로 있던 어떤 중국인이 쓴 책의 제목이다. 노르웨이 여성과 결혼하여 노르웨이에 얼마 동안 머물러 있었다고 했다. 그가 살고 있었던 홍콩이나 중국은 뇌물과 부정과 부패로 얼룩져 있었는데 너무나도 다른 노르웨이의 생활문화에 놀라움을 금할 수 없었다고 했다. 돈을 많이 벌어서 천사가 된 사람들은 국가가 정한 세금을 가감 없이 정확하게 낸다. 많이 벌었으니까 많이 내는 것이다. 많은 세금을 내는 것을 자랑스럽게 생각하고 있었다. 이들 천사들보다 돈을 많이 못 번 사람들은 천사들을 우러러보며 천사들에게 존경하는 마음으로 박수를 보내고 있었다고 했다. 대학의 교수는 그곳 청소부보다는 더 많은 월급을 받고 있다. 교수는 청소부보다는 세금을 더 많이 내고 있다. 많이 받는 사람들은 그것을 자랑스럽게 생각하며 더 많은 세금을 기쁨으로 내고 있다. 보다 적은 소득을 올린 사람들은 그의 분수에 맞게 세금을 내고 있다. 누구를 원망하거나 미워하지도 않는다. 저자는 이러한 생활문화 속에 살고 있는 노르웨이 사람들이 부러웠다고 감동하는 마음으로 그 책을 썼다.

세계의 재산가 100명 가운데 노르웨이의 부자가 몇 사람이나 끼어있는지 알 수 없다. 그 나라 사람들이 모두 세계에서 가장 행복하다고 여기며 살고 있다면 세계의 부자 100명 가운데 한 사람도 포함되지 않았던들 무슨 상관이 있겠는가? 다 같은 사람으로 20세기를 살아왔고 또 21세기를 살아가는 사람들이다. 우리가 살아가는 모습과 노르웨이 사람들이 살아가는 생활은 왜 이다지도 다른 것일까? 그들은 식민지 시대에 천사가 되기 위해 살고 있었던 부끄러운 룰을 일찍이 청산하고 새로운 시대의 생활의 룰을 만들며 살고 있다. 부러운 생각이 간절하다.

그들이 그렇게 살게 된 법이나 체제 그리고 세계에서 가장 살기 좋은 나라라고 믿으며 살게 된 생활문화를 배우며 살아가야 한다. 우리 대한민국이 세계에서 제일 행복한 국민이 살아가는 나라를 만들어야 한다. 우리 젊은이들이 노르웨이를 배워야 한다. 물론 우리도 세계가 놀랄만한 정치적 자유와 경제적인 발전을 했던 지난날의 역사를 가지고 있다. 그러나 아직까지도 우리 국민은 세계에서 제일 살기 좋은 나라에서 살고 있다고 말할 수 없다. 우리도 노르웨이를 앞서서 세계에서 살기 좋은 자랑스러운 나라를 만들어가야 하지 않을까? 유물론자들은 사유재산 제도를 부정하고 죄악시하며 그 철폐를 주장하고 있다. 그러나 이기적 존재인 인간을 전제한 맨체스터 개인자유주의는 과학과 지식의 발전에 의한 번영을 꾀하고 있다. 그리고 과거의 잘못된 식민지 시대의 잘못된 룰을 바꾸어 새로운 룰의 생활문화를 만들어 살아가고 있다.

15. 포이어바흐

포이어바흐(L. Feuerbach: A.D. 1804-1872)는 형법학자의 아들로 태어나 베를린대학을 졸업하고 에를랑겐대학의 강사였다. 《기독교의 본질》, 《미래철학의 원리》 등의 대표작을 남기고 있다. 신을 부정했고 인간 종교를 내세웠으며 새로운 역사관과 유물론을 정리하여 마르크스에게 큰 영향을 주었다.

20세기는 자본주의 체제와 공산주의 체제가 대립한 이데올로기의 세기였다. 고대사회로부터 중세사회를 거쳐 오랫동안 사회와 역사의 모든 가치를 지배하고 있었던 관념론 철학과 유물론 철학이 대립하고 있었던 세기였다. 19세기까지 전개되어온 유물론 철학을 정리한 사람이 포이어바흐였다.

신이 우주와 지구의 모든 것을 창조했고 섭리하여 주관한다는 신권 철학을 반대하고 신의 존재를 부인하고 자연과 물질이 모든 것의 본원(本源)이라고 주장하는 것이 유물론 철학이다. 탈레스나 아낙시메네스 등에 의해 비롯되었고 데모크리토스와 에피쿠로스에 계승된 원자론적인 자연철학으로 유물론은 전개되고 있었다. 그러나 신권 철학과 스토아 철학 등 관념론 철학의 그늘에서 그 발전이 제약되고 있었다.

신권 밑에 갇혀 있었던 사람들이 문예부흥 이후 인간적인 자아를 발견하게 되었다. 인간은 신의 섭리에 따라서 존재하는 것이 아니고 인간의 이성에 따라서 생각하며 행동하는 존재라는 것을 알게 되었다. 인간 존재의 의미를 알게 되고 깨닫게 된 것이다. 이러한 인간의 자각이 유물론 철학의 출현을 예고한 것이다.

16~18세기에 걸쳐서 존재하는 것은 오직 자연과 물질뿐이다. 신이란 존재하지 않는다. 정신이란 뇌의 작용에 의해 생성되고 있을 뿐이다. 종교는 국가 주권 아래 있는 것이지, 신권 아래 있는 것이 아니다. 신권 자체와 그 절대성을 부정하고 있는 것이다. 이러한 주장은 홉스에 의해 제기되었고 데모크리토스 이후의 유물론의 맥을 이어가게 되었다. 그러나 그의 이런 주장을 담고 있었던 저서는 모두 금서(禁書)가 되었다.

17세기는 이성(理性)의 세기였으며 수리 철학의 전성기였다. 지구는 수많은 별들 중의 하나일 뿐 창조물의 중심은 아니다. 지구는 신이 창조한 것이 아니고 태양에서 분리된 것이다. 신의 창조설이 부정되고 신권하의 전통 이론이 부정되었다. 정신이란 자연 존재인 사람의 유기적인 뇌에서 만들어진 것이다. 뇌를 구성하고 있는 여러 입자들의 이합집산에 따라서 생긴 것이다. 이는 케플러와 갈릴레오가 주장하고 있었던 내용이다.

18세기 프랑스를 대표한 유물론자는 돌 바크(P. H. d'Holbach)였다. 그는 독일에서 태어났으나 프랑스에 귀화하여 프랑스에서 활동하고 있었다. 데모크리토스의 원자론에 따라서 필연론을 받아들여 기계적인 유물론자가 되었다. 자연이란 신이 창조한 것이 아니며 원자의 각기 다른 방향으로 직선운동을 하는 과정에서 충돌하여 생성된 물질의 총화라고 했다. 그러한 충돌의 필연성을 주장하고 있다. 특히 자연학을 형이상학과 구별하여 감각적 인식론자가 되었다.

이 밖에도 라이프니츠, 코페르니쿠스, 갈릴레오 등도 이성의 세기를 대표한 사람들이다. 이들의 유물론은 반종교적이며 반교회적인 것이다. 이러한 유물론적인 철학적 내용이 포이어바흐의 유물론으로 이어지는 것이다. 또한 자연과 인간, 물질인 뇌와 정신을 구별하여 이원론(二元論)자가 되었고 기계적인 유물론자가 되었다. 이상과 같은 유물론을 대표한 사람이 프리스틀리(Joseph Priestly: 1737 – 1804)이다.

이 밖에 신의 창조를 부인하고 소극적으로 전통적 신권 철학을 부정한 것은 불가지론자(不可知論者: Agnosticism)들이다. "우리는 신이 없다는 것을 알지 못한다. 또한 우리는 신이 있다는 것도 알지 못한다. 우리는 신에 대해 아는 것은 아무것도 없다." 신권 밑에서 신을 적극적이며 강력하게 부정하지는 않았으나 신의 존재를 소극적으로 부정한 것으로 유물론 철학의 출현을 가능하게 한 것으로 볼 수 있다.

인간은 유한한 삶을 살고 있다. 피할 수 없는 상대적 존재이다. 그러므로 영생을 바라고 살고자 한 존재이다. 또한 인간은 자연 속에 살고 있으며 자연의 모든 것을 이용하고 살고 있다. 그러나 인간은 자연의 물질을 만들어낼 수 있는 창조의 능력이 없다. 그러므로 인간은 영생하며 모든 것을 창조할 수 있는 존재이며 모든 것의 궁극적 실체인 신에 의탁하고자 하는 종교에 귀의(歸依)하고자 한 것이다. 신은 영생의 권능과 무한한 창조력을 지닌 절대적인 궁극적 실체이다. 그에 대한 환상을 인격화하여 신앙화한 것이 신을 중심으로 한 기독교의 종교라고 규정한 것이 포이어바흐의 종교론이었다. 그러나 기독교의 신은 상대적인 인간이 절대적인 꿈과 환상을 인격화하여 신앙화하여 왔으나 그것은 하나의 환상일 뿐 신은 실재하는 것이 아니다. 이러한 환상을 대상으로 하여 신앙했다. 종교는 이제 바뀌어야 한다. 새로운 시대의 종교는 환상을 신앙으로 한 종교가 아니고 인간의 사랑을 기초한 '인간 종교'가 되어야 한다고 했다.

원래 종교라는 말은 '결합하다(Religare)'라는 말에서 온 것이다. 사람들이 바라고 있는 환상과 인간이 결합한 것이다. 그러나 이러한 종교는 사람들 사이에 있는 우정, 동정, 자기 희생성, 남녀 간의 성애 같은 '인간애'와 같은 것이 결합된 새로운 인간 종교로 되어갈 것이라고 주장하고 있다. 포이어바흐는 종교를 신이 아닌 인간적 관계 속에서 해결하려고 한 것이다. 그러나 엥겔스는《독일 고전철학의 종언》에서 포이어바흐의 인간 종교론을 비판하고 있다. 현자(賢者)의 돌이 없는 연금술은 있을 수 없는 것처럼 신이 없는 종교는 있을 수 없다고 하며 인간 종교는 있을 수 없다는 주장을 하고 있다.

그러나 과거 독일의 히틀러와 나치 당원들, 소련의 레닌과 스탈린 그리고 소비에트 인민들, 오늘날 북한의 수령들과 인민들의 주체종교는 모두 인간 종교라고 볼 수 있다. 김일성을 계승한 삼부자는 주체종교의 절대자로 신이 되고 있다. 모든 것을 만들 수 있고 결정할 수 있고 행동할 수 있다. 대를 이어 영원한 수령으로 신의 절대적 권능을 행하고 있는 종교를 만들고 있다. 이러한 절대적 신인 수령과 함께 오늘날의 북한 인민들은 새로운 주체종교를 만들며 살고 있다. 비록 엥겔스에 의해 포이어바흐의 인간 종교론은 비판되었으나 그의 종교론은 역사의 현장에 그래도 실재하고 있다고 볼 수 있다.

종전의 역사는 역사의 사건들에서 밝혀야 할 여러 가지의 현실적 연관을 역사 그 자체의 내부에서 밝히지 않고 역사학자나 철학자들이

고안해놓은 연관 속에서 밝히고자 했다. 더욱이 개인적인 역사학자나 철학자들이 생각하는 이념에 따라서 설명하고자 했다. 역사 그 자체는 무의식적이기는 하나 일정한 목적을 가지고 필연적으로 작용한다고 본 것이 포이어바흐의 역사관이다.

자연과 사회발전의 역사는 구별된다고 보았다. 자연의 발전은 무의식적이며 맹목적인 힘에 의해 그 일반적 발전의 법칙이 나타난다. 자연은 그 표면에 나타나는 많은 우연적 현상으로 나타난다. 그리고 우연적 현상의 내부에 나타나는 결과에 대해 의식하는 목적이 없다. 그러나 사회의 역사는 의식을 가지고 있고 열정을 가지고 행동하는 인간들의 목적을 추구하는 행동으로 나타난다. 이러한 점에서 자연과 사회의 역사는 구별되는 것이다. 사회적 역사는 그 목적이 서로 충돌하거나 모순으로 대립하여 흔히 실현되지 못하는 경우도 있게 된다. 사회현상이나 역사현상 역시 우연적인 현상으로 나타나기도 한다. 그러나 표면상 우연적인 것으로 보여도 그 내부에 있는 필연적인 법칙에 의해 작용된다고 보아야 한다. 역사는 인간활동이 외부세계와 인간세계에 대해 행한 여러 가지 작용의 총체라고 보는 것이 포이어바흐의 역사관이다.

포이어바흐는 헤겔이 말하고 있는 철학적 범주 밖에 있는 절대정신 같은 것을 부정했다. 자연과 인간 밖에는 아무것도 존재하지 않는다고 보고 있었기 때문이다. 자연은 인간이 존재하며 성장한 기반이며 어떤 철학으로부터도 독립하여 존재하는 것이라 보았다. 시원(始源)의 문제에 있어서 자연은 정신보다 앞서 있는 선제적이며 1차적인 것이라 한 것이 포이어바흐의 '유물론'이다. 정신은 자연의 존재가 사람의 눈을 통해 들어와서 사람의 뇌수에 비친 그림자라고 보았다. 그러나 포이어바흐는 자연의 어떤 존재가 눈을 통해 들어와 어떤 과정을 통해 뇌수에 전달되는가 하는 것을 알지 못했고 사람의 뇌수가 어떻게 비친 그림자를 인식하게 되는가 하는 것을 알지 못했다. 즉 인식의 과정과 그 내용을 알지 못한 것이다. 그러한 인식의 내용이 인식주체자인 인간들에 의해 다른 것으로 인식된다는 것만을 알고 있었다.

왕궁 안에서 감미로운 무도 음악에 취하고 향기로운 술잔을 들고 즐거운 밤의 향연을 기대하는 귀족들과 성 밖의 오두막에서 배고파 울고 있는 아이들과 무서운 추위 속에 아이들을 달래야 하는 여인이 보는 '황홀한 저녁노을'은 같지 않다고 했다. 아름다운 자연의 저녁노을은 하나로 같은 것이지만 그러한 광경이 사람들의 눈을 통해 들어와 뇌에 비쳤을 때는 즐거운 밤을 즐기는 귀족들과 가난한 성 밖에 사는 여인이 같은 것으로 볼 수는 없는 것이다. 인식 주체자들에 따라서는 하나의 자연도 같을 수는 없는 것이다.

포이어바흐는 인식의 과정과 내용을 알지 못했기 때문에 왕궁 안에 있었던 귀족들과 성 밖의 오두막에서 떨고 있었던 여인이 본 저녁노을을 다르게 보게 된 까닭을 알지 못했다. 후에 엥겔스는 포이어바흐가 지방에 있었고 자연과학이 뒤떨어진 곳에 있었기 때문에 그런 말을 하고 있었다고 지적하며 비판했다. 그러나 마르크스나 엥겔스 역시 자연의 실체가 사람에 따라서 다르게 비치는 까닭은 제대로 규명하지 못했고 그렇게 비치는 것은 과학적인 논리라고 정리하고 말았다. 마르크스의 사후 100년이 지난 오늘날에도 수많은 그의 추종자들은 여전히 마르크스의 논리에 따르고 있을 뿐이다.

마르크스와 엥겔스의 유물론은 프로 계급의 해방을 위한 철학이었다. 따라서 프로 계급 모두가 자연이나 사회의 어떤 현상을 하나의 같은 내용으로 인식해야 한다는 생각이었다. 인식주체자인 프로 계급의 사람들이 각기 다른 인식을 하지 않아야 한다. 자연현상이나 사회현상을 모두 같은 내용으로 인식할 것이 요청된다. 즉, 프로 계급 해방의 목적을 위한 내용으로 통일될 것이 요청되기 때문이다. 굳이 인식주체자들이 같은 현상을 다르게 보는 까닭을 규명할 필요가 없었다고 볼 수 있었다. 자본가들의 착취와 노동자들이 고난 받는 하나의 현상을 크게 알도록 하는 것이 그들 유물론 인식론의 내용이면 족한 것이다.

포이어바흐의 변증법은 궁극적인 것, 절대적인 것, 그리고 신성한 것은 없다는 것으로 되어있다. 궁극적이며 절대적인 것이 아닌 모든 사물의 상대적인 변화를 전제하고 있다. 현실적으로 존재하는 국가, 정치제도, 경제제도 그리고 법률 같은 것은 역시 궁극적이며 절대적인 것이 아니다. 그것들은 사람들에 의해 조직되며 운영되는 것으로서 언제나 그리고 영원히 합리적이거나 정당하며 인간의 주관에 의해 좌우되지 않는 객관적인 내용으로 존재할 수 없는 것이다. 이러한 것들은 비이성적(非理性的)인 것이다. 그러므로 현존하는 제도는 변화될 것이 전제된다. 이러한 포이어바흐의 변증법을 그는 다음과 같이 정의하고 있다. "모든 현실적으로 존재하는 제도나 체제는 이성적일 때에만 유지된다(All that is real is rational, and all that is national is real). 그러나 변증법 철학은 궁극적인 것, 절대적인 것, 신성한 것은 없다(Nothing is final, absolute and sacred)"라고 주장하여 자연과 현실적 조직이나 체제의 끊임없는 변화를 변증법의 논리로 삼고 있다.

그러나 엥겔스는 《공상에서 과학으로의 사회주의》에서 다음과 같은 내용의 글을 쓰고 있다. "모든 사람들이 쓰고 남을 만큼의 많은 물품이 만들어지며 억압하는 사람이나 지배받는 사람도 없는 자유와 평등의 지상낙원이 만들어지는 사회가 과학적 사회주의 사회이다." 변증법

철학에 따르면 궁극적이며 절대적이고 신성한 사회는 있을 수 없다고 한 포이어바흐의 논리와는 다른 절대적인 완전한 사회를 건설한다고 했다.

사람들이 조직하고 운영하는 정치제도를 비롯한 '현실적인 것'인 The Real은 이성적일 때, 즉 The Rational만에 의해 존속할 수 있다. 그런데 현실적인 모든 것은 인간들에 의해 조직되어 운영되기 때문에 계속 이성적일 수 없다고 한 것이 포이어바흐의 변증법의 명제인데 엥겔스는 그러한 이상적 사회가 건설되는 궁극적인 사회라고 하고 있다. 엥겔스는 그의 변증법에 철저하지 못했다는 지적을 받을 수밖에 없다.

제4장 공산당 선언

16. 마르크스와 엥겔스

마르크스(Karl Marx: A.D. 1818-1883)와 엥겔스(Fridrich Engels: A.D. 1820-1895)의 만남은 19세기에 있었던 큰 사건의 하나였다. 이 두 사람의 만남은 공산주의 이론을 정리하고 공산주의 운동에 크게 공헌할 수 있었기 때문이다. 다음 두 사람에 대한 생애와 사상의 내용에 대해 간단히 요약하고자 한다.

마르크스는 지난 한 세기 동안 철학, 정치, 역사와 사회사상에 있어서 가장 큰 영향을 준 사람이다. 그의 유물론과 변증법과 유물사관 그리고 경제이론으로서의 노동가치설, 잉여가치설 정치이론으로서의 폭력혁명론과 계급투쟁설은 자본주의 체제의 필연적인 붕괴와 동시에 공산주의 사회의 도래를 예언하고 있다. 1818년 프러시아의 라인주의 트리어에서 변호사의 아들로 태어났다. 할아버지는 율법사였고 유대 혈통의 독일인이었다. 어머니 역시 네덜란드로 이민 온 율법사 가정의 출신이었다.

1835년 이후 본대학과 베를린대학에서 철학, 법률, 역사, 문학과 예술 등 다방면의 연구를 했고 1841년에 예나대학에서 철학박사 학위를 받았다. 대학의 교수가 희망이었으나 여의치 않아 언론계에서 사회활동을 시작했다. 라인주 의회에서 있었던 '산림도벌취체법', '모젤천 유역 포도재배 농민들의 생활상태'에 관한 토론에 접하면서 경제문제에 대한 관심을 갖게 되었다. 후에 《경제학 비판》과 《자본론》 같은 대작을 쓰게 된 계기가 되었다.

대학과정 2년을 수료한 후 1836년에 약혼하고 있었던 베스트팔렌(J. von westphalen)과 결혼했다. 그녀의 아버지는 추밀원 교문이었고 오빠는 내무대신인 대귀족의 집안이었다. 그녀의 친정에서는 두 사람의 결혼을 별로 반기지 않았고 마르크스의 부친만이 결혼을 적극적으로 도왔던 것으로 알려졌다. 두 사람은 결혼 후 프랑스로 옮겨 살았고 그곳에서 두 가지의 주요한 경험을 하게 되었다. 이상주의와 사회주의에 관한 관심을 갖게 되었고 《독불연감》(*The German-French Annals*)을 발행하면서 평생의 지기이며 후원자인 엥겔스를 만난 것이다.

엥겔스는 어려운 망명생활을 하고 있던 마르크스의 경제적인 생활을 후원했던 것으로 기록되고 있다. 베스트팔렌이 엥겔스에게 보낸 서신이 전해지고 있다. "모든 가구는 낡아빠진 것뿐이고 엉망입니다. 오늘 저녁을 먹고 내일 아침거리가 걱정입니다. 이런 글을 올리는 무례를 용서해 주십시오." 마르크스는 망명생활 중에 특별히 일정한 수입이 없었고 뉴욕 트리뷴 지의 구라파 특파원으로서의 보수로 겨우겨우 생활하고 있었다. 베스트팔렌은 이러한 어려운 생활을 불평하지 않았고 악필인 마르크스가 쓴 원고를 정서하여 출판사에 보내는 마르크스의 일등 비서의 역할을 했고 훌륭한 내조자로서 가정을 꾸렸다. 이러한 어려운 생활 속에서 1844년에 《신성가족》(*The holy family*)을 발표했고 평생의 지기이며 후원자인 엥겔스를 만나게 되었다. 《신성가족》은 유물사관과 계급투쟁설의 내용을 예고한 것이었다.

엥겔스는 라인주 바르멘(Barmen)에서 부유한 공장주의 아들로 태어났다. 고등학교를 중퇴한 후 일찍이 부친이 경영하는 공장의 일을 도왔다. 그 후에는 맨체스터에 있었던 '어먼-엥겔스(The Ermen and Engels)' 회사에서 일하고 있었다.

마르크스는 베를린대학 등에서 사회과학 전반에 대한 교육을 받았고 예나대학에서 철학박사의 학위를 받았으나 엥겔스는 공산주의자 동맹의 강령초안으로 쓴 유명한 '강령'을 발표하기 전까지 고등학교를 중퇴하고 부친이 경영하는 공장이나 회사의 일을 돕고 있었을 뿐 정상적인 학교의 교육을 받은 바가 없었다. 《독불연감》에 기고하여 유명해진 〈경제학 비판〉과 〈1930년대 영국 노동자들의 생활상태〉라는 논문이 그의 대표적인 작품이었을 뿐이다. 그러나 이러한 논문은 마르크스에게 큰 감명을 주었다. '이렇게 훌륭한 좋은 글을 쓴 사람이 어떤 사람인가?' 이것이 인연이 되어 두 사람은 파리와 런던 등에서 만나게 되었고 평생의 지기로서 우정을 나누며 살았고 노동자 운동의 공동의 연구자가 되었으며 공산주의에 대한 연구자가 되었다.

《공산당 선언》을 발표한 후에 마르크스는 철학이나 정치사회학에 대한 연구보다는 경제분야에 대한 관심이 커졌고 그 분야에 대한 연구에 몰입하고 있었다. 1865년에 '임금, 가격 및 이윤'에 관한 글을 발표했고 1872년에는 그의 대표작인 《자본론》(*Das Kapital*)을 발표했다. 그의 연구 생활은 경제문제에 집중되고 있었다. 마르크스와는 달리 엥겔스는 《문답》 발표 후에는 경제분야에 관한 글보다는 철학이나 정치분야의 글을 주로 썼다. 《공상에서 과학으로의 사회주의의 발전》, 《가족, 사적 소유 및 국가의 기원》, 〈원숭이가 인간으로의 진화하는 과정에서의 역할〉 등이 엥겔스의 대표적인 저술이다.

마르크스가 철학과 정치사회적인 연구에 더 깊이 들어가지 않고 경제문제에 대한 연구에 몰입하고 있었기 때문에 엥겔스는 마르크스의 연구분야의 내용을 보충하려고 한 것으로 생각된다. 이러한 마르크스와 엥겔스 두 사람의 연구가 합하여 공산주의 이론과 내용이 종합적이며 완성된 것으로 되었다고 볼 수 있다. 생애를 통한 지기였고 연구의 동반자였던 마르크스의 무덤 앞에서 엥겔스는 다음과 같은 조사를 했다.

'지구를 살아 숨 쉬게 했던 위대한 철학가의 심장이 지금 멈추어 섰고 지구의 맥박이 끝이 났다.', '이와 같은 좋은 글을 쓴 사람이 누구인가?' 19세기를 대표하는 위대한 철학자이며 사회혁명가인 두 사람의 우정과 공동의 연구는 이렇게 하여 끝이 났으며 또다시 계속되고 있다.

엥겔스는 망명 중 어려운 생활을 하고 있었던 마르크스에게 생활보조금을 후원했고, 마르크스의 연구를 보충하는 연구 생활을 계속했다. 부친이 사망한 후에는 '어먼-엥겔스 회사'를 동업으로 경영했다. 1878년에는 철학, 자연과학과 사회과학 등 중요문제를 분석한 《안티 듀링론》(*Anti-During*)을 발표했고 1887년에는 마르크스의 자본론을 영역하여 공간했다. 1895년에 런던에서 생을 마쳤다.

마르크스에게는 2남 4녀가 있었으나 아들들은 일찍이 병사했고 딸들 넷이 출가하여 마르크스의 직계후손은 알 수가 없다. 연상의 부인 베스트팔렌은 마르크스보다 3년이나 먼저 타계하여 마르크스의 만념을 슬프게 했다고 딸들이 전하고 있다.

17. 공산당 선언

고대사회와 희랍의 도시국가와 로마를 거치면서 이상주의자들은 이상적인 생활공동체를 계속하여 꿈꾸고 있었다. 이러한 이상주의의 내용을 정리하여 종합한 것이 모어의 《유토피아》였다. 그 형식과 내용이 유럽 여러 나라의 이상주의자들에게 퍼져나갔다. 문예부흥을 거치면서 산업혁명에 이르기까지도 그 내용은 크게 변하지 않고 끈질기게 이어졌다. 봉건사회의 마지막 단계를 담당했던 수공업적 생산방법이 새로 발명된 증기기관과 기계 방직기 등에 의한 방법으로 바뀌게 되었고 인도와 미 대륙에서 값싼 생산원료가 수입되어, 이것을 통해 기계가 제품을 생산해 품질 좋고 값싼 상품을 대량생산해 팔 수 있게 되었다.

자본가들의 주머니는 금화로 채워지게 되었으나 노동자들은 더욱 빈곤하게 되어 도시의 프로 계급으로 되었다. 이들은 단순히 빈곤한 '대중'이 아니었다. '프롤레타리아의 계급적 집단'을 형성하고 있었다. 폭력혁명론자들이었던 바뵈프, 블랑키, 바이틀링 등의 주장을 구체적으로 실천할 수 있는 프로 계급의 집단이 형성된 것이다. 자본주의 체제의 필연적인 전복이 가능하게 되었다고 판단한 마르크스와 엥겔스가 정리하여 제시한 혁명의 논리가《공산당 선언》이다.

《공산당 선언》(*The Communist Manifest*)은 혁명적인 역사적 내용을 폭력적인 혁명론으로 주장하고 있었고 혁명적인 기본원리를 모두 내포하고 있다. 독일의 망명인들이 파리에서 '정의자 연맹(The League of the Just)'을 조직하고 있었다. 이들 회원 중의 몇 사람이 런던에 옮겨가서 그곳에 망명하고 있었던 사람들을 규합하여 '독일 노동자 교육 동맹'을 조직했다. 이때에 마르크스는 브뤼셀에서 '독일 노동자 협회(The Germen Working Mens Association)'를 조직하고 있었다. 이 밖에도 프랑스, 벨기에 등에는 이와 유사한 많은 조직들이 만들어지고 있었다. 1847년 이런 단체들이 통합하여 런던에서 '공산주의자 동맹(The Communist League)'을 조직했다.

그 동맹의 강령 초안을 마르크스와 엥겔스에게 기초해줄 것이 요청되었다. 엥겔스는 그 강령 초안을 문답식으로 작성했다. 〈공산주의 원리에 관한 문답〉(A Catechism on the Principle of Communism)이 그것이다. 공산주의의 중요한 내용을 25가지로 분류하여 그 하나하나를 묻고 답하는 문답 형식이었다. 마르크스는《공산당 선언》을 썼고 1848년에 공산주의자 동맹의 강령으로 채택되었다. 그것은 공산주의 이론의 고전으로 공산주의자들의 성전이 되고 있다. 그 내용을 다음에 간단히 요약한다.

《공산당 선언》은 서론과 전 4장으로 되어있다. 제론의 첫머리에는 마르크스의 명문으로 알려진 다음과 같은 글로 시작되고 있다. "한 유령이 유럽에 어슬렁거리며 휩쓸고 있다." 유령은 두 가지의 특성을 가지고 있다. 유령은 밝은 곳이나 밝은 대낮에 나타나지 않는다. 침침하고 어두운 곳과 어두운 때에 나타난다. 영국, 프랑스, 이탈리아 등 유럽 여러 나라의 뒷골목은 어두운 곳이니 그곳에 나타난다고 했다. 또 하나의 특징은 사람들보다 더 큰 변신술과 변화의 능력을 행사할 수 있다는 것이다. 이들 나라에서 사람들이 생각하고 행하는 것보다 더 큰 영향력을 행할 수 있다는 뜻을 담고 있는 것이다.

그동안 유럽의 여러 나라들은 모두 연합하여 반정부의 대표자들을 모두 공산주의자들이라고 몰아세우고 있었다. 이들은 모두 공산주의자들이었으나 자기의 뜻과 견해 그리고 지향하는 목적을 공공연하게 공산주의자들이라고 드러내지 못했다. 그러나 이제 이들은 자신들의 주장을 드러내놓을 만큼 힘이 커졌다. 자신들의 당을 공산당이라고 공공연하게 세계에 내놓고 다음과 같이 선언했다.

> 1. 부르주아와 프롤레타리아(Bourgioisie and Proletariat)
> 지금까지 존재한 인류의 역사는 계급투쟁의 역사였다.

《공산당 선언》 1장 첫 줄에 마르크스가 쓴 명제이다. 고대 로마에는 장군과 귀족들이 있었다. 이들의 집안일과 농사일을 거들고 있었던 것은 전쟁포로인 노예들이었을 뿐 계급은 아니었다. 그들은 상전 집에 개별적으로 몇 사람씩 분산되어 있었다. 중세사회에서도 봉건 영주에 속했던 농업노예들 역시 분산되어 있었을 뿐 계급은 아니었다. 영국에서 14세기 위요운동이 있었고 농민들과 노예들이 울타리 밖으로 쫓겨났을 때 이들은 단순한 노예가 아니고 대중화되었고 이들을 쫓아낸 영주들과 일전을 각오한 투쟁의욕으로 결합된 최초의 '농민 계급'이었다. 다수의 사람들이 그들이 불행하게 된 원인을 극복하고자 투쟁을 목적으로 했던 최초의 계급이었다. 이들 농민 계급의 농민 반란은 쉽게 진압되었고 근대 산업사회가 발전함에 따라서 많은 실업자들이 프로 계급으로 도시에 집합하게 되어 인류 역사에 있어서 처음으로 '계급'이 있게 된 것이다.

인류의 역사는 계급투쟁의 역사는 아니었다. 18세기 이전에는 노예는 있었으나 계급은 없었기 때문이다. 계급투쟁의 역사는 프로 계급이 생긴 18세기 이후의 역사였을 뿐이다. 계급에 대한 과학적인 분석을 거치지 않고 계급이 인류역사에 있었던 현상이라고 확대하여 독단적인 논리를 공산당 선언의 명제로 한 것은 잘못된 것이다. 고대사회나 중세사회의 노예들은 귀족이나 영주들과 대립하여 계급투쟁을 하고 있지 않았다. 지배와 순종이 있었을 뿐이다.

노예들은 그들의 사회의 지위나 경제적 불평등 그리고 정치적 압박을 알지 못했고 그 내용을 이해하지 못했다. 그러한 부당한 처우와 제도를 극복하려고 하는 집단적 행동을 준비하거나 투쟁하려고 하지 못했다. 따라서 그 시대에는 계급투쟁이 없었다고 볼 수 있다. 마르크스는 19세기에 있는 계급투쟁을 강조하기 위해 계급투쟁이 모든 인류 역사 속에 있었다고 과장한 것으로 본다. 인류의 역사는 모두 계급투쟁의 역사는 아니었다. "인류의 역사는 소수의 이상주의자들이 점차로 많은 사람들에게 인간권을 확대해가려는 과정이 전개되는 것이다." 역사를 이렇게 보는 것이 옳다고 보며 《공산당 선언》 1장 첫 줄에 기록된 명제는 과장된 것으로 본다.

부르주아와 프롤레타리아의 항에서는 종전에 있었던 귀족이나 봉건 영주들을 무력하게 만들고 새롭게 등장한 부르주아들이 현금계산으로 거래의 양식을 바꾸어 노동자들을 쉽고 체계적으로 착취하여 새로운 부르주아 계급을 형성했다고 했다. 이들은 의사, 변호사, 학자들을 고용하여 그들의 수하로 만들어 국가와 정치권력을 장악했다. 국가는 이들 자본가들이 세계시장을 지배하는 업무를 처리하는 위원회로 전락하게 되었다고 했다.

〈사회주의 문헌과 공산주의 문헌〉에서는 반동적 사회주의, 보수적 또는 부르주아적 사회주의 그리고 비판적 · 공산적 사회주의와 공산주의의 내용을 담고 있다.

1) "반동적 사회주의, 즉 이상주의"에서는 독일의 지방귀족들이 자신들의 돈으로 관리인을 고용하여 생산한 곡물을 양조하여 팔고 있었고 양모, 사탕수수, 소주 등을 생산하여 판매하여 많은 이익을 얻고 있었다. 농노는 있었으나 처자들과 함께 가정생활이 보장되었고 목가적인 생활을 보장하고 있었다. 부인이나 아이들도 고된 노동에 동원되어 혹사되지 않았다. 부르주아는 존재하지 않았으며 봉건적 의미의 이상주의라 할 수 있는 이상주의라고 쓰고 있었다.

"소부르주아적 사회주의"에서는 가부장제의 농업직이 이상적인 형태라고 쓰고 있다. 소부르주아는 중세의 성 밖에서 생활하고 있었던 소농들과 중세의 몰락된 귀족 등이 합류하여 만들어진 계층이다. 상공업이 낙후한 지역에서는 새로운 부르주아와 함께 공존하게 된 계층이 소부르주아가 된다. 이들 소부르주아들은 기계에 의한 생산과 분업이 미치는 파괴적인 작용을 반대하며 자본과 토지의 지나친 집중을 막고 개혁하고자 하는 계층이다. 이들은 과잉생산에 따른 공황과 소부르주아의 소멸을 막고자 하며 부의 지나치게 불평등한 배분을 개선하며 낡은 도덕과 낡은 가족관계의 개선을 주장했다.

"독일 사회주의 또는 진정 사회주의"에서는 독일의 철학으로 개조한 선진적이고 혁명적 사회주의는 절대왕조와 투쟁한 부르주아가 주장한 사회주의로 진정 사회주의가 된다. 프로 계급의 이익은 인간 일반의 본질적 이익을 말한다. 화폐는 인간의 본질을 떠난 것으로 잘못된 제도이다. 국가는 폐절되어야 한다. 혁명의 의사는 순수한 의사로서 실행되어야 한다. 소부르주아들은 절대왕권을 반대한다는 의미에서는 부르주아와 같은 노선의 사회주의자들이다. 그러나 부르주아가 강해지면 억눌릴 것이 문제되어 부르주아가 강해지는 것을 반대하는 이중적 성격을 가지고 있다. 그 중요한 주장은 다음과 같다. "독일 민족은 모범적인 인간들이다. 그러나 독일의 공산주의자들은 난폭하며 파괴적이기도 하다." 부당한 노선으로 일체의 계급투쟁을 거부한다고 주장하고 있다.

2) "보수적 또는 부르주아적 사회주의"에서는 생산관계의 변혁이나 정치적 변혁이 아닌 물질적 생활조건을 개선하면 된다는 견해의 사회주의를 주장하고 있다. 현재의 부르주아 체제를 그대로 유지하며 그것에서 파생하는 여러 가지 모순을 없앰으로 투쟁과 혁명의 위험요소를 극복하고자 하는 사회주의를 뜻한다.

3) "비판적 · 공산적 사회주의와 공산주의"에서는 현재 부르주아 체제를 그대로 유지하며 그 속의 모순 때문에 있게 되는 위험과 투쟁을 제거한다. 모순적 사회주의와 거의 같은 내용을 주장하고 있다. 도시와 농촌 사이에 있는 차이와 대립을 없앤다. 사적인 재산의 축적을 막고 임금노동제를 폐지한다. 사회의 모든 분야가 조화를 이루도록 한다. 국가는 생산관리 기관의 역할을 담당한다. 계급투쟁을 부정하려는 팔랑스테러와 평화적 조화촌을 부정하며 반대한다.

"각종 반정부당에 대한 공산주의자의 태도"에서는 공산당이 프랑스, 스위스, 폴란드, 독일 등 반정부당에 대해 어떠한 태도를 취해야 할 것인가의 지침을 쓰고 있다. 현재 사회와 정치제도를 반대하고 있는 모든 혁명운동을 지원한다. 사유재산 제도를 폐절하는 것을 혁명운동의 기본적인 쟁점으로 삼는다. 동시에 모든 나라의 민주주의적인 정당 사이의 합의와 단결을 위해 노력한다. 현존하는 일체의 사회제도를 폭력으로 전복한다는 기본적인 견해와 의도를 감추지 않는다.

프랑스는 공산당이 보수적이거나 급진적 부르주아에 반대하는 투쟁에 있어서 사회민주당과 손을 잡고 있으나 혁명에 대한 환상에 대하여는 비판적인 입장을 가지고 있다. 스위스는 토지혁명을 민족해방의 조건으로 내세우고 있는 1864년 '크라코프 혁명'을 일으킨 당을 지지한다. 독일은 부르주아와 프롤레타리아의 적대적인 상태를 노동자들에게 교양한다. 반동정부가 전복된 후에는 즉시 이들에 대한 투쟁을 위해 준비한다.

전 세계 노동자들은 단결하라!

1872~1848년에 마르크스와 엥겔스가 집필하여 1848년 2월에 런던에서 발표한《공산당 선언》에 대해 다음과 같이 요약한다.

1장과 2장에서는 사유재산에 대한 죄악설과 여러 나라의 프로 계급이 각각 자기 나라의 지배 계급을 타도할 것을 주장하고 있다. 혁명의 필연성을 강조했고 공산주의자들이 프로 계급을 지도하여 혁명을 성공하도록 강조했다. 3장과 4장에서는 사회주의 문헌과 공산주의 문헌에 의한 사회주의의 내용을 설명했고 여러 나라의 반정부당의 성격을 설명하고 공산주의자들이 어떻게 대응할 것인가를 설명하고 있다. 이를 통해 세계노동자들의 단결을 강조하였다.

18. 공산주의는 무엇인가?

우리는 지난 반세기 동안 공산주의를 반대하는 반공국가의 국민으로 살아왔다. 그러나 "공산주의가 무엇인가?" 하는 질문에 대한 답변을 망설이고 있는 것이 우리의 실정이다. 공산당은 6.25전쟁 때 남침으로 같은 동포들을 살해했고 가난한 우리 동포의 재산을 파괴했다. 휴전 후에는 계속하여 간첩을 남파했고 무장공비를 침투시키고 있었다. 공산주의자들은 나쁜 사람들이다, 공산주의를 반대한다, 이런 답변이 일반적이다. 공산주의자가 무엇인가에 대한 간단하면서도 명확한 답변을 망설이고 있다. 그러나 그렇게 망설일 필요가 없다. 이미 앞에서 소개했던 〈공산주의 원리에 관한 문답〉에서 엥겔스가 간단하면서도 명확한 답변을 하고 있기 때문이다.

엥겔스는 그의 《문답》에서 공산주의의 중요한 내용을 25가지로 분류하고 그것을 묻고 대답하는 형식으로 쓰고 있다. 그 첫째 질문이 유명한 것으로 "공산주의는 무엇인가?" 하는 질문이다. 그리고 그 질문에 대한 답변을 썼다. "공산주의는 프롤레타리아 계급 해방에 관한 여러 조건에 대한 여러 학설이다." 즉 철학적 조건, 경제적 조건, 정치적 조건에 관한 여러 학설을 공산주의라고 설명한 것이다. 이제부터 공산주의가 무엇인가 하는 질문에 대한 답변을 망설일 필요가 없게 된 것이다. 공산주의 이론에 대한 최고의 권위자인 엥겔스가 말하고 있는 답변을 그대로 말하면 되는 것이기 때문이다.

엥겔스의《문답》의 두 번째 질문은 "프롤레타리아란 무엇인가?"였다. "프롤레타리아란 아무런 재산도 가지고 있는 못한 사람들, 그들은 그가 지니고 있는 노동을 팔아서 얻는 품삯으로 자신과 가족들의 생계를 이어가는 사람들을 뜻한다고 했다. 그리고 어떤 사회적 보호도 받지 못하는 법적 보호권 밖에 버려진 19세기의 노동자들이 프롤레타리아들"이라고 했다. 이러한 프로 계급의 해방에 관한 여러 학설을 공산주의라고 한 것이다. 프롤레타리아란 말은 희랍인의 '프롤레타리우스'라는 말에서 온 것이다. 프롤레타리우스란 말은 아이를 낳는 일밖에는 아무러한 재간도 없는 무능한 사람들이란 뜻이었다. 가진 재산도 없이 아이를 낳아서 사회에 노동력을 제공하고 있는 무능한 사람들을 지칭하는 말이었다. 자본주의 사회에 오면서 프롤레타리우스는 '프롤레타리아'로 바뀌게 된 것이다.

마르크스와 엥겔스는 공산주의에 관한 많은 논문과 저서를 썼지만 프로 계급 해방에 관한 여러 조건에 관한 학설을 정리하여 발표하지는 않았다. 1914년 V. I. 레닌이 마르크스의 생애와 학설을 정리하면서 그 이론을 정형화했다. 철학이론으로 유물론과 변증법, 유물사관을 들었고 경제이론으로 노동가치설과 잉여가치설을 분류했다. 정치이론으로 폭력혁명론과 계급투쟁설이 분류되었다. 이러한 레닌의 분류가 후계자들에게 계승되어 오늘날의 공산주의의 이론이 되고 있는 것이다.

그동안 역사 속에서 살아온 사람들은 부유한 사람들과 가난한 사람들, 지배하는 사람들과 지배받는 사람들이 있었다. 지배하거나 지배받는 사람이 없는 평등하고 자유로운 사회 그리고 모두가 부유한 생활이 가능한 생활공동체의 사회를 실현하는 것이 이상주의자들의 꿈이며 이상이었다. 이와 같은 꿈은 모어의 유토피아에서 종합적이며 체계적으로 쓰였다. 19세기의 오언에 의해 체계적으로 실험되기도 했다.

그러나 이러한 이상이나 꿈은 이상주의자들만의 것이었다. 역사와 현실 사회에서 그러한 꿈을 실현하기 위한 과학적 이론이 제시되지는 못했다. 과학적 이론으로 뒷받침되지 못하는 이상과 꿈은 공상에 불과한 것이다. 과학적 이론이 뒤따라야 이상과 꿈은 하나의 '사상'으로 성립될 수가 있는 것이다. 그러나 그동안 이상주의자들에 의해 주장되었던 '꿈'의 나라를 위한 과학적인 이론이 없었기에 그것은 하나의 공상에 불과했다.

마르크스와 엥겔스는 그러한 이상이 현실적인 역사 속에서 반드시 실현될 수 있는 과학적인 이론을 제시했다고 주장하고 있다. 그들의 이론은 물이 높은 곳에서 낮은 곳으로 흐르며 해가 동쪽에서 떠서 서쪽으로 지는 것과 같은 필연적인 과학의 이론을 제시했다고 주장되고 있다. 그러한 과학적인 이론이 이상주의자들의 꿈을 뒷받침하고 있다고 했다. 이상주의자들의 이상과 꿈이 마르크스와 엥겔스의 이론과 결합한 것이다. 그것은 공상이 아니라 과학이 되었고 하나의 사상이 된 것이다. 여기까지가 우리가 알고 있는 '마르크스주의(Marxism)'가 되는 것이다. 그러나 그것은 하나의 사상일 뿐이고 사회와 역사를 지배하며 발전시킬 수 있는 '이데올로기'는 아니다.

우리는 이데올로기라는 말을 하며 또 흔히 듣고 있다. 20세기를 '이데올로기의 세기'라고도 말하고 있다. 그러나 이데올로기가 무엇이

냐고 묻는다면 쉽게 답변하지 못한다. 이러한 질문에 대해 간단하면서도 명확한 답변을 할 수 있도록 이데올로기를 설명한 정치학자인 조드(C. E. M. Joad) 교수는 그의 정치학 사상사에서 그것을 다음과 같이 설명하고 있다.

> "이데올로기가 성립되기 위해서는 세 가지의 조건이 전제된다. 첫째로 인간 생활공동체가 추구하는 어떤 꿈과 이상이 있어야 한다. 둘째는 그러한 꿈과 이상을 현실적인 역사 속에서 실현 가능하게 하는 과학적인 이론이 뒷받침해야 한다. 꿈과 이상이 과학적 이론과 결합하면 그것은 하나의 사상의 성립이 가능하게 된다. 셋째는 그러한 사상에 따라서 일어나는 사회운동이나 혁명운동이 결합하면 그것은 역사와 사회발전을 가능하게 하는 이데올로기가 된다."

마르크스주의는 인간이 추구했던 꿈과 이상을 과학적인 이론으로 뒷받침했다. 1917년의 러시아 혁명으로 이어졌고 마르크스주의는 하나의 사상으로 되었을 뿐만 아니라 하나의 이데올로기가 되었다. 마르크스주의는 이제 하나의 사상으로 끝날 것이 아니다. 20세기의 사회와 역사 발전을 지배하는 이데올로기가 된 것이다. 다음에 그 이론적 내용을 설명하고자 한다.

19. 관념론과 유물론

관념론과 유물론은 현대철학의 두 주류를 이루고 있다. 관념론 철학을 대표해온 것이 헤겔철학인 관념론이었다. 자연이나 물질은 서로 비추어지는 것, 즉 '반영(反映)'을 하고 있다. 잔잔한 호숫가 옆에 서 있는 한 송이 꽃은 호수의 수면 위에 반영되고 있다. 향기가 있다거나 가시가 있다거나 꽃의 색깔 등의 여러 가지 속성을 알지 못한다. 그저 있는 대로의 모습을 반영할 뿐이다. 그러나 사람들은 자연의 존재와는 달리 자연이나 존재인 대상을 눈을 통해 받아들이는 감각기관이 있다. 감각기관에 의해 정신적인 작용을 할 수 있다. 물질인 존재의 대상을 정신적 대상으로 바꿀 수 있는 것이 인간이다. 인간이 물질적인 대상을 정신적 대상으로 바꾼 것이 '추상(抽象)'이다.

이렇게 추상한 것을 구체화한 것이 '개념(槪念)'이다. 개념에 대한 인간의 주관을 떼어내어 개념을 보다 명료하게 객관화하여 '객체화(客體化)'한다. 이렇게 객체화된 개념을 역으로 하여 물질이라고 설명되는 '물성화(物性化)'한 것이 헤겔의 관념론이다. 사람의 생각이나 사유의 산물인 객체화된 개념이 시원에 있어서 자연이나 물질에 앞서 있는 1차적인 것이라고 했다. 사람들이 추상하고 다시 그것을 구체화한 개념이 모든 현실적으로 존재하는 것에 앞서 있다는 것이 역시 헤겔의 관념론 철학이다. 헤겔은 자연이나 존재의 세계는 논리적 범주 밖에 앞서 선재(先在)하는 절대정신이 스스로를 밖으로 드러낸 것, 즉 외화(外化)된 것이라고 했다. 사람의 생각, 사유, 이념이 물질보다 앞서 있다고 보는 철학적 내용이 관념론(觀念論)이다.

18세기 자연과학의 발전에 따라서 존재하는 것은 자연과 물질뿐이고 정신이란 인간의 뇌수에서 만들어진 산물일 뿐이라는 유물론이 제시되었다. 포이어바흐 이전의 소박한 유물론이 포이어바흐에 의해 보다 풍부하게 되었고 마르크스의 유물론 철학으로 이어져 발전하게 되었다. 마르크스는 헤겔의 관념론 철학을 비판하면서 유물론 철학을 내세우고 있다.

감각으로 알게 되는 물질의 세계만이 유일한 현실적 세계이다. 물질은 정신의 산물이 아니고 정신이 물질의 산물이다. 헤겔이 말하고 있는 절대이념이 철학적 논리의 범주 밖에 앞서 있었다고 하였다. 자연과 정신의 관계에 있어서 자연을 시원에 있어서 1차적인 것으로 보아야 한다. 자연은 스스로 있는 것, 즉 즉자적 존재(Ansichsein)이고 인간은 그것을 알게 하는 존재, 즉 타자(Andersein)라는 논리이다.

마르크스의 유물론은 인간의 주관이나 관념에서 떠나 있는 객관적이며 독립하여 실재하는 자연적인 물질을 앞세우고 있다. 물질은 정신의 산물이 아니고 정신이 물질의 산물일 뿐이다. 자연과 존재가 정신에 앞서 있는 1차적인 것이라고 했다. 유물론 철학은 물질을 여러 가지 내용으로 설명하고 있다. 다음에서 물질에 대한 유물론의 내용을 살펴보고자 한다.

'과학적 대상으로서의 물질'은 과학은 하나의 특수하며 개별적인 대상을 연구하는 것이다. 이때의 연구대상이 과학적 물질이다. '예술의 대상으로서의 물질'은 자연과 인간들 속에서 일정한 소재를 택하여 주체자가 자유로운 입장에서 대상을 살피고 해석하며 주체자의 목적이나 의도에 따라서 만들어지는 것이 예술이다. 이때에 선택된 대상이 예술적인 물질이다. '철학적 입장의 물질'은 마르크스의 유물론에서 말하는 물질은 과학적이거나 예술적 입장에서의 물질은 아니다. 물론 신학적 입장의 물질도 아니다. 철학적 입장에서 살펴본 물질이라고 할 수 있다.

20. 철학적 물질과 인식의 유형

한강수와 삼각산은 자연의 존재이다. 우리가 그것이 있다고 하거나 없다고 하거나 상관없이 있는 것이다. 우리가 그것들을 알거나 모르거나 상관하지 않고 유유히 흐르며 높이 솟아있는 것이다. 사람들의 주관과는 관계없이 객관적으로 존재하며 사람들의 의식과는 상관없이 존재하는 것이 유물론의 물질이다.

자연의 물질은 반영할 뿐 인식은 할 수 없다. 사유의 능력이 없기 때문이다. 물질의 존재는 그 속에 철학이 없다. 창경궁 안에 아름다운 향원정이 잔잔한 연못가에 서 있다. 잔잔한 연못의 수면 위에 아름다운 자태를 뽐내며 비친다. '반영'을 하는 것이다. 모든 자연의 물질은 스스로 사유하지 못한다. 독립하고 객관적으로 존재하나 사유하거나 인식할 수는 없다. 그러나 이러한 물질과는 달리 사람들은 자연이나 존재인 대상을 보고 어떤 생각을 하며 인식하게 된다. 단순한 외형만을 반영하지 않고 인식할 수 있는 것이 인간이다.

인간은 자연을 인식할 수 있는 인식의 주체자이지만 유물론에서는 객관적으로 독립하여 존재하는 물질 밖에는 아무것도 존재하지 않는다고 했다. 인간은 자연을 구성하고 있는 한 부분이며 하나의 인자(因子)라고 했다. 포이어바흐는 자연과 인간 밖에는 아무것도 존재하지 않는다고 했다. 신이 존재 않는다는 것을 강조하는 것이다. 그러나 마르크스는 오직 '자연'뿐이라고 했다. 신은 물론 인간까지도 존재하는 것으로 보지 않았다. 인간을 인식의 주체자로 인정하지 않고 인간을 '객체화'하여 자연과 물질 속에 내포시키고 있다. 인간의 주체성이 부정되고 있는 것이다.

물질과 인식 주체자로서의 관계가 인식론의 내용이 되는 것이다. 인간이 자연 속에 하나의 객체로 내포되기 때문에 실제로 인식론은 유물론에서 논의될 가치가 없는 것이다. 인식은 자연이나 존재인 대상을 인식의 주체자인 인간이 정신으로 바꾸는 것이다. 그런데 인간이 객체화되어 물질 속에 내포된다면 인식론은 성립될 수가 없는 것이다. 또 인식은 인식주체자인 인간에 의해 파악된 자연이다. 따라서 인식의 주체자로서의 인간이 아니라면 인식은 사실상 불가능한 것이다. 또 인식은 감성적인 인간이 초감성적인 자연이나 물질과 동화되는 과정이기도 하다. 인간이 감성적인 존재가 아닌 초감성적인 자연에 내포되어있는 한 부분이라면 역시 인식론은 성립될 수가 없는 것이다. 인식은 인간의 정신적 노동이라고 할 수 있다. 인식은 언어의 형식과 내용으로 나타나는 것이기도 하다. 언어를 구사할 수 있는 인간만이 인식론의 논리를 행사할 수 있을 뿐이다.

사람은 다른 사람을 감성적 대상으로 하여 인식할 수도 있다. 그러나 대상이 되는 사람의 정신적 내용을 접하거나 들을 수는 없다. 무슨 생각을 하고 있는지 직접 알 수가 없다. 그의 말을 통해 그 사람의 마음속을 살필 수는 있으나 그 진실성을 정확하게 알 수는 없다. 사람을 감성적 대상으로 삼을 수는 있으나 그 정신적인 내용을 대상으로 할 수는 없다. 이것이 인식의 제한성이라 할 수 있다.

'인식'은 감성적 인식과 이론적 인식 두 가지로 나눌 수 있다. '감성적 인식'은 사물이 가지고 있는 개별적인 속성을 알게 하는 초보적인 인식, 즉 '감각'이다. 가시가 있는 꽃이라거나 향기가 아주 좋은 꽃이라거나 붉은색의 꽃이 가지고 있는 하나의 속성을 사람의 감각기능으로 알게 되는 초보적인 인식이 감각이다.

꽃에 대한 하나의 속성이 아니라 여러 가지의 속성을 감각으로 알게 된 것을 종합하여 체계적이고 통일적인 것으로 인식하는 것이 '지각'에 의한 인식이라 할 수 있다. 지각에 따른 인식은 대상에 직접 접하여 얻게 되는 인식이다. 그러나 대상에 직접 접하지 않고 전에 지각에 의해 알게 된 인식 내용과 연관되는 어떤 새로운 인식을 할 수도 있다. 이러한 인식을 '표상'이라고 한다. 이러한 감각, 지각이나 표상으로 드러나는 인식은 '감성적인 인식'이라 할 수 있다. 감성의 인식과 다른 의식이 '이론적인 인식'인 인식이다.

감성적 인식으로 알게 된 인식 내용을 바탕으로 인간의 정신적 작용을 통해 인식하는 것이 '이론적 인식'이다. 이론적 인식의 유형으로는 개념, 판단, 추리의 인식이 있다. 인간이 물질적 대상을 정신적 대상으로 한 추상의 내용을 구체화한 것이 '개념'이다. 따라서 개념은 감성적 인식인 감각, 지각, 표상을 통해 얻은 인식을 종합하여 얻게 되는 것으로서 자연이나 사물 속에 있는 본질적인 것을 한마디로 나타내는 사유형식이라 할 수 있다. 향기가 있고, 꽃이 피고, 열매를 맺고 있는 어떤 대상, 즉 '꽃'이라는 한마디로 구체화된 인식의 결과로 개념이란 이론적 인식이 되는 것이다.

꽃이라는 개념과 풀이라는 개념 그리고 나무라는 개념을 연결하여 서로의 관계나 상태를 알게 되는 인식이 '판단'의 인식이다. 꽃이나 풀, 나무는 식물이라는 것으로, 일단 뿌리를 박으면 자리를 옮길 수 없다는 것을 알게 된다. 그러한 판단을 하게 된다. 개나 소나 닭은 그 속성을 한 마디로 드러내는 인식을 내용으로 한다. 동물은 식물과 달리 한 자리에 뿌리를 박고 있지 않고 자리를 옮겨 다닐 수 있다는 판단의 인식을 하게 된다. 식물과 동물의 개념을 연결하여 서로의 관계나 상태를 알게 되는 인식이 판단이다.

판단된 인식으로부터 새로운 판단이나 어떤 원리를 끌어내는 사유 형식으로서의 인식을 '추리' 유형의 인식이라고 한다. 식물과 동물 그리고 광물의 관계나 그것들을 인간을 위해 어떻게 유용하게 활용할 수 있는가 하는 어떤 원리를 이끌어내기 위한 사유형식으로서의 인식이 추리라는 인식의 유형이 된다.

포이어바흐는 자연으로부터 같은 모상(模像)을 얻은 인식으로부터 내면적으로 같은 생각을 하게 된 사람들의 집단을 '유적 인간(類的人間)'이라고 했다. 그러나 그와 같은 생각과 관념을 갖게 된 것이 개인적으로 이루어졌다는 것이다. 집단화된 계급이라는 인간들의 공통적으로 된 현실 파악이 아니었다는 것이었다. 포이어바흐는 현실적인 모순을 극복하거나 타파하려는 공통된 투쟁의식이 없는 인간을 파악한 것이다. 그것이 유적 인간인 것이다. 그러나 마르크스는 인간을 단순한 개인적으로 생각했던 인간의 유적 인간이 아닌 자본제 사회를 전복하고 새로운 사회를 건설하고자 한 '계급적 인간'으로 유적 인간을 새롭게 인식하고 있었다.

유물론에서는 반영이나 비친 그림자 모상을 인식이 가능한 가지성

(可知性)의 근거로 했다. 그리고 그것을 그대로 타당한 것으로 하고 있다. 자연과 물질은 인간에게 그대로 반영되며 옮겨진 물질 이외의 다른 것이 아니라고 하고 있다. 엥겔스는 우리의 의식은 현실적 존재가 뇌에 모사(Projection)된 것이라고 했다. 따라서 정신이나 의식은 자연의 산물인 인간의 뇌수의 산물이라고 본 것이다.

마오쩌둥은 자연이나 물질을 정신적 내용으로 바꾸는 것을 인식이라고 했다. 인간에 의해 파악된 자연의 반영을 인식이라고 한 것이다. 레닌은 우리의 인식이 감성단계를 벗어나지 못한다면 자연이나 다른 동물이 하고 있는 반영과 다를 바가 없다고 했다. 감성적 인식은 의식의 원인은 되지만 그것이 사유나 인식이 될 수는 없다고 했다. 반영은 사람들의 감각과 같은 것이다. 물질이 사람들에게 반영되었다고 할 때는 그것은 감성적 인식에 불과한 것이다. 물질의 반영이 그대로 인식된다는 것은 잘못된 것이다. 인식 주체자인 인간에게 반영된 내용을 이론적 인식으로 끌고 가야만 인식이 되는 것이다. 그런데 마르크스는 인식주체자의 이론적 인식 단계의 과정을 빼고 반영이 뇌에 모사된 것을 그대로 인식이라고 하고 있는 것이다.

이상에서 유물론의 물질과 인식론의 중요부분을 살펴보았다. 다음에는 인식의 대상인 물질과 인식의 대상인 물질의 반영이 뇌에 모사된 의식과의 관계를 고찰해보고자 한다. 유물론의 '실천론'에 관해 고찰하고자 한다.

21. 실천론

어떤 자연의 실체가 눈의 동공을 통해 들어와 뇌수에 비친 그림자가 모상과 같은가 아닌가 하는 것을 확인하는 것이 실천이라고 한 것이 유물론의 인식론에서 중요한 내용이 되고 있다. 유물론에서 인식론의 타당성을 확인하는 것이 실천이다. 실천을 통해 얻게 되는 경험은 근본적으로는 반영을 기초로 한 것이다. 푸딩의 맛은 먹어보면 알게 된다. 푸딩을 먹어본다는 행위, 즉 실천을 통해 그 맛을 알게 된다고 했다. 푸딩의 맛이 이런 것인가, 저런 것인가 하며 사유한다고 해도 푸딩을 먹어본다는 행위가 없다면 그 맛을 알 수 없는 것처럼 자연의 어떤 사물이 뇌수에 비친 모상, 곧 인식과 일치하는가 하는 것은 사유를 되풀이해도 제대로 알 수가 없는 것이다. 행동하는 실천을 통해 자연의 실재와 뇌수에 비친 모상과 인식과 일치한다는 것을 알 수 있다고 하는 것이 유물론의 실천론이다.

마르크스는 인식의 내용은 실천에서 파악해야 한다고 했다. 우리들의 인식의 타당성을 확인하는 것이 실천이라고 한 것이다. 실천론은 반영과 인식의 기반이 된다고 했다. 인식은 경험에서 시작되며 경험은 실천에서 비롯된다는 것이다. 실천은 인식의 출발이며 동시에 결론이 된다고 했다. 실천은 의식의 동기나 원인이 될 수 있다. 인간의 의식이 객관적 진리에 이를 수 있는가 하는 것은 이론의 문제가 아니고 실천의 문제라고 했다. 실천에 의해 사유에 관한 현실적인 가능성과 진리성의 실증되기 때문이라고 했다.

인간의 사회적 실천만이 인식의 진리성을 측정하는 기준이 된다고도 했다. 유물론의 인식론은 실천을 제일로 앞세우고 있다. 실천의 중요성을 부정하며 인식을 실천으로부터 분리한 모든 그릇된 이론을 배척한다. 실천에 의해 현실적 인식의 타당성을 확인한다. 동시에 노동의 주체자가 그것을 보다 확실하게 알게 하는 것이다. 인간의 실천과 경험을 정리하여 일정한 법칙이 만들어지며 이론적 분석이나 과학적인 추상이 쌓여서 만들어지는 2차적인 법칙이 있게 된다.

우리의 인식의 타당성을 확인하는 것이 실천이다. 감성적 인식 단계에서 실천을 반복하여 추상을 얻게 되고 그것을 구체화하여 개념을 얻게 된다. 실천은 감성단계에서 알게 되었던 현상, 즉 개별적인 것이나 외면적인 것만이 아닌 사물의 내부적인 본질을 알게 한다. 실천은 인식의 필수적인 조건으로 실천을 부정한 인식론은 있을 수가 없는 것이다. 실천은 인식의 현실적인 타당성을 확인하여 노동 주체가 그 대상을 보다 확실하게 알게 하는 것이라고 했다.

마오쩌둥은 인식에 있어서 실천이 유물론 제일의 조건이라고 했다. 감성단계의 인식에서 실천을 반복하여 추상을 얻게 되고 그것을 구체화하여 개념을 얻게 된다고 했다. 그로부터 사물의 본질을 알게 되며 머릿속에서 돌연한 변화가 있게 되며 감성단계에서 알았던 개별적이며 외면적인 것만이 아닌 대상의 내부의 연관이나 본질을 알게 한다. 마오쩌둥 역시 마르크스와 같이 유물론의 인식론에 있어서의 실천을 강조하고 있는 것이다.

이상에서 설명되고 있는 유물론의 인식론에 있어서의 '실천'의 중요성을 고찰했다. 그러나 실천을 개념의 연관과 그 내용을 확실하게 할 수 있다. 실천은 의식의 동기나 원인이 될 수 있으나 '의식의 내용' 자체는 아니다. 실천의 중요성은 강조될 수 있으나 그 자체가 인식 내용으로 연결되는 과정까지를 설명할 수 있는 것은 아니다. 이상에서 유물론에 관한 물질, 인식론 그리고 실천론까지의 내용을 검토했다. 다음에는 유물론의 변증법에 대한 내용을 살펴보기로 한다.

22. 변증법

변증법(辨證法, Dialectic)이란 용어는 희랍어의 대화 또는 논의(論議, Delate)라는 말에서 유래했다. 일종의 대화술이며 논증술이라고 알려졌다. 논리학이 합리적인 사유에 관한 이론인 것과는 달리 변증법은 여러 가지 법칙에 관한 지식을 의논에 이용하는 기술이라고 보고 있었다. 변증법은 고대로부터 오랫동안 여러 가지 내용으로 쓰이고 발전했기 때문에 그 내용이 여러 가지로 복잡한 것으로 알려졌다.

변증법은 일반적으로 모순(矛盾)의 원리, 즉 형식 논리학에서 말하는 모순을 부정하는 논리라고 알려지고 있다. 고대의 변증법은 모순의 원리를 부정하는 것이라고 알려졌다. 하나의 존재에 대해 반대되는 주제를 제시하여 앞에 제시한 주제가 잘못되었다고 하는 쟁론술 같은 것을 변증법이라고 했다. 흔히 제논을 변증법의 창시자로 보고 있다.

제논(Zenon: B.C. 490-430)은 희랍의 식민지였던 남이탈리아의 엘레아 출신이다. 절대적 일원론자로서 불생불멸(不生不滅), 부동불변(不動不變)을 주장했던 파르메니데스의 제자로서 헤라클레이토스의 변화와 모순을 반대했다. 특히 '비시정지론(飛矢停止論)'으로 운동을 부정했고 존재의 단일성을 주장했다. 스승인 파르메니데스의 철학을 소극적이며 부정적 형태로 변호했다.

제논의 변증법은 어떤 확실한 전제에서 출발하지 않고 논적이 주장하며 승인하고 동의한 전제에서 출발하는 하나의 의논술이나 토론술이라는 특징을 갖는다. 어떤 하나의 체계를 세우거나 진리에 이르고자 한 것이 아니다. 논적의 논리적 견해를 바꾸게 하는 것이 하나의 특징이라 할 수 있다. 또 다른 서로 상반되는 것들을 모순이라고 했고 그러한 모순을 모순으로서 부정하는 것이 제논의 변증법의 내용이다.

이러한 제논의 모순의 변증법은 희랍의 소피스트(Sophists)들에게 계승되었다. 소피스트란 변론의 달인 또는 현자(賢者)들을 지칭하는 말이다. 기원전 5세기의 후반기에 출세의 수단으로 변론술이 요구되었고 그 일에 도움이 되는 것을 가르치고 다녔던 일단의 사람들을 지칭하는 것이다. 절대적인 진리를 가르치는 것이 아니고 현실적으로 출세하거나 이익이 되는 것을 설교하고 있었던 사람들이 소피스트들이었다. '인간은 만물의 척도'라는 말을 하고 있었다. 프로타고라스(Protagoras), 고르기아스(Gorgias), 플로티노스(Protinos) 등이 대표적인 사람들이다. 제논보다 앞서 있던 변증법론자로서 헤라클레이토스(Heracleitos)와 파르메니데스가 있다.

소피스트들과는 다른 일단의 철학자들이 있었다. 소크라테스, 플라톤, 아리스토텔레스 등이다. 이들은 재치 있는 변론이나 대화술을 가르치는 것이 아니고 스스로 진리를 좇으며 배우기를 원하는 사람들이 스스로 진리에 이르도록 교육하는 방법으로 변증법을 채택하고 있었다.

변증법은 일반적으로 승인된 '가설'을 출발점으로 삼고 있었다. 따라서 확실한 전제를 출발점으로 삼고 있는 논리적 추론과는 다른 것이다. 자기가 스스로 제기하고 지지하고 있는 여론과 반대되는 내용을 잘못 말하지 않도록 조심하는 방법을 발견하고자 하는 것이 변증법이라고 했다. 이러한 내용을 아리스토텔레스는 그의 저서인 《토피카》에서 다음과 같이 쓰고 있다. "변증법은 일반적으로 승인되고 있는 전제에서 출발하여 제기된 문제에 대해 논하게 된다. 그러한 논의에서 우리가 어떤 하나의 지지하는 논의를 하게 된다. 그때에 우리가 제기하고 지지하는 내용에 반대하는 내용을 말하지 않도록 조심하는 방법을 발전시키고자 하는 것이 변증법이다."

관념론자인 헤겔과 유물론자인 마르크스는 변증법에 있어서의 모순에 대해 각각 다른 내용을 말하고 있다. 헤겔은 변증법에 있어서의 '모순'을 사유나 사유과정에서 서로 양립할 수 없는 것이라고 했다. 유물론자인 마르크스는 객관적이며 독립하여 실재하는 물질과 존재 속에 모순이 있다고 했다. 헤겔은 인식과정이나 인식논리 속에서 모순이 있다고 하여 인식논리로서 변증법을 말하고 있다. 마르크스는 물질적 세계가 역사전개의 기반으로 필연적으로 이루어지는 전개과정 속에서 모순을 발견하고 변증법을 설명하고 있다.

두 사람은 각각 모순의 내용을 다르게 주장하고 있다. 그러나 물질 속에는 서로 상반되거나 반대되는 것은 있을 수 있으나 그것은 물질이 존재하는 내용일 뿐 그것을 모순이라고 말할 수는 없다고 본다. 사유나 사유과정에서 있게 되는 서로 다른 내용은 인정할 수가 있다. 그러한 서로 반대되는 사유의 내용을 모순이라고 보는 것이 타당하다고 보고 있다.

헤겔 이전에 변증법론자들은 여럿이 있다고 하겠다. 그중에서 몇 사람의 변증법 내용을 소개하고자 한다. 크리시스포스(Chrysisppos: B.C.

281-208)는 타르소르(Tarssor) 출신으로 스토아 철학의 제2인자였다. 지식은 확실한 기초 위에서만 얻을 수 있다고 했다. 연소설을 주장하여 세계의 원질을 불(火)이라고 했다. 논리학과 변증법을 같은 것이라고 했고 변증법과 변론술은 진리를 얻게 하는 논리학의 두 부분이라고 했다. 변증법을 정립(定立), 반정립(反定立) 그리고 재정립(再定立)의 과정을 밟는 모순의 원리로 보았다. 이러한 견해는 후에 플로티노스로 이어졌다.

플로티노스(Plotinos: A.D. 204-269)는 플라톤 학파의 대표자로서 로마와 알렉산드리아 등지에서 활동했다. 변증법의 모순은 모든 사물들, 즉 존재 속에 있다고 하여 존재변증법론자가 되었다. 변증법은 모든 것이 변하지 않는 실재의 근거가 되며 모든 것 위에 초월해 있는 '일자(一者: The One)'라고 했다. 플라톤의 이데아(Idea)가 여러 가지 현상이나 단계로 나뉘어있는 것처럼 일자는 이성(Mous), 자연(Nature), 질료(Matter) 등으로 유출되어 개별화되며 나타난다고 했다. 그리고 일자는 다시 '다(多)'가 된다고 했다.

다는 다시 관상(觀相, Theoria)으로 되어 그 원인이었던 '일자'로 돌아간다. 플로티노스의 변증법은 일자가 유출되고 다(多)가 되어 다시 다가 관상으로 하여 일자로 감안되는 것이라고 했다. 그의 변증법의 모순은 존재 속에 있다고 하여 '존재변증법'론자로 불린다.

아우구스티누스(Augustinus: A.D. 354-430)는 플라톤의 이데아를 말씀(Logos)으로 바꾸고 말씀에 이르는 신을 중심으로 한 형이상학적 방법을 변증법이라고 했다. 그리고 변증법을 정의하거나 구별하는 술(術), 즉 의논을 할 때의 치밀하고 치밀하게 하는 '술'을 변증법이라고 했다.

디오니시우스 아레오파기타(Dionysius Areo Pagita)는 신은 지성이나 이성에 의해 설명될 수 없다. 신은 모든 존재의 원인이고 모든 본질의 저쪽에 위치하고 있기 때문에 이성으로 신을 알 수는 없다. 신을 전혀 모르는 것은 옳지 않으며 또 신에 대해 아는 것이 없다는 것, 즉 신에 대한 무지가 우리들의 신에 대한 참된 지식이 된다. 신을 적극적으로 긍정하거나 부정하는 것이 '모순'이다. 신을 긍정하는 것이 정립이며 신을 부정하는 것이 반정립이라고 했다. 디오니시우스의 변증법은 부정의 변증법이 되고 있다.

에크하르트(Meister Johannes Eckhart: A.D. 1260-1327)는 플로티노스의 '일자'를 신이라고 했다. 후에 헤겔(p. 55)에게서 볼 수 있었던 정립, 반정립, 종합 등 3단계를 변증법에 채택했다. 정립은 존재 그 자체인 신을 긍정했고 반정립은 신의 그의 피조물인 모든 것이 없이는 아무것도 될 수 없다고 했다. 창조 전에는 신은 신이 아니었고 피조물을 창조함으로써 신 자신을 창조한 것이다. 신이 창조하는 과정을 변증법이라고 한 것이다.

칸트(Immaneael Kant: A.D. 1724-1804)는 유한자로서의 인간이 주어진 사실을 사유할 때에 모순에 부딪치고 그것을 극복하여 보다 확실한 진리에 이르고자 하는 것, 즉 추상적 진리로부터 구체적인 절대적 진리로 옮겨가는 과정을 변증법이라고 했다. 칸트는 변증법을 선험적 변증법과 논리적 변증법으로 나누고 있다.

'선험적 변증법'이란 인간의 감각에 의한 착각에서 오는 선험적이며 초험적인 가상에 기초한 환상적 추론으로서의 변증법을 말한다. 황달 병자는 모든 것을 노랗게 보게 된다. 그렇게 보게 된 것은 모든 대상이 노란 것이기 때문이 아니다. 대상을 본 사람이 지니고 있는 황달병 때문에 나타난 현상을 모든 객체가 노란 것이라고 본 것이다. 인식주체가 가지고 있는 병 때문에 노랗게 보인 대상을 대상 자체가 노란 것이라고 착각한 것이다. 따라서 대상 자체 속에 있는 것이 아니고 인식주체자의 착각에서 비롯된 잘못된 가상을 모순으로 보는 변증법이 선험적 변증법이다.

'논리적 변증법'은 논리적 가상에 따라서 추론으로 설명되는 변증법을 말한다. 칸트의 변증법은 모순율을 극복하는 모순의 원리라고 알려지고 있다. 또 형이상학적 절대이념의 자기 전개과정이 변증법이라고 알려지고 있다. 칸트의 변증법은 존재의 변증법을 반대하는 '인식의 변증법'이라고 한다.

'모순(Widersprach)'은 변증법을 논함에 있어 매우 중요한 내용이다. 모순이 무엇인가, 또 어떻게 보는가 하는 데 따라서 변증법이 여러 가지 다른 내용으로 설명될 수 있기 때문이다. 유물론의 변증법에서는 모든 자연이나 사물 그리고 존재 속에는 모두 반대되는 것들이 있고 그러한 상반되는 것을 모순이라고 했다. 먹구름 뒤에는 밝은 햇빛이 빛나고 있다. 먹구름 아래에는 무섭게 폭우가 쏟아지고 있다. 밝은 햇빛과 쏟아지는 폭우는 서로 반대되는 자연현상이다. 바다 해면에는 높은 파도가 치고 있다. 이와 반대로 바다 해저에는 무거운 바다의 고요함이 있다. 해면과 해저의 자연현상은 상반되는 현상이 있게 된다. 이러한 자연이나 물질세계에 있는 반대되는 것을 모순으로 보는 변증법이 유물론 철학의 변증법이다. 존재 속에 있는 모순을 변증법으로 하여 '존재변증법'이 되고 있다.

'인식변증법'은 유한자인 인간이 어떤 일을 사유할 때에 그 사물의 본질을 구체적이며 완전하게 알지 못했을 때에 사유과정에서 부딪치게 되는 반대되는 사유의 내용을 모순이라고 보는 변증법을 말한다. 유한자인 인간이 절대자나 절대적 진리에 이르지 못하고 빠지는 인식과 사유를 모순이라고 보는 것이다. 존재 속에 모순이 있다고 보지 않고 인식과 사유 과정에 모순이 있다고 보는 것이다.

절대적이고 완전한 사랑을 찾아가는 과정 속에서 사랑하는 감정과 미워지는 감정이 서로 교차되는 사유를 하게 될 수 있다. 이때의 사랑하는 마음과 미워지는 생각은 서로 반대되는 사유의 내용이 되고 있다. 이러한 사유과정에 있게 되는 상반되는 사유의 내용을 모순이라고 보고 있다. 유한자인 인간이 어떤 명제나 대상을 인식하는 과정에서 완전히 이해하지 못하고 부딪치게 되는 내용을 모순이라고 하고 있다. 또 어떤 절대적인 지(知)에 이르는 과정에서 서로 다른 반대되는 사유를 할 때에 그러한 사유의 반대되는 것을 모순이라고 볼 수 있다. 모순을 인간의 인식과정에서 보는 변증법을 '인식변증법'이라 하며 존재변증법과 구별하고 있다.

존재변증법과 인식변증법에 있어서의 '모순'에 대한 주장을 검토해보았다. 과연 모순을 어떻게 보아야 할 것인가? 모순에 대해 다음에 보다 종합적인 논리를 전개해보고자 한다. 모순은 같은 대상을 전제해야 한다. 구름 위나 구름 아래는 같은 대상이 아니다. 해면과 해저도 역시 같은 자연의 대상이 아니다. 그렇게 같지 않은 자연의 대상은 서로 같지 않을 수 있고 반대되는 것일 수 있다. 그렇게 상반되는 대상은 서로 반대될 뿐이고 그것을 모순이라고 볼 수는 없다. 모순은 '같은 대상' 속에서 반대되는 것을 찾아야 한다.

모순은 '같은 시간', 즉 동시라는 전제에서 반대되는 것을 찾아야 한다. 자연의 물질뿐만이 아니고 인간의 사유도 시간을 달리하면 반대되는 내용이 될 수 있기 때문이다. 낮 12시와 밤 12시에 드러나는 자연의 실상이나, 인간이 느낄 수 있는 정감이 같을 수는 없다. 어떠한 반대를 모순으로 보기 위해서는 같은 시간에 드러난 현상이 반대되는 것을 전제로 해야 한다.

모순은 같은 조건에서 드러난 반대되는 것을 전제해야 한다. 물질이나 사유의 내용이 반대되는 것이 모순이 되기 위해서는 같은 조건하에서의 반대여야 한다. 어떤 자연현상이나 사유의 내용도 밝은 대낮과 암흑의 밤중에는 같을 수 없고 서로 반대될 수밖에 없다. 같은 시간, 동시에 같은 조건하에서의 반대되는 것을 '모순'이라고 해야 한다고 할 수 있다.

헤겔 이전에 변증법에 대한 몇 사람의 철학자들에 의해 주장되었던 내용을 간단히 요약했으나 현대 철학에 있어서의 변증법의 논의는 헤겔과 유물론자인 엥겔스의 변증법이 대표적인 것이라고 할 수 있다. 사르트르에 의해 주장된 자각변증법도 있으나 다음의 논의는 헤겔과 엥겔스의 변증법을 중심으로 요약 정리하고자 한다.

헤겔은 그의 저서인《정신현상학》에서 의식과 정신 그리고 경험에 관한 것을 쓴다고 했다. 의식과 정신이 참된 지(知)를 찾아 나아가는 내용을 살피고 다루고자 한다고 했다. 또한 정신이 여러 갈래의 길을 더듬어가는 과정에 관한 학문의 내용을 고찰한다고 했다. 이러한 것들이 그의 변증법의 내용이 된다고 볼 수 있다.

'변증법'이란 유한자인 인간이 사물이나 현상에 접하여 경험을 쌓아가는 과정에서 서로 반대되는 사유, 즉 모순을 극복하여 참된 지, 진리에 이르고자 하는 경험의 과정을 변증법이라고 했다. 그러한 사유의 과정에서 서로 반대되어 부딪치는 것을 모순이라고 했다. 정신이 경험하는 최초의 단계가 감성의 단계인 '감각'이 된다. 그것은 아무러한 규정도 되지 않는 있는 그대로의 인식이 된다. 그러한 감각은 오성에 의한 '지각'에 이르며 최후로 감성 인식의 '표상'의 단계에 이르며 논리적 인식의 단계에 계승되기도 한다. 이러한 감성단계의 감각에서 논리적 인식의 단계에 이르는 정신의 발전과 전개과정이 변증법이 되는 것이다.

정신현상학과는 달리 논리학에서는 사물에 대한 유(有, Sein), 본질(本質, Wesen), 개념(槪念, Begriffs) 등의 전개과정을 정신현상학의 각 단계에 대응시키고 있다. 논리학에서의 '유'를 정신현상학의 '감각'에 대응시키고 있다. '본질'은 지각의 단계에 '개념'은 표상의 단계와 이론적 인식의 단계에 대응시키고 있다. 논리학에서의 유가 본질이나 개념으로 전개되는 과정을 또한 변증법이라고 했다.

헤겔의 논리학에서의 사물에 대한 유는 정신현상학에서 아무러한 규정도 되지 않은 감각과 대응되며 같은 내용이다. 아무러한 사유도 가해지지 않은 사물일 뿐이다. '이것은 꽃이다'라거나 '이것은 책상이다'라고 하는 것은 단순히 있다는 것이 아니며 아무러한 규정도 가해지지 않은 '감각'의 인식이 아니다. 사유활동에 의해 판단된 것이다. '있다'고 하는 '유'는 책상이나 꽃이라는 사유에 따라서 위로 밀려나게 된다. 유는 '무'로 되는 것이다. 그러나 책상이라는 것은 다시 '있다'고 하는 감각의 대상이 된다. 책상은 다시 '유'로 인식될 수 있다는 것이다. 사물이나 존재는 유한자인 인간의 사유과정에서 유가 무로 되고 다시 무가 유로 되고 있다. 이러한 무가 다시 유로 되는 인식이 '성(成, Werden)'이다. 헤겔이 사물을 인식할 때에 유가 무로, 무가 다시 유로 전개되는 사유의 과정을 헤겔은 변증법이라고 했다.

'지금'이라는 것은 10시나 11시라고 하는 시간적 내용을 갖지 않는 순수하게 '있다'고 하는 유와 같은 것이다. "지금이 10시다" 할 때의 지금은 이미 흘러간 지금이다. "지금이 11시"라고 하면 10시라고 구체적으로 지적된 '지금'은 흘러가고 없는 지금이다. 지금 있는 '지금'과 흘러간 지금은 끊임없이 옮겨가는 지금이다. '지금'이라는 '유'가 흘러갔으나 새로운 '지금'으로 이어지는 것이 성이라고 했다. 이러한 유→무→성으로 이어지는 과정을 헤겔은 또 변증법이라고 했다.

헤겔의 변증법은 정신현상학이나 논리학에서 유한자인 인간의 사유과정을 전제로 하고 있다. 그러나 그의 철학은 절대자와의 관계를 떠나지 못하여 변증법에 있어서도 인간의 사유에 철저하게 일관하지 못했다는 비판을 받고 있다. 헤겔 철학에서 절대자는 무엇인가? 이 점에 대해 다음에 살펴보고자 한다.

헤겔은 절대자를 무한자(無限者) 또는 절대이념으로 부르고 있다. 무한자를 다시 악무한과 진무한으로 구별하고 있다. '악무한자(惡無限者, das Schlect Unendliche)'는 유한자를 자기의 외부에 가지고 있는 무한자, 즉 절대자를 뜻한다. 무한자에 대립해 있는 유한자를 전제한 무한자가 악무한자이다. '진무한자(眞無限者, das Wenrheit Unendliche)'란 자기 밖에 대립하는 어떤 유한자도 일체 가지고 있지 않는 무한자, 즉 절대자를 말한다. 무한자가 자기의 내부에 유한자를 가지고 있지 않는 무한자, 즉 절대자를 진무한이라고 했다. 에크하르트는 자기의 내부에 유한자를 가지고 있는 피조물을 창조함으로써 신 자신을 창조했다고 했다. 신 밖에 피조물이 있게 됨으로써 신은 신으로 되었다는 것이다. 에크하르트의 신은 '악무한'인 절대자가 된 것이다.

헤겔은 유한자의 사유와 인식의 과정에서 있게 되는 모순을 극복하여 절대적 참 진리에 이르는 과정을 변증법이라고 했다. 따라서 유한자인 인간의 독자성이 끝까지 일관하지 못하고 초월적인 절대자에 종속되는 것을 피할 수 없게 되었고 그것이 헤겔의 변증법이 비판받는 이유가 되었다. 진무한자인 절대자의 내부에 포함될 수밖에 없었던 유한자로서의 인간의 한계성이 여기 있게 된 것이다. 유물론의 변증법에 있어서도 인간이 객체화되어 물질이라는 '진무한의 물질'에 내포되므로 인식주체자로서의 인간의 독자성을 유지할 수 없게 된 것도 같은 맥락에서 알 수 있는 것이다.

헤겔은 모든 반대되는 것을 모순이라고 보지 않았다. 상반되는 것은 사물에 있는 하나의 현상일 뿐 모순은 아니다. 인식주체자가 대상을 완전히 알지 못 했을 때에 유한자인 인식주체자가 빠지는 것이 모순이다. 상반이 모순이 되기 위해서는 세 가지의 조건이 충족되어야 한다. 첫째는 같은 대상이나 명제 안에 상반이 있어야 하는 것이 하나의 조건이다. 둘째는 같은 시간에 있는 반대여야 한다. 동시에 셋째의 조건은 동일한 조건하에서 있는 반대여야 한다는 조건이다. 이렇게 동일한 것이, 같은 시간에, 같은 조건하에서 일어나는 반대가 모순이 된다고 보는 것이다.

헤겔의 모순은 인식과 사유과정에서 발견되는 것이지만 마르크스와 엥겔스의 모순은 모든 사물 속에 내재하며 전재된다고 보고 있다. 이러한 차이는 모순이 드러나는 형식과 대상이 다르기 때문에 변증법의 내용이 서로 다르게 나타나게 되는 것이다. 엥겔스는 모든 사물이 끊임없이 운동하며 변한다고 보았고 그러한 변화와 생성의 원인을 모순이라고 했다. 마오쩌둥은 모든 사물 속에 있는 모순이 모든 사물의 발전을 하게 한다고 했다. 모순을 포함하지 않는 사물은 하나도 없으며 모순이 없으면 세계는 없다고 했다.

객관적으로 존재하는 물질 속에 있다고 하는 모순은 그 물질이 존재하는 형식이며 내용일 뿐이다. 그러한 것을 모순이라고 생각하고 규정한 것은 인식주체자의 생각과 사유에 따른 것일 뿐이다. 이렇게 사물

사이에 있는 차이와 불균형이 드러내는 변화를 모순이라고 한 것은 잘못된 것이다. 오르막길이나 내리막길이란 자연 존재들이 존재하는 형태일 뿐이다. 상향이라거나 하향이라는 논리는 자연 속에는 없는 것이다. 그러한 논리는 그곳에서 오르거나 내리고자 하는 사람, 즉 인식주체자에게서 드러난 지형일 뿐이다. 자연의 현상은 그대로 있을 뿐이다. 자연이 존재하는 형태를 모순이라고 한 것은 잘못된 것이라고 하겠다. 이상에서 인식변증법에서 보고 있는 모순과 유물론자들이 보고 있는 모순, 특히 엥겔스 모순에 대해 살펴보았다. 다음에는 유물론자들이 보고 있는 모순, 특히 엥겔스가 설명하는 변증법적인 모순이 전개하고 있는 '법칙'의 내용을 살펴보고자 한다.

23. 엥겔스의 변증법의 법칙

'양(量)의 질(質)에의 전환의 법칙'이란 어떤 사물에 대한 양적 변화가 일정한 한도를 넘게 되면 질적인 변화를 일으킨다는 변증법의 법칙이다. 물에 열을 가하여 액체상태의 물이 정(定)의 상태인 액체상태를 부정하고 반(反)인 기체상태인 질적 상태로 변한다는 법칙이다. 이러한 법칙은 헤겔의 논리의 과학에서 엥겔스가 따온 내용이다.

헤겔은 말에 짐을 실었을 때 말이 일정한 양의 짐을 견디고 주저앉기까지의 짐의 양과 말이 견디기까지의 배합을 쓰고 있다. 그러한 말이 견디기까지의 배합이 파괴된 후에 짐을 더 얹게 되면 말은 견디지 못하고 주저앉게 된다. 말과 짐의 배합이 파괴되는 것이다. 어떠한 사물이든지 그 양과 질은 일정한 관계를 맺고 있다. 이 말과 짐과의 관계를 마르크스는 물에 열을 가했을 때의 변화로 설명하고 있는 것이다. 모든 사물에 있는 어떤 양적 증가가 질적 변화를 일으킨다고 한 것이다.

이러한 예를 생산력과 생산관계의 변화를 설명하는 데 적용하고 있다. 생산력의 확대, 즉 생산력의 양적 증가가 생산관계의 질적 변화를 일으킨다는 것이 되었다. 그러한 변화는 물이 수증기로 될 때와 같이 돌연한 변화, 즉 폭력적이며 혁명적인 변화를 일으키게 된다고 했다. 폭력과 계급투쟁 변증법의 논리와 일치된다고 한 것이다. 개량주의와 타협적인 논리를 부정하기 위한 논리로 삼고자 한 것이다.

"자연과학은 자연이 변증법적으로 진전되고 있다는 것을 증명하고 있다." 엥겔스는 이렇게 말하며, 변증법의 논리를 과학적인 것이라고 강조하고 있다. 그러나 과학자들은 어떤 질을 양으로 바꿔놓고 있을 뿐이고 양의 변화가 질의 변화로 된다고 설명하지는 않는다. 어떤 물질의 질을 과학자들은 양(量)의 기호로 표현하고 있는 것이다. 물이 100℃로 끓었을 때에 액체인 물은 기체인 수증기로 된다. 액체인 물은 그릇에 담겨서 지면에 놓여있다. 수증기는 공중으로 떠서 올라가게 된다. 액체인 물과 수증기는 전혀 다른 질의 존재가 되었다고 보고 있다.

그러나 물과 수증기는 외형상 다른 질의 물질이라고 보고 있으나 그것은 외형적인 변화일 뿐이고, 물질의 질적인 변화는 아니다. 물과 수증기는 존재하는 외형적 형태는 다른 것으로 보이지만 물과 수증기는 본질적으로 '물(H_2O)'인 것이다. 본질인 H_2O의 질이 바뀐 것은 아니다. 물과 수증기의 본질은 H_2O이다. 나무도 아니며 광물질이 된 것도 아니다. 그 존재하는 외형이 바뀌었고 그것이 있게 되는 장소, 즉 지상과 공중이라는 위치가 변화되었을 뿐이다. 양의 증가는 질적 변화가 된다는 유물론의 변증법은 그들이 주장하는바 과학이 아니다. 물은 수증기가 될 수 있으나 수증기는 냉각되면 다시 액체인 물이 된다. 양의 증가가 질적 변화로 이어진다는 엥겔스 변증법은 잘못된 것이다.

대립물 통일의 법칙

모든 사물은 상반되는 것을 그 내부에 가지고 있다. 자석의 S극과 N극, 미분과 적분, 빛과 어두움, 오르막길과 내리막길 등과 같이 서로 반대되는 대립물로 되어있다. 이렇게 반대되어있는 것을 '모순(矛盾, Contradiction)'이라고 했다. 또 모순에는 보편적 모순과 특별한 모순이 있다고 했다. '보편적 모순'이란 숲속에 있는 모든 동물, 곤충과 새들 사이에 있는 서로 반대되는 다른 것들 사이에 있는 것들의 모순이다. 엥겔스는 모든 사물에는 운동이 있고 그러한 운동을 할 수 있는 것은 모순이 있기 때문이라고 했다. 이러한 모순을 보편적 모순이라고 했다.

자연의 물질은 운동에 있어서 그 형태가 다양하며 구별되는 것이다. 소리(音), 빛(光), 열(熱), 분해(分解)와 화합(和合)과 같이 서로 반대되는 내용이 특별한 것들이 있다. 이렇게 특별히 반대되는 모순을 '특수한 모순'이라고 했다.

마오쩌둥은 모순을 가지고 있지 않는 사물은 있을 수 없다고 했다. 사람이 사물 사이에 있는 모순을 알게 되는 것은 그 사물 내부에 모순이 있기 때문이다. 모든 사물의 생명을 결정하며 발전하게 하는 것은 모순이 서로 대립하고 있으며 서로 간의 상호 투쟁이 사물 속의 운동을 가능하게 하고 있기 때문이다. 모든 사물의 운동은 모순 때문이라고 하고 있다.

암석이 풍화되며 철이 산화되며 사람이 음식을 섭취하고 배설하는 것도 서로 반대되는 것이며 모순이라고 했다. 이렇게 볼 때에 모든 사물에는 상반되며 대립하는 모순이 있고 그러한 모순에 의해 변화와 운동이 있게 된다고 했다. 이렇게 대립물의 투쟁에 의해 통일된다고 보는 변증법의 법칙이 '대립물 통일의 법칙'이다.

마르크스는 자연의 사물만이 아니라 인간의 사회에도 상반과 대립의 모순이 있다고 했다. 일정한 생산관계는 생산력에 따라서 있게 된다. 생산관계는 개인이 재산을 소유하는 사유재산 제도와 국가가 생산력을 소유하며 관리 운영하는 국유재산 제도가 있다. 뿐만 아니라 개인이나 국가가 모든 재산을 소유하며 관리하지 않고 모든 사람들이 재산을 공유하는 공유재산 제도도 있다. 그러한 재산의 소유관계는 생산력에 의해 만들어지며 결정된다. 생산력과 생산관계는 상반되며 대립되는 속성을 갖고 있다. 생산력은 기술과 생산기계의 발전에 따라서 결정되기 때문에 생산기술과 생산도구나 기계는 계속 성장하여 발전하는 속성을 가지게 된다.

그러나 생산관계는 개인이 갖거나 국가가 갖거나 그 소유의 형태를 그대로 유지하고자 하는 고정적인 속성을 갖고 있다. 계속 성장하며 발전하고자 하는 생산력의 속성과 일단 소유하게 된 재산의 소유를 계속 유지하고자 하는 속성은 서로 반대되며 대립된다고 보았다. 생산력과 생산관계의 대립은 곧 모순이 되는 것이다. 계속 성장 발전하는 생산력은 그 생산력이 적었던 때에 만들어진 생산관계를 그대로 유지하지 못하게 하는 정도로 커지게 되고 생산관계와의 모순이 점차 커지게 되고 생산관계를 파괴하게 되는 생산력과 생산관계의 파국점(破局點)에 이르게 된다. 극도의 상반과 대립의 모순이 나타나게 된다. 이때에 사유재산 제도하(下)의 개인 재산의 소유, 사유재산 제도의 자본주의 체제가 무너지게 된다.

이러한 유물론의 변증법, 대립물 통일에 대한 법칙에는 몇 가지 문제점이 있다고 본다. 첫째, 생산력의 발전은 생산기술과 생산도구나 기계 등의 발전에 따라서 결정되는 것이다. 그러나 생산기술이나 생산기계의 발전은 그것을 조직하고 관리하며 경영하는 공장주나 기업가 등 사람들이다. 생산력의 발전이 자본주의 사회의 생산력을 소유하며 관리 · 운영하는 사람들이 그 소유가 생산력에 의해 파괴되는 파국점으로 이어지는 것을 그대로 방관하지는 않을 것이다. 그 소유와 관리운영을 개선 · 개량하여 파국점으로 연결되는 것을 막으려고 할 것이다. 이러한 인간의 노력을 무시하고, 하나의 물체인 생산력과 생산과의 모순을 극대화한 '대립물 통일의 법칙'은 잘못된 것이다.

둘째, 엥겔스는 자본주의 체제의 생산력의 성장과 발전이 곧 생산관계에 있어서의 개인적 사유제도와 파국점을 이루어 자본주의 사회의 필연적인 붕괴를 확신하고 있었다. 그러나 대립물 통일의 법칙이 발표되고 100여 년이 지났고 과학이나 생산기술 그리고 생산기계 등이 놀라울 정도로 발전하여 그 당시의 생산력과는 비교가 될 수 없을 정도로 크게 되었다. 생산력과 생산관계의 대립이 극대화되어야 하겠으나 그러한 파국점은 만들어지지 않고 있다. 생산력의 발전과 확대가 자본제 사회의 필연적인 붕괴로 이어진다고 한 변증법의 법칙은 역사 현장에서 실현되고 있지 않다.

이러한 사물의 모든 상반과 대립의 모순이 파국점에 이르러 개인소유의 사유재산 제도가 필연적으로 폭력과 계급투쟁에 의한 혁명을 주장했으나 그러한 가정은 잘못된 것으로 되었다. 인간의 이성과 지혜에 의해 유물론적인 변증법의 법칙은 벗어나게 된 것이다. 이러한 공장주나 생산력을 소유한 사람들이 그들의 소유와 관리 · 운영을 어떻게 개선하며 개혁했는가 하는 내용을, 마르크스주의의 경제이론을 설명하는 프랑스의 경제학자 J. 페루의 설명을 고찰하여 보고자 한다.

물론 20세기에 러시아 혁명, 중국의 마오쩌둥 혁명, 베트남과 쿠바의 혁명이 있었으나 그 나라의 생산력이 고도화되어 생산관계와의 모순이 파국점에 이르러 성취된 혁명은 아니었다. 엥겔스의 대립물 통일의 변증법은 역사의 현장에서 실현되고 있지 않다. 마르크스주의의 도전을 넘어서 자본주의 체제는 그대로 번영하고 있다.

부정의 부정의 법칙

보리알을 땅에 묻으면 싹이 튼다. 땅에 묻은 보리알을 부정하고 싹이 튼 것이라고 했다. 이렇게 나온 싹을 다시 부정하고 보릿대가 된다. 보릿대를 부정하고 보리 이삭이 나오게 된다. 그리고 열매가 맺히게 된다. 보리알은 하나의 유(有)이다. 유를 부정하고 그러한 부정을 다시 부정하는 것을 유물론의 변증법에서는 '부정의 부정의 법칙'으로 설명하고 있다.

땅에 묻은 보리알이 여러 차례의 부정의 과정을 거쳐서 보리가 생산되는 것이다. 여러 차례의 부정을 거쳐서 생산된 보리알은 10배나 그 이상의 양으로 생산된다. 그러나 그러한 보리알은 처음 땅에 묻었던 보리알과 같은 것이다. 수적으로 많이 늘었으나 땅에 처음 묻혔던 보리알과 다르거나 새로운 다른 질의 보리를 생산하지는 못했다. '콩 심은 데 콩 나고, 팥 심은 데 팥이 나는' 이외의 다른 의미가 없는 것이다.

헤겔은 부정을 다시 부정하여 얻게 되는 논리로 '지양(止揚, Aufheben)'이라는 말을 쓰고 있다. 지양은 인간의 사유과정과 결과를 설명하기 위한 것이었다. 헤겔의 지양론은 사유과정에서 나타나는 부정을 부정하면 전에 있었던 어떤 사유내용을 없앤다는 내용이 된다. 그러나 모든 것을 부정하며 없애는 것이 아니다. 부정하고 없앤 사유내용보다 더 새롭고 더 높은 사유내용을 갖게 된다는 것이 헤겔의 지양이다.

어떤 사람이 한 여인을 사랑하고 있다. 사랑이 거듭되면서 미움으로 바뀔 수도 있다. 그러나 미운 생각이 사랑하는 마음으로 바뀌기도 한다. 사랑과 미움을 부정하면서 미운 생각을 없애고 사랑하는 마음을 갖게 되었다. 이러한 거듭되는 사유를 통해 얻게 된 사랑의 마음은 '더 새롭고 깊은 사랑의 마음'으로 바뀔 수 있다.

헤겔의 사유 속에 있는 지양은 모든 것을 없앤다는 것이 아니다. 사유과정에 있었던 어떤 것을 없애고 '그보다 높은 단계의 의미와 사유를 갖는다는 것'이 헤겔의 사유의 중요한 내용이다. 거듭되는 부정을 통해 유물론의 법칙이 얻게 되는 '최종'의 것은 처음에 있었던 것을 수적으로 늘릴 수 있을 뿐 보다 새롭고 발전된 것으로 바꿀 수는 없다는 결론이 된다. 수적으로 증가된 것은 보리알이 싹을 틔우고 열매로 결실하기까지 흡수한 수분과 비료 그리고 햇빛 등이 복합되어 이루어진 것뿐이다.

마오쩌둥의 모순론과 변증법

마오쩌둥의 모순론은 1937년 실천론에 이어 당내의 교조주의자들의 과오를 지적하며 시정하기 위해 연안 항일군 정치대학에서 행한 강연 내용에 포함되어있다. 2개의 세계관 모순의 보편성과 특수성, 모순의 동일성과 투쟁성, 적대적 모순과 비적대적 모순에 관한 것이 그 중요한 내용이 되고 있다. 마오쩌둥의 모순론에서 가장 중요한 내용은 '적대적 모순'에 관한 것이다.

모순의 투쟁성을 적대적 모순과 비적대적 모순으로 나누고 있다. '적대적 모순'은 자연과 물질 속에는 없는 것이다. 그것은 계급적 대립이 있는 사회에만 있는 모순이라고 했다. 부르주아 사회를 붕괴시키게 될 모순이 계급적인 적대적 모순이다. '비적대적 모순'이란 사물 사이에 있는 차이 또는 반대되는 것을 뜻하며 자연 속에 있는 변화나 운동을 가능하게 하는 모순이다.

러시아의 소비에트 혁명에 의해 소비에트 정권이 수립되고 계급이 소멸되었다. 계급이 없어졌기 때문에 적대적 모순이 없어지게 되었다. 적대적 모순과 상대적인 모순은 상대적이며 조건적인 것이다. 고정적이거나 절대적인 것이 아니다. 그러나 적대적인 모순이 비적대적인 모순으로 되는 것은 계급사회에서는 있을 수 없다. 적대적 모순은 반드시 혁명적 방법으로만 극복되기 때문이다. 계급의 소멸이 혁명 이외의 방법으로 없어질 수 없기 때문이다.

공산당이 혁명에 의해 집권하여 무계급사회가 되었을 때에 계급은 없어졌기 때문에 적대적 모순이 비적대적 모순으로 바뀌게 되었다고 보았다. 소비에트 체제하의 소련에는 이제 적대적 모순은 없어진 것이라고 했다. 모순의 투쟁성을 적대적 모순과 비적대적 모순으로 분류한 것은 공산체제에 정당성과 합리성을 부여한 것이다. 모순론에 대한 마오쩌둥의 주장이 그러한 기여를 하고 있다. "공산 세계에는 적대적 모순은 존재하지 않는다." 계급을 철폐한 공산 세계에는 적대적 모순이 없다는 결론이 되었다. 혁명에 의해 타파해야 할 모순은 없게 되었다는 주장이다.

24. 자각변증법

헤겔은 인간이 무한자, 절대자의 밖에 있으면서 무한자와 대립해 있지 않고 무한자에 내속(來屬)해 있다고 했다. 마르크스는 인간이 객체화(客體化)되어 물질 속에 내포되어 자연의 한 인자(因子)가 되고 있다고 했다. 이러한 인간들은 절대자의 섭리에 따라서 사는 인간이 되었고, 객체화되어 자연의 한 인자가 된 인간들은 자연의 존재 형식이나 전개되는 법칙에 순종하여 살아가는 인간들이 되었다. 그러나 실존주의 철학자인 사르트르는 헤겔이나 마르크스와는 다른 인간을 규정하고 있다.

사르트르는 스스로가 인간이고자 하여 절대자의 섭리나 물질세계가 전개되는 법칙에서 벗어나 살고자 하는 인간들을 들고 있다. 절대자나 물신(物神)의 초월적인 명령을 받고 행동하고자 하지 않는 인간이다. 그러한 인간은 스스로 자유로워야 한다. 신이나 절대자 그리고 물질 속에 내속되거나 객체화되지 않아야 한다. 모든 것에 '자유'롭고 그가 원하는 대로 '선택'할 수 있어야 한다. 직업이나 배우자 그리고 생활 근거지와 생활양식을 스스로 자유롭게 선택할 수 있는 인간들이다. 모든 것을 자유롭게 선택했기 때문에 그러한 선택에 대해 '책임'을 지는 인간이 되어야 한다. 이러한 인간을 사르트르는 '인간의 주체성'이라 했다. 이러한 주체성을 가지고 있는 인간의 자유와 선택 그리고 책임의 과정을 사는 것을 '지각변증법'으로 설명했다.

주체성을 주장하는 실존주의자는 유신론자와 무신론자의 두 갈래로 구분된다. 키르케고르는 유신론적인 입장을 대표한다. 자유로운 인간이기 위해 신의 보증을 끌어들이지 않는다. 사르트르는 신의 보증이 아닌 '타자(他者)'를 관여(關與, 앙가주망)하고 있다. 이러한 주체성을 가지고 있는 인간은 무한자인 절대자나 물질의 절대성에 의존하지 않는다. 그러나 이러한 인간은 혼자 사는 것이 아니다. '타자들', 즉 다른 사람들과 같이 살아가는 것이다. 살고 있는 사회의 여러 규범이나 제도 속에 살게 된다. 신이나 물질에 의존하지 않으나 더불어 같이 사는 사람들이나 제도에 관계하며 살고 있다. 사르트르는 이것을 '관여'라고 했다. 신이나 물질이 아닌 타자를 끌어들이고 있다. 인간의 자유로운 관계는 '공동 존재(Mit-Sein)'로 있게 된다. 그러나 타자들은 관여하는 타자를 지배하거나 소유하지 않는다. 서로의 자유를 승인하면서 타자들이 관여하는 것이다.

사르트르가 말하는 타자를 관여시킨다는 것은 다른 사람을 관여시킨다는 것만은 아니다. 집을 건축한다면 마음대로 집을 건축하는 것이 아니다. 사회가 정하고 있는 건축법이나 도시계획 등이 정하는 바에 따라야 하는 것이다. 결혼을 한다면 그 사회가 정하고 있는 결혼의 관행을 따라야 한다. 일부일처제나 다처제 등이 정하는 바를 따라야 한다. 사람들은 자유로운 선택을 할 수 있으나 개인들의 주관에 따라 마음대로 되는 것이 아니다.

유물론자들이 말하고 있는 실천은 존재와 의식이 일치한 것을 검증할 뿐이고 보다 높은 단계로 나아가지는 못한다. 주체성이 없는 실천은 이론적 진리를 파악하는 데 그친다. 예컨대 산소와 수소가 결합하여 물인 H_2O가 된다는 것은 이론적 진리가 될 뿐이다. 그것은 실험관 속에서 실천되는 실험에 의해 검증된 것이다. 그러나 실천적 진리는 주체성을 갖는 인간에 의해 선택되고 타자를 관여시킨 주체성을 가지고 있는 인간의 자각에 의해 파악되는 것이라고 했다.

자연과 물질 앞에 놓여있는 거울에 반영된 객관적이며 독립해 있는 물질은 있는 그대로가 거울에 비친다고 하는 반영의 논리는 이론적인 진리일 뿐이다. 이러한 이론적 진리를 보다 높은 단계로 옮기는 것은 주체성을 갖는 인간에 의한 자각에 따른 것이며 그것이 참된 '실천적 진리'가 된다고 한다. 거울이 사물을 반영한다는 이론적 진리를 통해 자동차의 백미러를 만들거나 잠수함의 잠망경으로 만들 수 있는 것은 실천적 진리에 따른 것이다. 이러한 실천적 진리는 주체성을 가지고 있는 인간에 의해 선택된 것이라고 할 수 있다.

인간이고자 하는 인간이기 위해 절대자나 물신(物神)으로부터 자유롭고자 하는 인간, 그러한 자유로운 인간이 선택하며 살아가고 그러한 선택에 대해 모든 책임을 지며 살아가는 인간의 삶을 전제한 것이 사르트르의 '자각변증법'이다. 자유로운 자각에 의한 실천을 통해 보다 높은 단계의 선택을 하는 것이 사르트르가 주장하는 자각변증법이다.

엥겔스는 인식은 물질 속에 있는 모순이 반영된 '모상(模像)'이라고 하여 인식주체자의 적극적인 인식을 무시했다. 헤겔은 인식과정에 있어서의 모순이 변증법의 전제가 된다고 했다. 그러나 사르트르는 "주체자인 인간의 자각과 자유를 실현하는 논리가 변증법이 된다"고 했다.

제5장 유물사관

25. 유물사관 논의의 배경

자연과학의 발전은 자연현상에 대한 객관적 법칙을 발전하게 했고 과학적 연구방법을 제시했다. 산업혁명 이후 유럽의 산업과 공업화는 과학적 생산과 생산기술과 운영기술을 발전시켰다. 공장주들은 거대한 부를 창출했으나 프로 계급은 빈곤한 큰 집단이 되고 있었다. 이들의 노동운동은 폭력혁명과 계급투쟁 등 정치투쟁으로 발전되어갔고 정치권력을 장악하는 방향으로 진전되고 있었다.

마르크스는 역사에 관한 지식을 추구하며 변화되는 독자적인 역사를 알려고 하는 '사학적 의식(Historische Bewusstsein)'을 기초로 한 사회현상의 영역에 유물론을 적용하여 유물사관(唯物史觀)의 이론을 제시했다. 변증법적인 유물론의 원리를 사회생활과 역사 현상의 문제에 적용한 것이 유물사관이다. 유물사관은 사적 유물론이라고 하나 그것은 역사와 구별되는 역사철학이라고 할 수 있다.

이미 이상주의론에서 언급했지만 역사의식의 차이에 의해 역사의 인식은 다르게 마련이다. 역사의 과거와 현재 그리고 미래를 어떻게 보느냐에 따라서 역사의 진전을 낙관할 수도 있고 비관할 수도 있는 것이다. 역사를 낙관적으로 볼 때에는 사회개량이나 개혁이 점진적이며 개량된다고 보게 된다. 그러나 역사의 진전을 비관적으로 볼 때에는 폭력이나 혁명의 수단이 제시되어 급진적인 변혁이 주장되는 것이 일반적이다.

개량주의자였던 생 시몽은 역사를 네 부분으로 나누고 있었다. 과거에는 교회를 중심으로 한 종교 속에 산업이 포함되어 있었으나 현재는 교회 속에 내포되었던 산업을 의회를 중심으로 한 산업으로 발전시키고 있다. C. 푸리에는 역사를 4단계로 구분했다. "사자가 인간에게 시중들게 되어 종이 되며 바닷물을 담수화하여 마실 수 있고 고래가 바다에서 사람을 위해 배를 끌게 되는 역사의 황금기가 지금 막 시작되었다"고 했다. 그러나 이러한 황금기 뒤에는 유멸기가 되고 그 뒤에 이어지는 역사를 멸망기가 된다고 했다. 유멸기와 멸망기가 된다고 역사의 미래를 보았으나 지금 막 시작된 '황금기'가 7만 년이나 계속될 것으로 보았기에 푸리에는 역사를 극히 낙관적으로 보았다고 할 수 있다. 역사를 비관적으로 보지 않고 낙관적으로 보았으므로 역사의 진전에 폭력이나 계급투쟁 등 혁명은 있을 수 없고 점진적으로 개량되는 역사로 보고 있다.

마르크스는 역사를 5단계로 구분했다. 1846년에 발표한 《도이체 이데올로기》(*The German Ideology*)에서 그렇게 쓰고 있다. 그러나 마르크스는 푸리에와는 달리 역사를 비판적으로 보았다. 이를 극복하려고 하는 역사의식에 따라서 새 시대에 적용할 사관을 정립했다. 역사의 변혁과 추진력은 혁명이다. 혁명은 역사를 변하게 하며 밀고 가는 추진력이라고 했다. 레닌은 마르크스의 유물사관에 대해 다음과 같은 말을 했다.

"지금까지의 역사이론은 역사에 관한 동기만을 대상으로 삼고 있었다. 그러나 그러한 동기가 무엇에 의해 생겼는가를 알지 못했다. 또한 사회의 여러 관계가 발전하는 근거를 제시하지 못했다. 동시에 물질적 생산의 발전단계에 대하여도 별로 주의하지 않았다. 유물사관은 역사에 관한 동기가 있게 된 내용을 밝히고 있다. 또한 물질적 생산의 중요성을 제시하고 있다. 이러한 내용이 유물사관의 특징이라고 할 수 있다."

유물사관은 역사적인 행동의 근거와 합법칙성을 발견하여 제시했고 역사 발전의 추진력을 대중화된 계급적 집단 속에서 찾고자 했다. 변증법적 유물론을 사회현상 속에 적용했으며 '자연적 존재가 사회적 의식을 결정한다'는 토대 위에서 출발했다. 현실과 객관적 세계를 대상으로 삼고 있을 뿐 신이나 사변적인 정신이나 이념 같은 것을 모두 거부하고 있다고 했다.

마르크스는 역사를 어떤 개인이나 민족집단에서는 아무러한 의미가 없다고 보았다. 계급적 집단 속에서만 역사의 의미를 발견하고자 했다. 유물사관은 계급화된 대중과 객관적이며 독립해 있는 물질 등 두 가지 점에서 역사의 의미를 발견하고자 했을 뿐이다.

'유물사관에 관한 논의'는 1845년 발표된《신성 가족》(*The holy Family*)에서 처음 쓰였다. 관념은 아무러한 것도 이룰 수가 없다. 관념이 실현되기 위해서는 실제로 활동하는 인간이 필요할 뿐이라고 했다.

역사에 관한 실제의 역할에 관한 연구는 1846년에 발표된《도이체 이데올로기》에서 비롯된다. 마르크스는 소유관계를 중심으로 한 역사를 5단계로 쓰고 있다. 그러나 1857년에 쓴 "자본주의 생산 이전의 소유관계에 관한 노트"에서는 '아세아적 생산방법'이라는 소유관계를 쓰고 있다.

그러나 유물사관에서는 아세아적 생산방법에 관한 가설을 버리고 역사 발전에 관한 5단계설을 주장하고 있다. 1931년 레닌그라드에서 있었던 회의에서 장시간의 토의와 논의 끝에 그렇게 결정하게 되었다. 유물사관은 과거와 현재 그리고 미래에 역사 발전에 토대가 되는 것이라고 했다.

26. 유물사관의 내용과 비판

유물사관은 관념사관을 비판하고 있다. 관념사관은 정신과 의식에 대해서만 문제를 삼고 있고 자연이나 사회와 세계에 대해서는 별로 언급이 없다고 했다. 세계와 존재를 변화시키고자 하지 않았고 관념만을 변화시키고자 했다. 그러나 역사는 인간의 희망이나 의지에 따라서 만들어지는 것이 아니다. 역사에 관여하는 인간의 희망과 의욕 그리고 목적은 역사를 결정하는 물질의 존재나 사회적 존재의 변화를 돕기도 한다. 그런 것들이 역사 발전의 필연성을 돕고 보충하는 우연성으로 작용되기도 한다. 따라서 역사는 그 변화와 발전에 있어서 필연성과 우연성이 결합하여 만들어진다고 볼 수 있다.

하나의 우연성이 인간의 희망과 목적으로 작용하여 역사의 내부에 있는 역사 발전의 필연성과 연관되어 역사 발전을 돕는다고 보는 것이다. 그러나 그러한 역할은 개인으로서는 할 수 없고 계급적 집단만이 할 수 있다는 논리가 유물사관이다. 이상과 같은 전제에서 유물사관이 주장하는 내용을 다음에 살펴보고자 한다.

마르크스는 경제학 비판에서 유물사관의 내용을 다음과 같이 말하고 있다. "모든 생산단계에 있는 물질적 생산력이 경제의 기본이 되며 사회와 역사의 현실적인 토대가 된다. 물질적 생산력에 의해 만들어지고 있는 사회의 정신적이며 문화적인 것들인 정치, 법률, 철학, 종교 같은 것들의 토대가 된다. 물질적 생산력이 사회와 역사의 기본이 되는 토대가 된다. 이러한 토대에 상응하여 만들어지는 것이 상부구조(上部構造)로 되는 것이다."

'상부구조'는 인간의 의지로 만들어지는 것이 아니다. 사회적 존재인 토대에 의해 결정되며 만들어진다고 했다. 이에 대해 레닌은 다음과 같이 주장하고 있다. '토대'란 사회 발전 단계에 있는 경제제도라고 했다. 상부구조는 정치, 법률, 철학, 종교 등이 포함되는 견해라고 했다. 모든 사회와 역사에는 토대가 있으며 그에 상응한 상부구조를 갖는다. 토대가 변하거나 없어지면 상부구조도 변하거나 없어진다. 또한 새로운 토대가 생기면 그것에 따르는 새로운 상부구조가 생기게 된다. 새로운 정치, 법률, 철학과 종교가 만들어진다고 했다.

스탈린은 객관적 역사관론자이다. 객관주의 역사관은 역사에 있는 객관적 법칙을 강조하고 있다. 역사는 인간의 의지나 목적에 의하지 않고 사회과학적인 객관적 법칙이 인간 사회의 역사를 지배한다는 역사관이다. 계급적인 인간이 역사의 변혁이나 역사 발전의 법칙에 따라서 활동한다는 필연성을 주장하고 있다. 스탈린은 객관적 역사관에 따라서 유물사관의 내용을 지지하고 있다.

유물사관과는 달리 상부구조인 정치, 법률, 철학, 종교 같은 것이 경제제도라고 하는 토대의 내용을 바꿀 수 있다는 사실을 유물사관은 인정하지 않고 있다. 그러나 역사의 현장에서는 정치가 법률이나 철학을 개정하여 경제제도인 토대를 바꿨던 일을 찾아볼 수가 있다. 일본의 메이지유신은 정치적 변혁이 일본의 경제적 발전을 실천하고 있었다. 우리의 5.16 군사정변 이후 정치적 변혁과 개혁이 잘 살아보자는 철학과 우리의 희망과 의지 속에서 경제적인 부흥을 이룩했다. 조국 근대화를 위한 철학적 의지가 경제적인 발전을 가능하게 했다는 것이다. 이러한 역사적인 사실은 상부구조에 의해 하부구조인 경제의 발전을 가능하게 했다고 여겨진다. 역사 발전과 사회발전은 하부구조의 역할만에 의해 실천된다는 것이 아니다. 유물사관이 말하고 있는 토대와 상부구조는 서로 연관되며 작용한다는 것을 유물사관은 간과하고 있는 것이다. 그러나 그 논리가 독단적인 것으로 잘못되었다는 것을 지적하고 싶다.

유물사관은 역사와 사회의 발전을 가능하게 하는 것은 토대인 경제제도라고 하고 있다. 경제란 생산방법과 분배방법이 결합된 것이라고 설명하고 있다. 생산방법은 경제의 중요한 내용이 되며 분배방법은 생산방법과 함께 경제의 보조적 역할을 한다고 하였다. 여기서 말하고 있는 생산방법은 생산력과 생산관계와의 관계를 포함하고 있다.

'생산력'이란 생산도구, 생산기술, 그리고 생산자료 등이 결합하여 필요한 상품을 생산할 수 있는 모든 능력, 즉 생산할 수 있는 총력을 뜻한다. 생산도구와 기술은 시간이 흐를수록 성장하고 발전한다. 시간이 지날수록 생산력은 퇴보하지 않고 계속 성장하여 발전하는 특성이 있다고 했다.

'생산관계'란 생산에 동원되는 도구, 기계, 원료 그리고 공장 등 생산수단을 소유하는 관계를 뜻한다. 생산수단을 소유하는 방법은 대개 세 가지로 분류되고 있다. 개인이 사적으로 생산수단을 소유하는 '사유재산 제도', 국가가 생산수단을 소유하는 '국유재산 제도'와 모든 사람들이 공동으로 소유하는 '공유재산 제도'가 있다. 고대로부터 있었던 사유재산 제도를 이상주의자들은 죄악시했고 재산의 공동소유인 공유재산 제도를 실현해야 한다고 주장하고 있었다. 유물사관에서는 사유재산 제도의 철폐와 공유재산 제도의 실현을 이상으로 하고 있으며 그 실천의 필연성을 예언하고 있다.

생산력은 생산수단과 기술의 개발과 발전에 의하여 결정된다는 것이 유물사관의 내용이었다. 그러나 생산기술은 노동하는 인간이 노동대상에서 얻은 인식내용을 실천하는 경험에서 얻게 되는 것이다. 그것은 단순히 물질 사이에서 얻어지는 것이 아니다. 노동하는 인간이 만들어가는 경험의 결과인 것이다. 따라서 생산력은 단순한 물질적 내용이라고 한 것은 잘못된 것이다. 생산력을 결정하는 것은 물질적 변형에서 만들어지는 것이 아니다. 인간의 경험에 의하여 만들어진다고 보아야 한다. 따라서 생산력이 경제의 기본이 되며 역사 변혁의 인간 노동을 빼놓고 물질적 작용이라고 한 것은 잘못된 것이다. 마르크스나 그 후계자들이 생산력에 관한 분석과 연구를 깊이 있게 하지 않고 유물사관의 논리를 세우고 받아들인 것이 잘못되었다는 것이 지적될 수 있다.

'생산수단'을 소유하는 것은 인간이다. 생산수단을 소유하면서 그것이 자신에게 이익이 되도록 관리하며 소유하고자 할 것이다. 자기가 소유하고 있는 생산력의 성장과 발전 그리고 확대가 자기가 소유하는 생산관계와의 파국점에 이르러 자신의 소유를 파괴하는 것을 방관하거나 포기하고자 하지 않는 것이 생산수단을 소유하는 인간의 의지일 것이다. 생산관계의 소유관계는 물질적 조건에 따라서 결정되는 것이 아니다. 생산관계는 인간과 물질 서로 간의 관계이며 특히 인간의 의지와 목적 그리고 이성에 따르는 것이다. 생산관계를 물질적 파국점만을 앞세우고 인간으로부터 떼어놓은 논리는 정당하다고 할 수 없다.

생산수단을 소유하고 있는 사람은 지금 그가 누리고 있는 사유재산 제도가 그대로 유지 보존되는 방향으로 생산기계나 도구를 관리하고자 할 것이다. 더구나 소유하고 있는 생산수단과 생산력이 파국점을 만들어 소유하고 있는 생산관계가 파괴되는 것을 막고 소유하고 있는 특권을 그대로 지키려고 노력할 것이다. 생산관계의 소유주들의 노력을 고려하지 않고 생산력과 생산관계의 모순이 필연적으로 파국점에 이르게 된다는 유물사관의 주장은 잘못된 것으로 지적된다.

헤겔은 말에 짐을 싣는 예를 들고 있다. 말 잔등에 짐을 조금씩 계속 싣는다. 말이 더 이상의 짐을 견딜 수 없을 때 짐을 더 싣게 되면 말은 견디지 못하고 주저앉게 된다. 마찬가지로 고무풍선에 바람을 불어넣는 예를 들어볼 수 있다. 고무풍선에 바람을 불어넣으면 고무풍선은 자꾸 커지게 된다. 그러나 고무풍선의 껍데기는 일정한 정도 이상으로 커질 수는 없다. 이때에 바람을 다시 불어넣으면 고무풍선은 터지게 된다. 이렇게 고무풍선이 터지는 때를 파국점이라고 했다. 말이 짐을 더 이상 견디지 못하고 주저앉는 것과 같은 것이다.

생산력은 계속 성장하며 발전하나 생산관계는 그 소유관계를 계속 유지하고자 하여 생산력과 생산관계는 서로 모순되는 것이라고 했다. 생산력의 성장과 발전은 생산관계를 파괴한다는 논리를 필연화시키고 있는 것이다. 마르크스는 19세기 말의 사회적 생산력은 생산기계와 기술의 개발과 발전에 의해 고도로 발전했다고 보고 있었다. 따라서 그렇게 발전한 생산력과 생산관계의 소유관계가 고도로 모순되어 곧 파국점에 이를 것이라고 본 것이다. 그 당시 생산력이 가장 발전하고 있었던 영국이나 프랑스 등지에서 사유재산제에 의한 자본주의 사회가 붕괴되고 파괴되는 혁명의 폭발음이 터져 나올 것을 예언하고 있었다.

그러나 혁명의 폭발음은 1917년 러시아에서 들려왔다. 생산력의 발전이 유럽 여러 나라에 미치지 못했고 프로 계급의 조직과 수도 미약하여 모순의 파국점에 이르지 못한 상태에서 일어난 혁명이었다. 유물론자들과 유물사관의 지지자들은 그 내용을 과학적으로 분석하지 않았고 러시아 혁명의 진실을 알지 못했으며 러시아 혁명이 마르크스의 유물사관의 논리에 따른 것이라고 환호했다. 유물론자들은 혁명과 프로독재를 과학적으로 분석하거나 검토하지 않았다. 러시아 혁명을 하나의 종교적 신앙으로 믿고 있었다.

"나 이외의 다른 신을 섬기지 말라"는 기독교의 성구를 이성이나 과학적인 내용으로 삼고자 하지 않았던 것과 같이 마르크스가 말한 유물사관의 내용을 그대로 믿고 신앙화한 것이 그의 후계자들의 자세였다. 유물사관은 과학적인 이론이라기보다는 '물신화'된 하나의 종교적 신앙이었다.

유물론에서 인식과정이나 구조를 과학적으로 살피지 않고 반영론으로 간단히 처리한 것과 같이 유물사관에서도 같은 잘못을 하였다. 의식이 자연적 존재에 의해 모사되고 반영된 것과 같이 규정된다고 한 것처럼 상부구조는 하부구조인 토대에 의해 규정된다는 것 만을 하나의 신념으로 믿고 있었다. 유물사관은 종교적 운동, 정치적 역할, 예술의 창조성과 사람들의 역할을 무시하고 있다는 것을 지적하지 않을 수 없다.

베르댜예프(N. A. Berdyaev)는 유물사관에 대한 종교성을 비판한 대표적인 사람이다. 엄격한 유물 변증법과 유물사관의 교리적 체계를 갖추고 있고 실천을 기반으로 삼고 있다. 마르크스의 이론에 반하는 것은 모두 이단으로 배척하고 전통과 이단을 명백하게 구분하고 있다. 유물론과 변증법을 철학의 불가변의 진리로 삼고 있으며 절대적 철학을 주장한다. 마르크스, 엥겔스, 레닌, 스탈린의 저서를 성서화하고 있다. 세계를 유물론자들과 관념론자들이 살고 있는 2개로 나누고 있다. 바로 프로혁명을 지지하는 열성분자와 반대하는 반동분자이다.

공산당의 당사는 그리스도교 교황청과 같은 권위체와 같이 인간들에게 행동할 내용을 지시하며 명령하고 있다. 공산당 최고기관에 있는 지도자들은 모든 것을 판단하며 결정하고 있다. 이들은 어떤 간섭도 받지 않고 모든 것을 결정할 수 있는 성직자(?)들이 되고 있다. 이들의 종교는 개인으로서의 인간의 구원이 아닌 당의 목적을 위한 전체주의적인 종교가 되고 있다. 평신도가 된 모든 인민들은 당에 충성하는 열광적인 광신도가 되어야 한다. 이단들은 파문되며 숙청된다. 이단에 대한 숙청은 인민들의 일상화가 되고 있다. 유물 변증법을 신앙하는 신자인 인민들은 반동적 행위인 그리스도교의 세속화와 같은 것이 허용되지 않는다.

물질이나 경제제도는 인간생활에 있어서 생활의 한 수단이 되는 것이다. 이러한 생활의 수단인 물질과 경제 밑에 인간의 창조적인 의지를 종속시키고 있는 것이 유물사관이다. 유물사관의 토대는 인간들에게 절대적인 신이 되고 있으며 역사를 주관하는 것이 되고 있다. 이제 프로 계급은 공산당의 지도자들 앞에 무릎을 꿇게 되었다. 프로 계급은 사회와 역사를 지배하는 주관자의 자리를 빼앗기고 유물사관에 의해 만들어진 절대자인 공산당을 향해 예배하며 찬양하는 신도가 되었을 뿐이다. 유물사관은 역사철학이 아니고 하나의 종교로서 신앙의 대상이 되고 있다.

1917년 러시아에서 볼셰비키 혁명의 폭발음이 들려왔다. 마르크스의 추종자들과 이상주의자들은 유물사관에 따른 혁명이라고 환호성을 지르며 러시아 혁명을 환영했다. 그러나 러시아 혁명은 유물사관에 따른 혁명은 아니었다. 그 뒤에 일어난 중국이나 베트남, 쿠바 그리고 북한도 유물사관과는 연관이 없는 내용의 혁명이었다. 뿐만 아니라 소비에트 체제는 한 세기를 넘기지 못하고 해체되었다. 유물사관의 이론적 내용에 어떤 잘못이 있었는지 살펴보고자 한다.

19세기 영국의 생산공장에서 일하고 있던 노동자들은 대개 공장마다 10~30명 정도였다. 오언의 뉴라나크 공장은 그 당시 영국에서는 큰 공장이었지만 300명 내외의 노동자들을 고용하고 있었다고 한다. 이렇게 소규모의 공장에서 일하던 노동자들은 공장이 파산되어 실업자가 되었고 거리로 쏟아져 나와 올데갈데없게 되어 거리를 방황하는 프롤레타리아가 되었다. 그러나 상대적 잉여가치를 추구하는 자본가들은 이전에는 없었던 여러 가지의 산업으로 큰 공장을 세우고 있었다. 천명, 만 명이나 되는 노동자들을 고용하는 대규모의 공장들이었다. 공장이 파산되어 거리에 쫓겨났던 포로들을 모두 수용하고도 모자라 농촌으로부터 노동자를 뽑아 보충해야만 했다. 대규모의 큰 공장이 세워지고 새로운 일자리가 만들어졌다. 유물사관에서 예언했던 사유재산 제도의 생산관계가 파괴되고 혁명의 불길이 일어난다는 가설은 실현되지 못했다.

유물사관에 의하면 2차 산업에서 쫓겨난 노동자들은 거리를 메우는 프로 계급이 된다고 했다. 그러나 사람들은 먹고사는 것만으로 행복해질 수 없는 존재들이다. 스포츠, 건강을 위한 의료시설, 교육기관, 통신과 교통수단, 호텔 등 숙박시설이 제공하는 3차 산업이 크게 발전하게 되었다. 현대사회에서는 이러한 3차 산업에 종사하는 노동자들이 1,

2차 산업에 종사하는 노동자들의 수에 2~3배가 넘고 있다. 실업자가 된 프로들이 갈 데가 없게 되어 거리에서 방황하지 않고 새로 발전하는 3차 산업에 자리를 잡게 되었다. 역시 유물사관의 가설은 잘못된 것이었다.

생산시설의 기계화, 대규모화는 사람들이 필요로 하는 상품을 보다 쉽고 빠르게 만들 수 있게 했다. 싼값으로 더 좋은 상품을 공급할 수 있게 되었다. 부채를 손으로 만든다면 바라는 만큼의 상품을 생산하기는 어려우나 기계로 생산한다면 수요를 넘는 상품을 생산할 수 있다. 만든 상품이 팔려나가지 않으면 재고가 창고에 쌓이게 되고 공장은 문을 닫게 되며 노동자들은 해고당하게 된다. 그러나 부채보다 더 편리한 상품생산의 아이디어가 선풍기라는 새로운 상품을 시장에 내놓게 하였다. 그것은 다시 에어컨으로 바뀌어 생산되었다. 공장의 기계는 계속 돌아가고 있었고 노동자들은 더욱 분주하게 일할 수 있게 되었다. 계속되는 기술의 개발과 새로운 상품생산의 아이디어가 자본주의 사회의 발전을 돕고 있었다. 유물사관이 예측하지 못했던 일들이 유물사관의 가설을 잘못된 것으로 만든 것이다.

엥겔스가 과학적 사회주의의 글을 발표하고 있을 때 대자본가들은 대규모의 생산공장을 세우고 발전된 기계시설과 개발된 생산기술로 값싼 상품을 대량으로 생산하고 있었다. 소자본가들이 생산하는 상품가격이 대자본가들이 생산하는 상품의 가격과 경쟁할 수는 없었다. 소자본가들은 소자본을 한데 묶어 대자본가들과 경쟁할 수 있는 주식회사를 만드는 지혜를 짜내게 되었다. 소자본을 대자본화한 것이다. 오늘날의 주식회사는 초기의 그것과는 달리 변질되었으나 소자본가들이 대자본에 맞설 수 있는 자구책이었다. 소자본가들이 모두 파산하여 거리의 프로 계급에 합류한다는 유물사관의 가설은 역시 잘못되었다고 할 수 밖에 없다.

자본주의 사회는 사유재산 제도를 허용하고 있었으나 그 소유자들인 부르주아들이 아무러한 제약 없이 자본을 관리하고 운영하도록 방임하지는 않았다. 관리와 운영을 법적인 제도의 장치로 조종하면서 통제하여 상속이나 세제(稅制) 등 소유에 대한 규제를 하고 있었다. 그것이 완전한 것은 아니었으나 체제가 정복되고 파괴될 수 있는 방임은 아니었다.

유물사관은 경제제도인 토대에 의해 정치, 법률, 철학, 종교 같은 상층구조가 만들어지고 사회와 역사가 존재하며 발전하는 추동력을 지닌다고 주장하며 경제제도인 토대를 절대화했다. 그러나 경제제도는 정치, 법률, 철학, 종교와 같은 상층구조와 서로 연관되면서 그 발전이 가능했다는 것을 역사의 현장에서 볼 수 있다는 것이다. 토대의 절대성을 주장하는 유물사관의 가설은 잘못되었다고 볼 수 있다.

인간의 동물적 본능은 이타적이기보다는 이기적인 것이다. 당과 수령 그리고 프롤레타리아 계급의 해방을 위한 것보다는 자신과 가족의 이익을 위한 일에 더 열심히 일할 수 있는 존재들이다. 노동생산성에 있어서 자본제 사회의 그것이 공산국가의 그것보다 앞설 것이란 것을 유물사관은 무시한 것이다. 결과적으로 유물사관은 자본주의 사회의 생산성이 공산주의 사회의 그것에 뒤지고 자본주의 사회가 붕괴될 것을 믿고 있었다. 이것 역시 유물사관의 가설이 예측하지 못했다는 점에서 비판받아야 할 것이다.

혁명에 의해 사유재산 제도를 철폐한 소비에트 정권의 경제적 발전을 서방의 여러 나라들이 경계했고 자본이나 생산원료, 생산기술 그리고 상품의 교류를 제약했다. 자본주의 여러 나라들은 소비에트 정권을 경계하는 나라가 되었다. 생산원료나 생산기술을 교환할 수도 없었고 자본을 자유롭게 유치할 수도 없었다. 상품을 자유롭게 내다 팔 수도 없었고 상품을 들여올 수도 없었다. 유물사관은 소비에트 혁명 후 이러한 국제사회의 제약되는 현실을 전제하지 못했다. 유물사관의 가설이 실현되기 어렵게 되는 내용을 무시하고 있었다는 것이 지적된다.

혁명에 의해 수립된 소비에트 정권은 외국의 군사적 간섭이나 침략에 대비하여 살아남기 위해서는 국가재정의 많은 부분을 군사비에 할당해야만 했다. 인민이 잘살 수 있는 민생경제보다는 국방비에 많은 재정을 할당할 수밖에 없었다. 국방비에 대한 과도한 지출이 민생경제의 발전을 제약했다. 또한 소비에트 경제를 담당했던 당료들은 혁명의 천재들이었지만 자유경제 체제하의 기업운영의 달인들과는 경쟁의 대상이 될 수 없었다. 유물사관의 가설은 이런 점을 간과하고 있었다고 지적된다.

엥겔스는 생산력과 생산관계의 모순이 파국점에 이르러 자본주의 체제는 곧 붕괴될 것을 예언했다. 프로혁명은 본업을 철폐하고 계급을 소멸한 독제국가가 건설될 것이라고 했다. 모든 사람이 풍요롭고 평등한 자유의 낙원에서 살게 될 것이라고 했다. 이런 국가는 최종적이며, 절대적이며, 신성한 지상의 낙원이 된다고 했다. 그러나 포이어바흐는 다음과 같은 말을 하고 있다. "변증법 철학에는 최종적이며, 절대적인 것, 신성한 것은 있을 수 없다." 풍요로운 최종적인 평등한 사회, 절대적인 지상의 낙원은 인간들의 꿈이며 희망이었다. 그러한 낙원의 실현을 유물사관의 가설로 하여 사회혁명을 실현하고자 한 것은 높이 평가될 수 있다. 그러나 엥겔스는 변증법 철학에 끝까지 철저하지 못했다는 것이 지적될 수 있다. 유물사관은 알지 못하는 사이에 그 가설의 근거를 떠나 있었다는 것이 지적될 수 있다.

인간들은 언제나 스스로가 주인으로 살지를 못했다. 고대사회에서는 노예로 살았고 중세사회에서는 교회가 약속한 낙원에서 살고자 했다. 그러나 인간들은 낙원에 이르지 못했다. 낙원이나 천당은 인간들에게 주어지는 꿈이었을 뿐 현실로 주어지는 생활은 아니었다. 이러한 역사를 살아온 인간들이 자기가 선택한 모습으로 살아가야 할 때가 되었다. '나는 무엇인가?', '내가 무엇을 할 수 있는가?'를 깨닫고 그 범위 안에서 자족하며 더욱 잘 살고자 노력하며 신이나 물질이 아닌 인간으로서의 삶을 살아가야 할 존재라는 것을 알아야 할 때가 되었다. 신이나 물질들이 약속했던 낙원은 인간이 살아갈 곳이 아니다.

현대사회는 신이 아닌 자연과 물질이 인간을 계급으로 묶고 천당과 지상낙원을 약속하고 있다. 유물론과 유물사관은 사람들을 그곳으로 유혹하고 있다. 인간은 신이나 물질의 절대자로부터 자유로워야 한다. 인간으로서 누릴 수 있는 꿈을 꾸며 그 속에서 만족하는 사회와 역사 속에서 살아가야 한다. 신이 약속한 '낙원'도 유물사관의 '물질'의 낙원도 모두 허망한 것이 되고 있다. '인간'에 의한 '인간의 삶'을 찾아야 한다.

제6장 마르크스의 경제이론과 자본주의

27. 노동과 노동수단

상품은 자본주의 사회를 형성하는 기초적인 세포가 된다. 상품의 가치는 노동에 의해 만들어진다. '노동은 가치를 창조한다(Labor Creates Value).' 자본론의 대명제는 노동이다. 생산물은 노동, 노동수단, 노동대상 등 세 가지 요소가 결합된 생산과정에서 만들어진다. 그러나 생산의 기본적인 요소는 노동이다. 노동수단과 노동대상은 노동을 보조한다. 따라서 자본론의 전편에 산재하고 있는 많은 논리는 노동에 대한 것이다. 노동에 대한 내용을 다음에 정리해보고자 한다.

인간의 노동은 자연물인 대상을 변화시켜 바라고 있는 욕망을 실현하기 위한 합목적적인 활동으로 사용가치를 창출한다. 이러한 목적을 실현하기 위해 노동수단을 사용하며 노동대상을 변화시킨다. 노동과정이 끝났을 때에는 처음 생각하고 기도했던 결과를 얻게 된다. 노동은 동물들의 단순한 본능적 활동과 구별된다.

노동은 인간의 주체적 활동의 과정이며 생산물인 대상 속에 내포되어 없어지는 것이며, 동시에 생산물을 생산하기 위해 생산물인 대상을 소비하는 행위이다. 노동은 자연의 물질을 변형하여 인간에게 필요한 것을 만들기 위한 행위로서 모든 사회현상에 공통적으로 있는 인간과 사회생활 속에 없어질 수 없는 하나의 자연조건이다.

노동은 여러 가지 생산에 쓰인 수단, 즉 도구나 원료인 생산수단을 다시 회생(回生)시키는 노동과정의 한 요인이 된다. 생산수단이 지니고 있던 구(舊)가치가 새로운 생산물의 새로운 가치로 옮기게 되는 것이다. 이렇게 노동은 상품 속에 소실된 가치를 새로운 생산물로 이전시키는 두 가지의 속성, 즉 양면성(兩面性)을 갖고 있다. 예컨대 목화로부터 실(絲)을 뽑는다는 새로운 생산물의 가치를 만들고 동시에 그 가치 속에 목화가 가졌던 구가치를 유지하는 것이다.

노동은 생산수단의 가치를 생산물에 옮길 때마다 새로운 가치인 부가적 가치(附加的 價值)를 만든다. 즉 생산수단의 가치를 보존하여 자본가에게 이익을 제공하고 있다. 개량되고 개선된 생산력을 갖게 된 노동은 같은 생산물을 생산하는 사회적 평균노동 시간에 생산된 생산물보다 높은 가치를 생산할 수 있게 된다.

노동은 생산적 활동으로서 생산물을 만들기 위해 생산수단과 생산물을 소비한다. 노동에 쓰인 자본은 생산과정에서 그 크기를 변화시킨다. 노동은 잉여가치를 생산하며 상품의 가치를 가변적인 것으로 끊임없이 진화시킨다. 노동은 생산활동을 할 때에 도구나 원료 등 '생산수단(生産手段)'을 사용하고 있다. 생산수단은 노동에 있어 필수적인 것이다. 다음에 생산수단의 내용에 대한 자본론의 기록을 요약해보고자 한다.

생산수단은 노동과정에서 주체적 요인으로 쓰이는 노동력(勞動力)과는 달리 객체적 요인으로 작용된다. 생산수단은 인간노동에 의해 사용되지 않는다면 어떠한 가치도 생산물에 이전할 수 없다. 생산수단은 사용의 가치일 뿐이다. 예컨대 토지, 물, 바람, 광산의 광석이나 원시림에 서 있는 나무들은 생산에 있어서 객체적인 요소일 뿐이다. 인간의 노력 없이는 생산물에 어떠한 가치도 이전할 수 없는 것이다.

생산수단은 노동자의 노동과는 달리 노동과정에 있어서 서로 다른 요인이 되고 있다. 노동자의 노동은 생산물의 가치에 부가되어 새로운 가치를 형성하지만 노동수단은 그가 지니고 있던 가치를 새로운 생산물에 이전할 뿐이고 새로운 가치를 재생산하지는 못한다. 생산수단은 생산과정에서 그가 지니고 있었던 사용가치에서 없어지고 소멸된 가치 이상의 것을 새로운 생산물에 옮기지 못한다.

생산수단은 생산과정의 요소로서 생산에 있어 그 전부가 사용되지만 가치를 생산하는 요소로서는 가치 생산에 사용되는 것으로서 부분적으로만 작용하며 이전되고 있을 뿐이다. 예컨대 방직을 할 때에 방직기는 하나의 생산기구로서 전부가 작용하지만 10시간의 방직을 할 때에는 10시간 방직기가 가동되어 10시간의 기계의 소모가 되어 방직기의 부분만이 생산물의 가치를 이전시키는 것이다.

생산수단의 가치는 노동과정을 거쳐서 생산물의 가치에 재현하는 것일 뿐 재생산되지는 않는다. 생산수단은 그것이 지니고 있었던 가치 이상을 생산물에 이전하지 못한다. 생산수단은 아무리 유용해도 그것이 가지고 있는 가치를 생산물에 증가시켜 옮길 수 없는 것이다.

생산수단에 투입되는 자본 부분은 그 생산과정에서 새로운 가치로 재생산되지 못한다. 이것이 곧 불변자본(不變資本)이다. 이와 달리 노동력에 투입된 자본은 생산과정에서 그 자본과 같은 가치(價値)와 함께 잉여가치를 부가하여 생산한다. 이것이 가변자본(可變資本)이 되는 것이다.

노동수단, 즉 생산수단은 노동자가 노동대상에 대해 노동할 때에 쓰이는 수단이다. 노동수단을 창조하고 사용하는 것은 인간의 노동과정에 있어서 하나의 특징이 된다고 할 수 있다. 일찍이 프랭클린은 그 내용을 다음과 같은 말로 나타내고 있다. "인간은 도구를 만드는 동물이다(a Tool Making Animal)." 노동수단에는 생산활동을 하는 데 이용되는 도구나 원료 같은 것이 있다. 그러나 건물이나 도로와 같은 노동이 행해지는 일반적 활동을 하는 데 필요한 것들도 포함된다.

28. 잉여가치와 잉여가치율

마르크스의 경제론은 자본가들에 의한 자본 증식과 노동자들로부터의 착취론을 중심으로 한 사유재산제인 자본주의 체제의 필연적인 붕괴를 중심으로 한 유물사관의 논리를 경제적인 측면에서 다루고 있는 것이다. 그 대표적인 논의가《자본론》에서 논의되고 있다. 마르크스의 저서나 논문은 여럿이 있으나 그 모든 논의의 대표적인 것이《자본론》이다. 자본론의 중요한 내용은 잉여가치론을 중심으로 한 것이다. 가변자본론과 불변자본론, 가치증식론과 자본증식론, 잉여가치율 등이 포함되고 있다.

노동력에 투입된 자본은 생산과정에서 그 크기를 변하게 한다. 투입된 자본보다 더 커진 자본의 초과분이 잉여가치가 된다. 생산물의 총가치 속에서 그 가치를 만드는 형성요소의 총액을 넘는 초과분으로 늘어난 가치, 즉 처음 투입된 자본보다 커진 초과분이 잉여가치가 된다. 생산력과 생산수단에 투입된 자본은 생산과정에서 각기 다르게 변형되며 서로 다른 모습으로 있게 된다. 생산력에 투입된 자본은 가변자본으로 되며 생산수단으로 투입된 자본은 불변자본으로 된다.

노동과정에서 노동력의 가치를 넘는 가치를 재생산(再生産)하여 노동대상에 새로운 가치를 준 것이 잉여가치(剩餘價值)이다. 생산물의 가치 속에 소모된 생산수단과 노동력의 가치를 넘는 초과분의 가치가 잉여가치가 된다. 따라서 잉여가치는 노동력의 기능과 활동에 의해 재생산된 가치라 할 수 있다. 노동에 의해 새로운 가치를 재생산하는 것을 '잉여생산'이라고 한다.

노동력에 투입된 자본은 생산과정에서 투입된 것보다 더 큰 초과분의 가치를 생산한다. 이렇게 변화된 초과분이 잉여가치가 된다. 잉여가치는 지불되지 않은 노동시간(不拂勞動時間)에 생산된 가치이다. 새로 만들어진 상품의 가치액과 실제로 노동자가 임금을 받고 일한 결과로 생긴 상품가치의 차액이 잉여가치가 된다. 8시간분의 임금을 받고 실제로 12시간의 노동을 했다면 4시간은 임금을 받지 못하고 일한 결과가 된다. 이 4시간의 임금을 받지 못하고 일한 시간에 생산한 가치가 잉여생산이 된다. 또한 성인 노동자가 사회적 평균 노동임금 이하의 저임금으로 일하여 생산한 가치도 잉여가치가 된다. 성인 노동자가 할 수 있는 노동에 부녀자와 아동을 고용하여 적은 임금으로 일을 시키고 생산한 가치 역시 잉여가치가 된다.

마르크스의 경제 이론은 《자본론》에서 논급되고 있다. 《자본론》의 중요내용은 첫째로 생산물의 가치를 '노동'이라고 한 것이다. 둘째는 자본가들에 의한 노동자들의 착취를 '잉여가치'에서 다루고 있다. 생산과정인 노동과정을 노동, 노동수단, 노동대상 등 세 가지 요소로 설명하고 있다. 역사적으로 노동력을 제공하는 노동자와 노동수단과 노동대상 등 생산수단을 소유하고 있는 재산소유자를 구별하고 있다. 고대사회의 귀족과 노예들, 중세의 봉건영주와 농노들, 근대 자본주의 사회에 있어서의 자본가와 노동자들이 분류되고 있다. 마르크스의 경제 이론은 자본가들의 착취와 생산수단을 소유하지 못한 프로 계급의 해방을 위한 내용으로 되어있다.

따라서 자본가들의 착취와 프로 계급의 해방을 위한 내용의 이론으로 되어있다. 자본가 계급의 자본증식을 위한 착취와 프로 계급의 비참한 생활의 원인을 규명하고자 하는 철학과 그것을 근간으로 한 유물사관의 논리가 절대화되고 있다. 이미 《자본론》의 여러 곳에 설명되고 있는 노동과 노동수단에 대하여는 정리하여 요약하고 있다. 다음에는 잉여가치를 설명하기 위해 제시된 불변자본과 가변자본에 대해 설명하고자 한다.

노동도구, 원료 등 노동과정에 동원되는 수단, 즉 생산수단은 노동과정에서 변태(變態)될 때에 그 크기가 변하지 않는다. 이렇게 투입된 자본이 '불변자본'이 된다. 생산수단에 투입된 자본이 불변자본이다. 생산과정에서 생산수단에 투입된 자본은 생산물의 가치를 증대시키지 못하기 때문이다.

노동과정을 거쳐서 생산수단에 투자한 자본은 생산물에 가치를 재현하나 새로운 가치를 재생산하지 못한다. 따라서 생산수단에 투입된 자본은 새로운 가치를 만들지 못하고 불변자본이 되는 것이다. 생산수단에 투자된 자본은 생산과정에서 그 이전에 가지고 있었던 가치를 새로운 생산물에 옮길 뿐이다. 그것은 생산물 생산에 유용한 것이지만 그 가치 이상을 생산물에 이양하지 못하는 것이다. 이러한 생산수단에 투입된 자본이 곧 '불변자본'이다.

이러한 불변자본과는 달리 노동력에 투입된 자본은 생산과정을 통해 생산물에 그 자신의 가치와 함께 초과되는 새로운 가치를 부가(附加)

한다. 이것이 '가변자본(可變資本)'이다. 노동력에 쓰인 자본은 생산과정에서 그 크기가 변화된다. 이러한 변화에 있어서의 초과분이 잉여가치가 되며 이러한 잉여가치를 생산할 수 있게 한 노동력에 투입한 자본을 '가변자본'이라고 한다. 노동력에 투자한 자본은 노동시간을 연장한 불불노동시간에 의해 생산된 생산물에 새로운 가치를 부가한다. 이것 역시 가변자본이다.

노동력에 투자한 자본은 노동활동에 의해 자체의 가치를 생산물에 부가하며 새로운 가치를 창출하여 자본가에게 이익을 제공한다. 이러한 자본가에게 제공되는 이익을 생산하는 데 힘이 되는 자본이 곧 가변자본이 된다.

노동력에 투자한 자본이 가치 생산에 있어서 가변적인 것이며 생산수단에 투자된 자본은 불변적인 것이 된다는 논리는 '노동'의 가치 생산을 강조한 것이 된다. 이렇게 가치 생산을 가능하게 하는 가변자본의 논리는 프로 계급의 해방을 정당화하며 합리화한 것이다. 잉여가치 생산의 원천을 가변자본에 두고 있는 것이 잉여가치론의 초기단계인 '절대적 잉여가치론'이다.

새로 만들어진 가치액과 노동자가 실제로 임금을 받고 일한 결과로 생긴 가치의 차액(差額)이 잉여가치가 된다. 8시간의 임금을 받고 실제로는 12시간의 노동을 했다면 4시간은 임금 없이 노동한 것이다. 이것이 '불불노동시간(不拂勞動時間)'이다. 불불노동시간에 생산한 잉여가치가 '절대적 잉여가치(絶對的 剩餘價値)'가 된다.

성인 노동자가 하고 있는 노동에 부녀자와 아동을 고용하여 적은 임금으로 노동시켜 생산되는 잉여가치도 절대적 잉여가치가 된다. 이것은 성인 노동자들에게 노동시간을 연장하여 일을 시키나 노임을 주지 않는 것과 같은 것이다. 성인 노동자들에게도 가능한 한 적은 임금을 주어 노동을 시키는 것도 절대적 잉여가치를 얻게 하는 결과가 된다. 절대적 잉여가치는 자본가의 화폐가 자본으로 전화(轉化)되는 초기의 잉여가치가 된다.

새롭게 개발되고 개선된 생산방법으로 생산한 생산물을 그때에 있었던 생산물의 사회적 가치로 판매하여 얻게 되는 차액을 '특별 잉여가치(特別 剩餘價值)'라고 한다. 특별 잉여가치는 새로운 생산방법이 일반화되어 개별적인 가치와 사회적 가치의 차이가 없게 되면 없어지게 된다. 즉 소멸되는 것이다.

공장 등 생산시설을 대규모로 하거나 생산기계 등 생산수단을 고가의 것으로 구비하여 생산원료를 싼값으로 대량구매하는 등 대량의 자본을 투입하여 얻게 되는 잉여가치가 '상대적 잉여가치(相對的 剩餘價值)'가 된다. 노동의 기술적 과정과 노동하는 인원의 배열을 변혁하여 얻게 되는 잉여가치가 그것이다. 100명의 노동자가 필요했던 생산을 10명의 노동자가 생산할 수 있게 되어 90명의 노동자를 대신하여 대규모화된 공장에서 새로 설치된 생산기계가 생산을 대행하여 얻게 되는 잉여가치가 상대적 잉여가치가 된다.

개선된 생산방법과 기계시설을 채택하여 생산력을 높여서 사회의 평균 생산조건에서 생산되는 것보다 적은 노동시간에 생산물을 생산하여 얻게 되는 잉여가치가 상대적 잉여가치가 된다. 노동시간은 단축되나 잉여 노동시간은 연장되는 것이다. 상대적 잉여가치는 노동의 생산력에 정비례하나 상품의 가치는 노동의 생산력에 반비례하게 된다.

생산력은 증대되며 상품의 가격이 싸게 되어 잉여가치는 커지게 된다. 자본가는 상품의 교환가치를 낮출 수 있게 된다. 자본주의의 생산에 있어서 노동의 생산력의 발전은 필요 노동시간을 단축할 수 있게 하며 잉여 노동시간을 연장시켜 대공장 시설과 고가의 생산기계의 도입에 투자한 자본이 생산하는 잉여가치가 상대적 잉여가치가 된다.

절대적 잉여가치가 노동자들이 필요로 하는 노동시간 이상으로 노동시간을 연장하여 얻은 잉여가치가 되는 것처럼 상대적 잉여가치도 생산시간을 단축하여 생산하기 때문에 절대적 잉여가치와는 그 형태가 다르지만 그 형식은 같은 것이다.

자본주의적 생산은 단순히 상품을 생산하는 것만이 아니고 본질적으로 잉여생산이 목적이기 때문에 상대적 잉여가치를 추구하고 있다. 노동시간의 연장, 저임금, 부녀와 아동들의 노동 등으로 노동자들의 저항이 점차로 폭력화되어갔다. 새로운 기계시설이 발명되고 대공장 생산이 잉여가치의 생산을 증가시켜갈 수 있게 되었다. 절대적 잉여가치의 한계를 넘어서는 상대적 잉여가치를 추구하게 되었다. 《자본론》 제1편의 전반에 절대적 잉여가치를 쓰고 있으나 후반부에는 상대적 잉여가치가 설명되고 있다.

잉여가치는 가변자본으로 노동력에 지출된 가변자본이 일으킨 가치변화에 의해 발생하는 것이다. 가변자본이 가치변화를 일으키는 크기는 잉여가치율(剩餘價値率)에 따르게 된다. '잉여가치율'은 잉여가치에 대한 가변자본의 비율을 말한다. 즉 '$\frac{\text{잉여가치}}{\text{가변자본}}$'가 잉여가치율이다.

잉여가치를 만들 수 있는 자본은 생산수단에 지출된 화폐(C)와 노동력에 지출된 화폐(V)의 합이 된다. 투입된 자본을 C라 하면 C=c+v가 된다. 생산과정에서 생긴 잉여가치를 m이라고 하면 처음에 투입한 자본 C는 잉여가치가 추가된 C+m, 즉 C′가 된다. 새롭게 만들어진 잉여가치와의 합인 C′에서 잉여가치가 추가되기 전에 투입된 C, 즉 가변자본을 뺀 차액 C′-C가 잉여가치인 n이 된다.

불변자본으로 생산수단에 지출된 자본은 생산수단의 일부분을 생산물에 옮겼을 뿐이다. 잉여가치는 가변자본으로 노동력에 지출된 V가 일으킨 가치변화에 의해 발생한 것이다. 불변자본 C가 없다면 가변자본은 V+n, 즉 가변자본에 부가된 잉여가치와 함께 처음의 C+V+m에서 V+V가 된다. 잉여가치율은 잉여가치에 대한 가변자본의 비율이 되는 것이다. '잉여가치(m)/가변자본(V)'가 된다.

이러한 잉여가치율은 노동자에 대한 자본가의 '착취도(搾取度)'가 된다. 자본가가 투자한 가변자본이 얼마만큼의 잉여가치를 생산했는가 하는 비율이 된다. 잉여가치율이 크면 클수록 많은 이익을 얻게 되는 것이다.

상품의 생산은 자본주의 생산의 기본이 되는 세포가 된다. 상품의 가치는 그 생산과정에 투입된 노동량, 즉 노동시간에 의해 규정된다. 여기서 논의되는 노동시간이란 두 가지 조건에 따른 것이다. 사회적으로 그 상품을 생산하는 데 필요한 노동시간이어야 한다. 예컨대 원피스를 만드는 데 꼭 필요한 시간이여야 한다. 또 하나의 조건은 그 상품을 생산하는 데 사회적으로 평균화된 노동시간을 투입한다는 것이다. 예컨대 원피스 하나를 만드는 데 숙련된 A라는 노동자는 5시간, 그만 못한 B는 10시간이 걸리고 초보적인 노동자 C는 15시간이 걸릴 경우 상품의 가치에 투입된 노동시간에 의해 결정된다면 초보자 C가 가장 많은 가치를 생산했다는 결론이 되어 극히 불합리하다고 할 것이다. 원피스 하나를 만드는 데 걸리는 시간은 평균하여 10시간이 된다. 10시간이 사회적으로 평균화된 시간이다.

원피스라는 상품의 가치는 사회적으로 필요하며 평균화된 노동시간의 투입량에 의해 결정된다는 것이다. 《자본론》에서는 목화와 실뽑기의 예를 들어 설명하고 있다. 생산수단은 그것이 기능하는 과정에서 상품의 가치를 생산하는 것이 아니고 생산인력에 투입한 자본이 상품을 만드는 데 투입한 사회적으로 필요한 시간과 사회적 인평균노동시간에 의해 만들어진다는 것이다.

노동자가 매일의 생활자료를 얻는 데 필요로 하는 노동시간만을 노동한다면 생산된 생산물의 가치는 생산수단의 가치와 노동력의 가치 이상을 생산하지 못한다. 생산인력에 투자한 자본이라도 그 노동시간을 연장하여 노동을 시키지 않는다면 아무런 잉여가치도 생산하지 못한다. 화폐의 투자가 어떤 잉여가치도 생산하지 못하는 것이다. 가치의 증식이 되지 못하면 결국 자본으로 전환되지 못하고 자본의 증식(增殖)이 되지 못한다.

생산과정에서 투자된 자본이 가치증식이 되고 가치증식이 되어 자본증식으로 이어지는 것이 자본주의 경제의 형식이 된다. 생산의 가치증식 과정이 곧 자본증식 과정이 되는 것이다. 자본가의 생산과정에 대한 화폐 투입은 가치형성 과정을 걷게 되며 화폐가 자본증식 과정으로 이어져 화폐가 자본으로 전환되는 것이다. 생산과정에서 만들어진 잉여가치는 자본증식으로 이어져서 자본가에게 큰 이익을 주게 된다.

29.《자본론》이론에 대한 비판적 논리

원시사회에 살았던 원시인들은 그들 생활의 자원인 동물들이나 숲속의 과일을 맨손과 맨몸으로 잡았고 채집하여 살고 있었다. 어떤 도구나 무기들을 만들지 못하여 사냥이나 채집에 쓰이는 도구나 무기 등의 생산수단을 일절 가지고 있지 않았다. 육체적인 손과 발을 사용하는 것이 전부였다. 이러한 원시사회가 점차 발전하여 고대사회로 이어지면서 원시인들은 불을 얻게 되었고 동물의 뼈를 이용하여 도끼나, 칼, 활과 화살을 만들게 되었다. 생활자료를 얻는 데 도구가 노동수단으로 사용되기 시작했다. 육체적인 노동만 하다 노동이 극히 원시적이며 초보적인 노동도구를 이용하여 생활자료를 얻게 되었다. 이러한 생산수단이 된 도구들은 이들 고대인들에게 하나의 재산으로 되어갔다.

고대사회에서 중세사회를 거치면서 노동수단이 된 도구와 무기의 발전과 개발은 놀라운 속도로 진전되었다. 생활자료를 얻는 데 단순한 육체적 노동만이 아니라 육체적 노동과 생산수단이 결합하여 이루어지게 된 것이다. 이러한 생산수단은 점차로 사람들이 소유하는 재산이 되었다. 사유재산 제도가 서서히 정착되어간 것이다. 원시사회에서 원시인들의 육체적인 활동만으로 얻을 수 있었던 생활자료는 이때부터 육체적인 활동과 생산수단인 자본을 결합해야만 얻을 수 있게 되었다. 더욱이 근대사회와 현대사회로 발전하면서 기계의 발명과 특히 증기기관의 발전은 생활자료를 얻는 데 더할 수 없는 노동수단이 되었고 그것을 소유하는 것이 하나의 큰 자본을 소유하는 것이 되었다. 생산은 육체적인 노동과 생산수단이 결합하여 비로소 가능한 것이 되었다.

일찍이 개량주의자로 유명한 푸리에는 생활에 필요한 생산물을 생산하기 위해서는 '노동'과 생산수단인 '자본' 그리고 생산에 필요한 '기술과 아이디어'가 결합되어야 가능하다고 했다. 이렇게 생산된 생산물은 그것을 생산한 사람들에게 배분되어야 한다고 했다. 노동을 제공한 사람들에게 5/12를 배당하고 자본의 제공자에게 4/12, 그리고 기술과 아이디어의 제공자에게 3/12를 배분해야 한다고 주장하고 있었다. 이러한 배분의 비율이 합리적이며 정당한 것인가는 검토해봐야 하겠으나 분명한 것은 생산물을 생산하는 데에는 노동만이 아니고 자본과 기술 등이 결합되어야만 가능하다는 것이다. 원시사회에서는 육체적인 노동만으로 생활에 필요한 것들을 구할 수 있었으나 현대사회에서는 자본이나 기술을 제외한 육체적인 노동만으로는 불가능하다는 것을 알 수 있다.

자본과 기술의 중요성을 무시하고 마르크스의 《자본론》에서는 이미 고찰한 것과 같이 노동의 가치 생산성만을 강조하며 기록하고 있다. 물론 노동이 가치 생산에 중요한 역할을 한다는 것을 부정하지는 않는다. 그러나 자본이 투입되지 않고 노동 단독으로 어떤 가치를 생산하는 것은 원시사회에서나 가능한 것이지 현대사회에서 있을 수 없는 것이다. 프로 계급 해방을 위해 쓰인 《자본론》이 노동의 생산성을 강조한 것은 이해가 되나 그러한 이론을 일반적이고 합리적인 이론으로 받아들일 수 없다고 본다. 이것이 《자본론》이 비판되어야 할 첫 번째 논리가 된다.

자본가들이 생산활동을 하는 목적은 단순한 상품생산을 하기 위한 것이 아니다. 상품생산을 하는 과정에서 만들어지는 잉여가치를 얻는 것이 그 목적이다. 생산된 잉여가치는 재산증식의 과정을 거쳐서 자본화되는 것이기 때문이다. 가변자본을 투입하여 얻게 되는 잉여가치 비율을 '잉여가치율'이라고 했다. 잉여가치율이 크면 클수록 재산증식과 자본은 크게 늘어나는 것이다. 이러한 재산증식을 크게 할 수 있는 잉여가치를 생산할 수 있는 생산활동은 계속되었다.

자본가들은 노동인력에 투입되는 자본, 즉 가변자본에 투입되는 자본보다 몇 배나 더 많은 자본을 생산수단이라고 한 불변자본에 투자하여 공장을 크게 짓고 고가의 기계를 도입하고 있었다. 절대적 잉여가치의 생산에서 상대적 잉여가치를 생산하는 것에 더 많은 자본을 투입하고 있었다. 생산수단에 투입하는 자본, 《자본론》에서 말하고 있는 불변자본의 투자가 커진 것이다. 잉여가치를 위한 생산활동을 하고 있었던 자본가들이 불변자본이라고 했던 생산시설에 더 많은 자본의 투자를 하게 된 것이다. 이러한 일은 인력노동에 의해 얻게 되는 잉여가치보다 생산수단에 투입되는 자본이 더 많은 잉여가치를 생산할 수 있다는 것을 알았기 때문이다.

그러나 《자본론》에서는 잉여가치율과 잉여가치를 비교하지 않았다. 노동인력에 투입한 자본과 그것에 의해 생산된 잉여가치의 비율인 잉여가치율만을 거론하고 있었다. 또한 이 두 가지 자본이 생산하는 잉여가치와 그 비율을 비교도 하지 않았다. 잉여가치를 생산하는 방법이

틀림없이 생산수단에 있다는 것을 알고 있었기 때문이다. 노동이 잉여가치를 생산한다는 이론을 토대로 프로 계급의 해방을 위한 논거를 강조하기 위한 논리였다고 볼 수 있다. 이렇게 볼 때에 《자본론》에서 규정하고 있는 가변자본과 불변자본의 잉여가치에 관한 이론은 지나치게 합목적적인 것으로 볼 수 있고 보편적으로 일반화될 수 있는 이론이 아니라고 본다. 이것이 《자본론》의 이론이 비판되는 두 번째의 논리가 된다.

《자본론》에서는 불불노동시간에 생산한 가치를 잉여가치라고 했다. 노동시간을 연장하여 불불노동시간을 연장하고자 하고 있었다. 그러나 생산수단에 많은 투자를 하게 되면 노동시간을 연장하여 얻는 잉여가치보다는 훨씬 더 많은 잉여가치를 생산할 수 있다. 기계생산은 어떤 생산물을 생산하는 데 걸리는 시간이 짧을수록 더 많은 것을 생산할 수 있기 때문에 생산하는 시간이 단축될수록 같은 시간에 더 많은 생산을 할 수 있고, 그만큼 많은 잉여가치를 생산할 수 있다. 노동시간을 연장하여 10시간을 노동하게 하여 10의 잉여가치를 생산했던 인력노동을 대신한 기계생산은 1시간에 100이 넘는 잉여가치를 생산할 수 있다. 생산물을 생산하는 데 걸리는 시간이 짧을수록 더 많은 것을 생산할 수 있고 더 많은 잉여가치를 생산할 수 있는 것이 기계생산이다. 인력노동과 기계노동은 잉여가치 생산에 있어서 서로 반대되는 것을 알 수 있다.

인력노동이 생산활동을 할 수 있는 시간보다 기계생산이 활용되는 생산시간이 훨씬 길어진다. 인력노동은 그 육체적 여건이 허락하는 짧은 시간만을 노동할 수 있고, 휴식을 취하는 시간이 있게 된다. 물론 기계도 일정시간을 가동하면 얼마간의 휴식이 필요하다. 그러나 기계의 가동시간은 인력노동이 하고 있는 생산활동의 시간보다 훨씬 긴 것이다. 또한 인력노동은 노동자의 생명이 그리 길지 않기 때문에 기계의 내

구성에 따르지 못한다. 이러한 인력노동과 기계노동의 차이에 대해 자본론은 논급하지 않고 있다. 인력노동이 잉여가치를 생산한다는 것을 강조하여 프로 해방의 논거로 삼고자 했기 때문이다. 이것 역시 《자본론》의 이론이 비판될 세 번째 논거가 된다.

마르크스의 유물사관은 생산력과 생산관계가 파국점에 이르러 자본주의 체제의 필연적인 붕괴를 예언하고 있다. 그러나 《자본론》에서는 기계의 자동화가 진척될 것을 알지 못했다. 100명의 노동자를 고용하여 생산물을 생산했던 것을 기계를 사용하거나 기계의 자동화가 실현되면서 한두 사람이 기계의 동작을 살펴서 100명의 노동자가 생산했던 상품을 적은 인원으로 쉽게 생산하는 생산활동의 변화를 《자본론》에서는 쓰고 있지 않다. 또한 생산과정에 인력노동만이 아니고 '로봇'이 투입된다는 것을 강조하고 있지 않으며 예측하지 못했다. 물론 유물론자들이 자동화된 기계나 로봇 역시 인력노동의 생산활동의 결과라고 강변하고 있다. 그러나 자동화된 기계나 로봇은 어떤 생산수단도 없던 원시사회에서 만들어진 것이 아니다. 고대사회로부터 중세사회 그리고 현대사회에 이르기까지 노동, 자본, 기술의 합작으로 만들어졌다는 것을 승인한다면 노동에 의해 기계 등이 자동화되었다는 주장은 잘못된 것이다.

노동의 잉여가치 생산성만을 앞세워 프로 계급의 해방만을 강조하고 있는 《자본론》의 논리는 지나친 편견이라고 볼 수 있다. 현대사회에 서서히 실현되고 있는 기계의 자동화는 앞으로 생산물 생산의 주역으로 발전할 것이 예측된다. 이러한 발전은 그동안에 사회와 역사를 살아왔던 인간들이 지닌 이성과 지혜 그리고 노력이 함께 이룩해온 성과라고 할 수 있다. 노동자인 프로 계급만에 의해 성취된 것이 아니다.

이러한 현대사회의 성과는 사회의 어느 계층이 독점할 수는 없다고 본다. 자본가들이나 노동자들, 과학과 기술을 발전시켜온 아이디어맨 등 모든 인간들에게 공정하고 합리적으로 배분되어야 할 것으로 본다. 개혁과 발전보다 더욱 중요한 것은 정당하여 공정하게 배분되는 것으로 본다. 19세기에 드러났던 마르크스의 천재는《자본론》을 썼다. 그러나《자본론》의 이론은 발전되어온 사회와 역사 속에 묻히게 되었다. 그의 예측과 예언은 빗나가고 있다. 새로운 꿈과 이상은 배분이라고 보며 '배분론'이 '자본론'을 대신해야 한다고 본다. 마르크스보다 뛰어난 이성과 지혜를 가지고 있는 천재가 역사의 앞길을 밝혀주기를 바라고 있다.

30. 현대자본주의의 발전

자유시장 경제체제하에서 물건을 팔거나 사는 사람들은 그들이 거래하고 있었던 상품의 생산량이나 시장거래가격을 변동시킬 만한 경제력을 가지고 있지 못한 영세한 시장인들이었다. 서로가 평등한 경쟁자로 매매할 수 있었을 뿐이었다. 값을 놓고 대립하거나 경쟁하고 있었을 뿐이었다. 이들은 시장에 관한 전문적인 지식도 없었고 시장에서 늘 하고 있었던 거래과정 때문에 상식적인 지식을 가지고 있었을 뿐이다. 그들이 거래하며 취급하고 있었던 상품들 역시 비슷비슷한 것이었고 그것을 거래하는 사람들도 그들이 취급하고 있었던 상품과 같이 비슷한 평범한 사람들이었다.

이와는 달리 과학의 발전과 기술의 개발 그리고 해외 식민지로부터 싼값으로 많은 생산원료를 수입하여 이것들을 잘 배합하고 생산하여 이익을 얻어 큰 자본을 형성해간 자본가들이 있었다. 이들은 소영세 자본가들과 대립하거나 경쟁하고자 하지 않았다. 거대하게 된 자본을 배경으로 하여 경제활동의 내용을 지배하며 주도하는 기업으로 발전해 갔다. 자동차 산업, 제철산업, 화학과 섬유산업, 조선 해운산업, 통신과 교통산업과 대형 유통산업 등에서 놀라운 성공을 거두게 되었다.

일시적이며 단기적인 것이 아닌 장기적으로 이들 자본가 기업의 생산량의 증가율이 국민 총생산의 증가율을 넘게 되었고, 공업생산의 증가율을 앞서게 될 만큼 크게 되었다. 경제적으로나 금융 면에서도 아무러한 제약을 받지 않고 자유롭게 행동하며 경영할 수 있는 큰 경제력을 갖게 되었다. 공공의 권력과 협조하여 여러 '산업의 복합체'가 형성되었다. 산업거래를 독자적으로 경영할 수도 있고 글로벌 시대의 중요한 해외정보의 중심이 되는 기지도 마련할 수 있게 되었다.

생산되는 상품의 가격이나 생산량을 스스로 선택할 수도 있고 관련되는 기업을 수적으로 결합하여 기업 규모를 확대해갔고 재산이나 용역을 자체 기업 안에서 생산할 수 있는 기업으로 발전되어갔다. 정부기관이나 금융기관에 작용하여 다른 기업이나 종속기업에 영향을 발휘할 수 있는 기업이 되었다. 자기 기업에 이익이 되는 경영의 구조변화를 다른 기업에 강요할 수 있는 큰 기업이 되고 있었다. 이러한 산업 발전의 토대가 된 기업은 자본주의 경제 발전의 토대(土臺)가 되었고 새로운 산업, 즉 신산업을 발전시켜갔다. 이러한 기업을 현대산업의 '지배적 기업' 또는 '주도적 기업'이라고 할 수 있다.

이와는 달리 자유시장의 원리에 따라서 생산이나 거래를 하고 있었던 영세 자본가들은 여전히 대립과 경쟁에 따른 경영을 하고 있었다. 영세 자본가들은 점차로 커진 독점 자본가들이 생산하는 상품과 값으로 시장에서 경쟁하고 있었다. 그들은 경쟁에서 패배하여 그들이 고용했던 노동자들과 함께 프로 계급으로 전락하여 거리에 나앉게 될 것을 예언한 것이 마르크스의 《자본론》이었다.

그러나 《자본론》의 예언과는 달리 경영을 승리로 이끌어 지배적

기업으로 발전한 대자본가와의 대립과 경쟁에 의해 파산될 거라고 했던 영세 자본가들은 대립과 경쟁을 피해 주도기업이나 지배기업 등 대기업에 '종속'되는 소규모의 기업으로 변신하게 되었다. 이들은 주도기업의 특정 경제권 안에서 기업활동을 하는 소규모의 기업이 된 것이다. 주도기업이 경영을 개혁하고 투자를 증가하면 종속기업의 생산량이나 수입이 증대되는 것으로 주도기업의 경제활동에 따라서 영향을 받게 되는 소규모의 기업이 된 것이다. 이들의 경제규모는 주도기업의 뜻대로 되며 그 뜻에 따르게 되는 소규모의 기업으로 이들이 '종속기업'이다.

큰 자본과 영세자본이 대립하고 경쟁했던 경영의 새로운 룰이 지배와 종속의 원리로 바뀌게 되었다. '주도와 종속', 즉 주와 종의 관계로 변형된 것이다. 경쟁하며 대립해 있었던 영세 자본가의 파산은 없게 되었고, 프로 계급의 대중화도 축소되었다. 대립과 경쟁은 대자본의 기업체와 영세자본의 기업체 사이에서 다수의 영세기업체인 '종속적 기업'을 발생할 수 있게 했다.

예를 들어본다면 자동차를 생산하는 큰 기업인 주도기업은 자동차를 생산하는 데 필요한 모든 부품을 자체로서 직접 생산하지는 않는다. 많은 부품을 여러 종속기업으로부터 납품하게 하고, 납품하기 위해 제출된 부품에서 개량되고 개선된 우수한 부품을 선택하게 된다. 이러한 선택에 포함되기 위해 종속기업에서는 더 좋은 부품을 만들기 위해 경쟁하게 되고 자동차 생산의 발전이 가능하게 된다. 종속기업들은 최선을 다해 기술을 개발하는 데 힘쓰게 된다. 이러한 경쟁을 통해 보다 좋은 자동차가 생산될 수 있고 주도기업과 종속기업의 '상생(相生)'의 논리가 실현될 수 있다.

완전고용이나 균형 이론을 기본으로 하고 있었던 19세기의 '균형

이론'은 흘러간 과거의 이론이 되고 있다. 그것은 복잡하게 발전되고 있는 현대적 경제 현실에 적용될 수 없게 되었다. 불안정 경쟁, 독점 이론, 지배와 종속의 이론이 현대적 경제의 분석 이론으로 필요한 것이 되고 있다. 그 중심에 있는 것이 '지배효과론'이다. 지배기업과 종속적 기업에 적용되는 경제는 지배효과를 앞세우고 있다.

기업 A가 기업 B에게 어떤 영향을 주었다. 그 영향을 받은 B가 다시 같은 내용의 영향을 기업 C와 기업 D에 주었으나 A가 B에게 주었던 영향보다 그 영향이 적었을 때에 A가 B에게 주었던 영향이 큰 것으로, 그것을 A의 영향, 즉 '지배효과'라고 하는 것이다. 이러한 A의 영향력은 A가 지배적 기업으로 되는 데 큰 힘이 될 수 있다. 기업 A는 더욱 많은 영향력을 행사할 수 있게 되고 기업 A가 주도기업으로서 지배기업으로 발전하는 데 큰 힘이 될 수 있다. 이러한 '영향력(지배효과)'은 과거의 일반적인 균형론에 대신하게 되었다.

정부는 국가경제 발전을 위한 계획을 작성한다. 주도기업이나 종속기업도 자체기업의 발전을 위한 계획을 만들고 있다. 이러한 계획안을 만드는 데 사용된 정보의 양이나 질이 같을 수가 없다. 그러한 계획안이 중복되거나 상반되어 양립될 수 있는 것을 그대로 실행하지 않고 그 계획이 합리적이며 통일되는 것으로 조정하여 성공적으로 추진될 수 있도록 정부나 각 기업이 조정해왔던 것을 자본가의 기업이 추진했던 것이다. 이러한 조정을 하는 것을 '거시 결정'이라고 한다. 이러한 조정은 기업이 작성한 계획안에 포함된 상품의 가격이나 거래량을 대상으로 하고 있고 주도적 기업과 종속기업의 관계를 합리적인 내용으로 발전시켜온 근거가 된다.

각 기업들은 자기가 생산한 상품이나 생산물에 대한 선전이나 광고비 등을 많이 사용하여 소비자들이 자사의 상품을 많이 사도록 하는데 힘쓰게 된다. 또한 어떤 기업이든지 경쟁하는 기업을 약화시키기 위해 투자도 하게 된다. 또한 정부기관에 압력을 가해 자사 상품 판매가 유리하도록 한다. 자사 상품에 유리한 세론을 만들기 위해 여러 언론기관이나 여론을 조성하는 인사들을 끌어들이기도 한다. 경쟁하는 상대방 기업의 고객을 끌어들이는 경제활동도 하게 된다. 이러한 모든 조치가 민간기업이 자체의 경영목표를 달성하기 위한 조치라고 볼 수 있다.

이러한 조치가 민간기업에 의해 추진되었을 때를 '민간 속박'이라고 하며 '공공의 속박'과 구별된다. 공공의 속박은 정부가 의도하는 어떤 추진할 내용을 민간의 여러 경제 단위에 알려서 경제활동의 기준이 되게 하는 조치를 말한다. 공공 속박의 내용을 민간기업에서 준수하게 하거나 변경시키기 위해서는 경찰이나 중앙은행 조직을 통해 압력을 가하기도 한다.

현대 자본제 사회에 있어서 작은 규모의 기업은 자신의 힘으로 변경시켜 바꿀 수 없는 경제활동에 대해서는 영향력을 행사하지 않는다. 반대로 변경할 수 있다고 보는 경제활동에 대해서는 영향력을 행사하거나 속박을 통해 자체의 목표를 달성하고 있다. 여러 경제 단위는 서로 충돌하게 될 계획이나 속박을 자제하며 불가능한 계획은 실행하지 않도록 하고 있다. 이것이 대립과 경쟁이 아닌 '주도와 종속'의 경제운용의 원리가 되고 있다.

주도적 기업은 인구의 증가를 위한 조치를 취하며 사람들이 좋아하는 여러 가지 기획물을 개발하여 인간의 욕구를 다양하며 크게 확대시키고 있다. 스포츠 산업, 여행이나 관광산업 등을 통해 그들의 생산총량을 증가시키고 있다. 노동의 기술성이나 기술을 개발하고 기업의 구조를 개혁하여 기업 경영의 혁신을 가하게 된다. 다른 주도적 기업과 함께 더 큰 새로운 산업인 '산업의 복합체'를 만들고 있다. 이들 산업의 복합체는 고정자본이 크고 효율적으로 운영되어 생산비는 낮게 되며 판매량은 크게 증가된다. 산업 복합체의 형성은 그들의 이익을 증대시키며 동시에 다른 기업이나 종속기업의 산업에도 도움을 주게 된다. 이 같은 기업의 발전으로 마르크스가 비판했던 내용과는 달리 주도기업이나 산업 복합체는 함께 '발전의 토대'가 되고 있다.

이렇게 발전된 기업의 형태와 내용은 마르크스가 비판했던 것과는 달리 자본주의 경제가 계속 발전되는 힘이 될 수 있었다. 새로운 경제 발전의 토대가 된 발전의 토대는 새로운 산업의 원천이 되었고 경제 전체에 큰 영향을 주게 되었다. 이렇게 큰 자본을 만들고 발전의 토대가 된 기업은 그 활동의 영역이 그들의 영토 안에 한정되지 않고 점차 초국가적 영역으로 확대되어가게 되었다.

산업의 복합체 안에서 활동하는 기업체는 투자, 저축, 생산이나 노동 분야에서 각 기업이 가지고 있는 운영의 계획안에 따라서 대립되거나 갈등되는 사항이 발생하게 된다. 이러한 복합체가 경영하는 지역이 초국가적인 영역으로 확대되어 국가 간의 영역이 서로 대립될 수도 있다. 이러한 기업이나 국가 사이에 있는 대립과 긴장을 완화시키기 위한 조치가 반드시 필요하게 된다. 이렇게 서로 상충되는 이해관계와 긴장을 기업의 자율적인 경쟁에 일임하지 않고 정부가 중심이 되어 적절하고 합리적으로 완화할 수 있는 조치가 '조화 성장의 정책'이다. 국가와 기업 그리고 기업 사이에 있게 되는 긴장을 완화하며 불균형을 조화롭게 조정하는 정책의 시행이 자본주의 경제를 계속 발전할 수 있게 했다고 볼 수 있다.

정부가 추구하는 경제의 발전과 기업이 목표로 하고 있는 계획은 같은 정보와 통계에 의해 작성된 것은 아니다. 따라서 이렇게 다른 정보에 의해 만들어진 계획과 목표는 역시 같을 수가 없다. 그 내용이 대립될 수 있고 균형 있는 것으로 될 수 없다. 지난날 균형 성장론에서는 이러한 내용이 기업 간의 갈등과 낭비되는 현상을 초래하고 있었다.

이러한 낭비와 기업 간의 불균형이 초래되지 않도록 하기 위해 정부가 결과에 대한 예측을 하게 된다. 예측을 통해 낭비와 불균형을 막기 위한 조정이 정부에 의해 행해지고 있다. 이러한 예측에 의한 조정이 '간섭'이 되는 것이다. 이러한 간섭이 정책적으로 채택되었고 지난날 균형 성장론에 따른 쓸데없는 경제활동의 중복을 피하게 했다. 자본주의 사회에 있어서의 기업들의 대립과 경쟁을 자유롭게 방임하지 않고 자본주의 사회의 경제 내부에 있었던 문제점을 고쳐가는 정책적인 성격으로서의 간섭과 조화성장을 위한 내용이 '예측과 간섭'으로 발전하게 된 것이다.

마르크스는 자본주의 체제에서 점차로 부르주아 계급은 감소되며 프로 계급은 절대다수로 급격히 증가될 것이라고 했다. 그러나 마르크스의 예언과는 달리 자본가 계급은 감소되지 않았고 계속하여 증가되었다. 자본가들은 기본이 되는 원동산업인 신산업을 계속하여 일으켰고 산업체의 복합체를 만들고 있었다. 주도기업과 지배기업의 수는 늘어나게 되어 주도기업의 토대, 즉 '산업의 토대'는 계속 늘어나고 있었다. 기업을 경영하면서 풍부한 경험을 쌓고 경영의 기술과 원리를 알게 된 전문인들이 기업 발전의 토대를 쌓아가며 경영에 참가하게 되었다. 이들이 발전의 토대가 되는 기업을 이끌어가는 일을 담당하게 되었다. 이들은 기업에서 고액의 임금을 받게 되었고 기업주들의 신분에 가까운 예우를 받게 되었다.

또 한편 공장에서 직접 생산에 종사하고 있던 기술직의 노동자들이 오랜 기간 생산에 종사하면서 상품생산에 대한 기술을 습득하게 되었고 새로운 상품의 생산의 기술을 개발하여 그 생산공장에서는 없을 수 없는 중요한 기술의 달인인 기술자가 되고 있었다. 이들 역시 기업경영의 전문가들과 함께 기업에서 특별한 예우와 대우를 받는 계층이 되었다.

이렇게 다수화된 경영 전문가들과 생산 기술자들의 집단의 사람들은 기업주와 대립하여 투쟁하는 단순한 고용인이 아닌 기업주와 함께 기업을 이끌어가는 집단의 구성원이 되었다. 이들 '새로운 중간계층'의 사람들은 기업주의 반열에 합류하게 되었고 준(準)자본가로 성장하게 되었다. 부르주아인 자본가의 수는 마르크스의 예언과는 달리 점차로 감소되지 않았고 계속 증가하게 되었다. 마르크스의 예측과는 달리 프로 계급도 빈곤 속에 학대받고 착취당하는 지위에서 기업의 경영인들과 이론, 노동임금이나 조건에 대해 토론하고 협상하는 지위로 향상되고 발전되고 있다.

유물사관의 가설은 현실적인 사회현상 속에서 그대로 실현되지 않았다. 유물사관과 《자본론》에 의한 자본주의 체제의 붕괴론은 부정되었고 실현되지 못했다. 《자본론》이 발표된 지 150여 년이 지났지만 자본주의 사회는 계속 발전되고 있다. '대립과 경쟁'에 의한 파산이 아니라 '주도와 종속'이라는 새로운 경영의 논리를 채택하고 있다. 이전에 경쟁의 대상이었던 영세 자본을 거대한 자본으로 성장한 주도기업들이 그들을 종속기업으로 종속시키고 있다.

자본주의 사회의 정치조직과 기업들은 그 체제 안에 있었던 문제

점을 개선하며 개혁하는 여러 가지 조치들을 취하고 있었다. 그 내용들을 프랑스의 경제학자이며 사상가인 '빼루(J. Perroux)'가 《경제와 사회》(*Economie et Societe*)라는 경제학 저서를 출간했다. 일본 중앙대학의 강사인 호리카와 마리코(堀川マリ子)와 일본 대학 법학부 조교수인 호리카와 시로우(堀川士良)는 《자본주의와 공산주의를 넘어서》(資本主義と共産主義を越えて)라는 책명으로 빼루의 경제학에 관한 책을 출판했다. 이상에서 그 내용을 소개했다. 사용된 용어가 일본적인 것이었기에 그 내용을 훼손하지 않는 범위에서 우리의 용어로 바꿔놓았다. 물론 일본식의 용어도 함께 병기했다. 다음에 그 내용을 간단히 요약하여 설명해보고자 한다.

종전에 있었던 자본주의 경제는 대립과 경쟁이라는 경제운영의 논리를 따르고 있었다. 그러나 현대자본주의의 경제운영의 논제는 주도와 지배 그리고 종속으로 바뀌었고, 과학과 기술의 발전과 경영의 개선으로 새로운 산업인 기간적 산업(원동적 산업)으로 발전했으며, 산업의 복합체를 구성하여 자본이나 금융까지를 자유롭게 운영할 수 있는 큰 기업이 되었다. 이전에 대립하고 경쟁했던 영세자본을 기간적 산업이 된 주도기업의 지배하에 종속시켰다.

거대화된 기간산업과 그 산업의 복합체가 여러 기업이나 종속기업에 영향력을 행사하여 지배를 강화하며 종속을 더욱 크게 하는 효과적인 영향력(지배효과)을 행사하게 되었다. 정부나 여러 기업이 작성한 발전계획이 상충되지 않도록 조정(거시 결정)을 하고 있었다. 정부는 공권력을 동원하여 각 기업이 일정한 기준에 따라 행동하도록 하는 강제적 조치(속박)를 하게 되었다. 뿐만 아니라 각 기업이 작성하여 시행하고자 하는 계획안을 사전에 예측하여 성공적으로 그 사업이 시행되도록 간섭을 하고 있었다. 각 기업의 기업활동의 결과가 불균형적인 것이 되지 않도록 하는 '조화성장론'을 채택하고 있다.

기간 기업(원동 산업)의 발전의 토대[극(極)]를 구성하고 있었던 중산계급이 기업의 경영과 생산활동의 양면에서 출현하며 착취 받고 핍박받는 프로 계급이 아닌 그룹으로 경영에 직접 참여하여 자본가 그룹에 합류하게 되었다. 일반 노동자들 역시 경영인들과 노동 임금이나 노동 조건에 관해 토론하며 협상하는 지위로 향상되고 있었다. 자본주의 체제하에서 부르주아 계급은 감소되지 않았으며 증가되고 있었다. 열악한 조건하에 있었던 프로 계급 역시 그 지위가 향상되고 있다. 이러한 기업 경영의 개선과 개혁 그리고 자본주의 체제의 변화가 현대 자본제 사회의 발전과 번영을 가능하게 했다고 볼 수 있다.

지난날 자본제 사회에 있어서는 모든 생산의 가치생산이 노동자들에 의해 이루어졌고 생산된 가치를 자본가들이 착취했으며 가치 생산을 직접 담당했던 노동자들은 인간 이하의 핍박 받는 계층인 프로 계급이 되었다고《자본론》은 기록하고 있었다. 따라서 이는 프로 계급의 해방이 추진되어야 할 논리가 되고 있었다. 그러나 현대자본주의 사회는 과학의 발전과 기계공업 그리고 기술의 향상이 이루어졌고, 기계생산도 중요한 생산분야에 있어서는 '기계의 자동화'가 성공적으로 추진되고 있다. 이러한 기계 자동화에 따른 생산은 점차 모든 생산과정으로 확대될 것이 예상되고 있다.

그뿐만 아니라 '로봇'에 의한 생산분야도 확대되어 인력노동을 대신하는 것으로 발전될 것을 예상할 수 있다. 이러한 기계의 자동화나 로봇의 등장은 사회 어느 하나의 계층에 의해 발전한 것이 아니다. 기업 운영을 담당했던 자본가들에 의해 독자적으로 발전한 것도 아니다. 노동자들에 의해 성공적으로 추진된 것만도 아니다. 과학자나 기술자들에 의해 추진된 것만도 아니다. 일반 평범한 시민들의 동참을 무시할 수도 없는 것이다. 인간의 이성과 지혜 그리고 희망에 따른 의욕들과 사회의 어느 하나의 계층이 아닌 모든 인간들의 노력이 합쳐져서 이루어진 성과라고 할 수 있다. 이러한 성과를 어느 하나의 계층이 독점하거나 독식할 수 없는 것이라고 할 수 있다. 이러한 현대자본주의 사회의 성과를 모든 사람들에게 적절하게 나누어줄 수 있는 방법과 그 배분율에 대한 고민이 현대 자본제 사회가 해결해야 할 과제의 하나라고 생각된다.

현대 자본제 사회는 일정한 영토 안에서만 이루어지고 있지 않다. 초국가적인 세계의 무대로 기업의 경영이 확장되고 있다. 지난날 강력한 군사력을 갖춘 국가들은 군사력으로 연약한 지역이나 국가를 점령하고 지배하는 횡포를 부리고 있었다. 이러한 '식민지' 정책이 용인되고 있었다. 그러나 현대사회는 그러한 야만적 식민지 전략을 도덕적이거나 윤리적인 양식으로 용인하지 않게 되었다. 그러나 초국가적 영역으로 경제활동의 영역을 확장한 자본제 사회는 군사적인 식민지 전략이 아닌 경제적 수탈을 가능하게 하는 '경제적 식민지'의 경영이 가능하게 되고 있다고 본다. 자본제 사회의 발전이 열악한 조건하에 있는 세계 여러 나라를 부당하게 수탈하는 경제 식민지의 잘못을 저지르지 않도록 하는 것이 현대자본주의 체제가 수행해야 할 두 번째 과제라는 것을 주장하고 싶다.

자본주의 체제의 필연적인 붕괴론과 프로 계급의 폭력혁명론의 위협 앞에서 자본가들은 그 내적 모순을 개혁하고 새로운 발전의 길을 모색하고 있었다. 자연과학의 발전과 새로운 기계시설의 발명 그리고 생산기술의 발전은 자본가들의 부를 크게 발전시키고 있다. 새로운 산업으로 원동산업이 발전되어갔고 이러한 원동산업의 복합체가 구성되어갔다. 자본은 놀라울 정도로 크게 되었다. 이들 대형화된 복합체 기업은 산업계를 지배하는 주도기업으로 발전했고 자유시장 경쟁체제하에서 대립하고 경쟁했던 영세자본을 지배하는 종속기업으로 그 산하에 흡수하게 되었다. 대립과 경쟁이 '지배와 종속'으로 변해갔다. 그러나 지배와 종속은 대자본이나 영세 자본가가 함께 발전할 수 있는 '공생의 원리(共生의 原理)'에 따른 것이었고 그것이 자본주의 사회의 붕괴를 막고 새로운 발전을 가능하게 한 것이었다.

그러나 자본의 대형화가 이루어져감에 따라서 공생의 원리는 대자본가들의 이익을 위한 내용으로 변질되어가고 있다. 선의의 주도와 종속이 아니라 '악의 주도와 종속'으로 변질되어갔고 공생의 원리를 떠나게 되었다. 자본주의 사회의 개혁의 노력은 변질되어갔으며 자본주의 체제의 변질이 불가피하게 예측되고 있다.

과거 시장경제 체제하에 있어서 정부나 크고 작은 기업은 그들이 가지고 있는 정보를 기반으로 하여 각각 기업발전의 기획안을 만들고 있었다. 그러나 그러한 기획은 서로 중복되거나 낭비되는 것일 수밖에 없었다. 이러한 문제점을 조정하기 위해 기간산업 및 그 산업의 복합체는 크고 작은 기업이 작성한 발전의 기획안을 사전에 검토하고 조정하는 일을 하고 있었다. 이러한 '거시 결정', 즉 조정 역시 '공생의 원리'에 따라서 하고 있었으나 주도기업의 영향력이 점차 커짐에 따라서 주도기업의 이익을 앞세우게 되었고 공생의 원리가 배척되었다. 이것 역시 현대자본주의 체제가 잘못된 방향으로 변질되게 하는 것이라고 볼 수 있다.

주도기업이나 종속기업에서 생산되는 상품의 양이나 가격이 어느 한쪽으로 편향되지 않고 조화를 이루는 방향으로 '조화성장'의 정책이 취해지고 있었으나 주도기업의 영향력이 확대되면서 조화성장의 정책 역시 주도기업의 일방적인 이익을 위한 것으로 변질되고 있다. 조화성장의 정책 역시 기업의 공생원리를 떠나고 있는 것이다. 이것 역시 현대 자본주의 체제가 극복해야 할 과제가 되고 있다.

이상의 모든 문제보다도 이제까지 주도 기업의 경영을 합리적이며 객관적이고 공정하게 집행해왔던 전문적인 경영인 집단이 중요한 중간계층을 이루고 있었으나 대자본의 주도기업이 이들의 보수를 높이고 예우를 크게 하게 되어 이들이 단순히 주도기업에 고용된 노동자들이 아니고 주도기업의 책임 있는 경영인이 되고 있다는 사실을 지적할 수 있다. 이들은 주도기업의 정당하며 합리적인 경영보다는 대자본의 직접적인 경영인으로 기업의 이익을 위한 일에 헌신하며 전념하는 경영인 그룹을 구성하게 되었다. 그들의 전문적인 경영의 지식으로 기업의 이성적인 경영을 위하기보다는 '준자본가'로 처신할 수밖에 없게 되었다고 볼 수 있다. 이들이 준 자본가로 변신함으로써 마르크스가 주장했던 자본제 사회에서는 자본가의 수가 점차로 감소된다는 가설이 잘못되었다는 것이 증명됐지만 현대자본주의 사회에 큰 역할을 했던 전문적인 지식인으로서의 중간계층이 준 자본가에 대열에 가담하게 된 것은 현대자본주의 사회를 위해 큰 불행이라고 할 수 있다.

현대자본주의 사회는 점차로 비이성적인 것으로 변질되어가고 있다. 자본주의 사회의 정치나 법률, 산업 및 경제적 '현실', 즉 The Real은 계속 유지되며 발전될 수 없는 것으로 되어가고 있다. 이러한 현상을 어떻게 개선하는가 하는 것이 현대자본주의 사회가 해결해야 할 과제이다.

제7장 공산주의의 분파

31. 계급과 독재

마르크스는《공산당 선언》에서 인류의 역사는 계급투쟁의 역사라고 적고 있다. 고대사회로부터 18세기까지는 계급이라는 개념도 없었고 계급이라고 할 집단의 사람들도 없었다. 고대사회에는 자유인과 노예가 있었고 중세사회에는 영주와 농노가 있었을 뿐이었다. 노예와 농노는 그들의 상전에게 매여 있었고 개별적으로 있었으며 집단화되어있지 못했다. 그들은 그들의 처지를 하나의 숙명으로 알고 있었으며 상전에 대결하여 투쟁한다는 생각이나 행동을 하고자 하지 못했다.

자본가들은 변화된 산업사회를 지배하고 있었으나 수공업자나 소상인들과 금리 생활자들과 소규모의 수공업적 공장을 운영하고 있었던 영세 자본가들은 큰 자본가들이 경영하는 공장에서 생산되는 상품과의 가격경쟁에서 패할 수밖에 없었다. 그들은 결국 파산하여 공장 문을 닫고, 일자리를 잃고 거리로 쫓겨난 노동자들과 함께 거리를 방황하는 실업자 집단인 프로 계급에 합류하게 되었다.

고대사회에서 높은 성을 쌓고 그 안에서 보호받고 살아가는 사람들을 '브르게르툼(Brogertum)'이라고 했다. 18세기에 오면서 공장과 기계 등으로 성을 쌓고 보호되는 생활을 하고 있었던 사람들을 '부르주아(Bourgeois)'라고 했다. 이들은 생산수단이나 원료 등 자본을 가지고 있는 자본가들이었다.

이들 부르주아 자본가와는 달리 가계에 필요한 생활수단을 얻기 위해 부르주아에게 자신의 육체적 노동력을 파는 것밖에는 아무러한 것도 가지지 못한 사람들은 희랍시대의 브르게르툼과 같이 프롤레타리아가 되었다. 아이를 낳는 것밖에 어떤 재산도 가지지 못했고 재간도 없는 무능한 사람들이 프롤레타리아가 된 것이다. 이들은 부르주아들에게 매여 있었다. 그러나 이들은 중세의 농노들처럼 그들의 운명을 하나의 숙명으로 받아들이지 않았다. 그들의 불행한 처지가 자본제 사회의 모순 때문이라고 알게 되었으며 그들의 불만스러운 사회체제에 저항하며 집단으로 투쟁하려는 의식이 싹트게 되었다.

이들처럼 거리를 휩쓸며 방황하면서 집단으로 투쟁하고자 하는 대중을 프롤레타리아라고 했고 이들을 단순한 농노나 노예가 아닌 '계급'이라고 규정한 사람이 유명한 개량주의자이자 이상주의자인 생 시몽이다. 그 이후 프롤레타리아들은 하나의 계급이라는 개념으로 알려졌고 널리 퍼지게 되었다.

마르크스와 엥겔스는《도이체 이데올로기》,《안티 듀링론》에서 부르주아 사회에 있는 노동자 집단을 하나의 사회적 계급으로 쓰고 있다. 사회적 존재가 사회적 의식으로 되며 사회적 존재인 인간은 사회적 의식을 갖게 되며 계급적 의식을 갖게 된다고 했다.

프로 계급 투쟁의 목적은 계급을 폐기하고 계급 자체의 자리까지를 폐기하는 것이라고 했다. 계급이 소멸하는 필연성을 전제로 한 것이 프로 독재라 했다. 레닌은 마르크스 평전에서 계급투쟁을 역설했고 그것에 그치지 않고 계급투쟁을 프로 독재로까지 나아가야 한다고 했다.

자본제 사회를 붕괴시키고 그 모순을 타파할 수 있는 인간은 개인적으로 존재할 수는 없다고 했다. 인간의 개성을 거부하고 하나의 '계급적 집단' 속에 포함된 인간이 프로 계급이어야 한다고 했다. 개성에 따라서 행동하는 자유로운 인간을 일정한 하나의 목표에 투입하고 통제한다는 것은 어려운 일이다. 따라서 인간을 하나의 계급적 집단으로 묶어서 사회의 집단으로 구성하는 것이 투쟁과 혁명을 보다 쉽고 효과적으로 할 수 있다고 본 것이다. 이러한 이유 때문에 프로 계급을 프로 해방을 위한 하나의 통일된 집단으로 규정한 것이라고 볼 수 있다.

점진적인 개량주의자들과는 달리 역사와 사회 발전 그리고 변혁은 폭력과 계급투쟁을 위한 '혁명'에 의해서만 가능하다고 주장하는 사람들이 등장했다. 바뵈프와 바이틀링 등이 그 대표적인 사람들이다. 이런 사람들의 주장인 계급투쟁에 대해 유물론이나 유물사관 같은 것에서 이론적으로 정리한 사람이 마르크스와 엥겔스라고 할 수 있다.

이러한 이론을 체계적으로 정리하고 보다 유연하게 규정한 사람이 마오쩌둥이다. 마오쩌둥은 엥겔스의 변증법의 법칙인 '부정의 부정'의 법칙에 더하여 사회적 모순을 '적대적 모순'이라 하여 계급투쟁에 관한 논리를 보다 강하게 규정하고 있다. 자연이나 일반사회에는 없고 계급적 사회에만 있는 모순을 적대적 모순이라고 했다. 비적대적 모순은 부정과 부정 그리고 다시 부정되는 모순이지만 적대적 모순은 계급적 대립이 있는 사회에만 있는 모순으로, 그러한 모순은 폭력과 계급투쟁이나 '혁명'에 의해서만 극복되는 모순이라고 했다. 러시아 혁명은 계급을 철폐했으므로 적대적 모순이 없어졌다고 하는 논리가 되었다. 이러한 계급투쟁이나 폭력론은 러시아 혁명론자들에게 그대로 이어지게 되었다.

32. 러시아의 계급혁명론자들

트카초프(Peter Nikitisn Tkachev: 1844-1886)

러시아 나로드니키(Narodniki) 운동을 대표한 사람이다. 상트페테르부르크대학에서 수업했고 그곳에서 유명한 네차예프를 만났다. 그 당시 일반적으로 주장되고 있던 농민들의 독자적인 행동을 거부하고 소수의 정예분자들에 의한 혁명을 주장하고 있었던 사람이다. 혁명은 잘 훈련된 소수의 혁명 지도자들에 의해 지도되어야 성공할 수 있다고 주장했다. 레닌 역시 혁명적 전위에 의해 혁명이 지도되어야 한다고 주장했다. 두 사람은 같은 생각을 하고 있었다. 특히 트카초프는 국가는 파괴할 것이 아니라 일단 국가의 권력을 장악하고 혁명을 성공적으로 추진해야 된다고 주장했다. 프로혁명 후에 프로 독재를 실현하는 것이 계급투쟁의 최종적인 목적이라고 주장했다.

네차예프(S. G. Nechaev: 1847-1882)

혁명은 직업적인 혁명지도자의 지도에 의해서만 성공될 수 있다고 주장했다. 혁명지도자는 중앙집권하의 기관에서 훈련된 지도자여야 한다. "혁명은 파괴의 과학만을 알 뿐"이라고 했다. 후에 레닌에 의해 극찬을 받은 〈무엇을 할 것인가〉(What is to be done)라는 글을 써서 유명한 사람이 되었다. 1862년부터 거의 20년 동안을 시베리아에서 유랑생활을 하고 있었다.

"인민들 속으로!"라고 주장하여 유명해졌고 농민들의 생활공동체인 'The MiR'의 창설자였다. 농민들을 잘 지도하고 조직하면 혁명이 가능하다고도 했다. The MiR는 후에 흑토분할파와 인민의 의지파로 분열되었다. 흑토분할파에서 공산당을 창설한 플레하노프가 출현한다. 그러나 그는 후에 테러리스트로 전환했다.

체르니 셰프스키(N. G. Cherny Shevsky)

1860년대 러시아 사회개혁의 지도자로, J. S. 밀의 《정치경제학 원리》를 러시아어로 번역했다. 농민들에 의한 농토의 공동소유를 주장하여 나로드니키의 지도자가 되었다. 농민운동의 중요성을 주장했지만 노동운동에도 많은 관심을 가지고 있었다. 1870년대 나로드니키 운동의 지도적 역할을 했고 "우리를 반대하는 자는 모두 우리의 적"이라는 말로 레닌에게 많은 영향을 주었다. 1826년에 〈인민들이 바라며 요구하는 것은 무엇인가?〉라는 글을 발표했다. 그러나 체포되었고 망명생활 중에 겨우 35세의 젊은 나이에 사망했다. 그가 속해 있던 '인민의 의지파(Narodnay Volya)'에서 알렉산더 2세를 암살했다.

플레하노프(G. V. Phekhanov: 1857-1918)

구다노브카에서 출생했고 보로네시군사학교를 졸업했다. 콘스탄틴 사관학교를 수료했다. 1876년에 나로드니키 서클에 가담하여 처음으로 정치시위에 참가했다. 페테르부르크에서 지하활동에 가담했다. 마르크스주의에 심취하여 활동하다가 두 번이나 체포되어 투옥됐다. 후에 스위스로 망명했다.

대도시의 산업이 발전되어 공업 노동자의 수가 급증했다. 나로드니키의 급진적인 투쟁도 격화되고 있었다. 이때 혁명운동의 중요한 역할을 하게 된 '노동자 해방단(The Liberation on Labor Group)'이 창설되었다. 자술리치, 데이치, 이그나토프 등과 함께 노동자 해방단의 창설에 가담했다. 이때에 공산당 선언을 러시아어로 번역했고 엥겔스와 친교를 맺게 되었다.

1892년 K. 포이어바흐의 《신성가족》을 러시어아로 번역했으며 이후 마르크스주의 연구에 전념했다. 1898년 러시아 사회민주당(Iskra)을 창설했다. 1903년 러시아 사회민주당이 볼셰비키와 멘셰비키로 분열됐을 때에 멘셰비키에 가담했다.

1876년 페테르부르크의 카산 성당에서 있었던 정치시위를 지도한 후 노동자들과의 연관이 강화되었다. 그 이후에는 농민들에 의한 혁명을 불신하게 되었고 중산층과의 연관도 거부하고 있었다. 그러나 지식

층인 인텔리겐치아들과의 연합을 주장했으며 테러리즘을 반대하게 되었다.

1876년 레닌이 제네바로 플레하노프를 방문했다. 1898년에 러시아 사회민주당이 창당되었다. 1903년에 런던과 브뤼셀에서 러시아 민주당이 볼셰비키와 멘셰비키로 분열되었다. 1900년에 레닌과 함께《불꽃》(*The Flame*)을 창간했으나 레닌이 ISKRA를 탈퇴한 후에 멘셰비키파와 ISKRA를 전유하게 되었다. 1918년 혁명 다음 해에 플레하노프가 사망했다.

33. 공산주의의 분파

정통파 공산주의

공산당 선언 이후 공산주의는 몇 갈래로 나뉘게 되었다. 정통파 공산주의, 극좌파 공산주의, 수정파 공산주의 등이다. 정통파 공산주의를 대표한 사람이 H. 하인드만, I. M. 루비노우, K. 카우츠키 등이다. 이들은 마르크스의 철학이론, 경제이론, 정치이론을 사회와 역사를 해석하고 분석하는 방법으로 수용하고 있다. 그런 이론을 정당하다고 받아들였으나 무조건 수용하지는 않았다.

민주주의자들이나 이상주의자들에 의해 사회주의의 실현은 불가능하다는 마르크스의 주장을 지지했고, 계급투쟁을 기본으로 한 폭력혁명으로만 실현될 수 있다는 마르크스의 주장을 지지했다. 계급투쟁은 연대를 더욱 공고히 할 것을 주장했다. 민족이나 조국이라는 생각은 버려야 하며 계급적 단결만을 강력하게 요구하고 있다. 공산당 선언에 쓰인 대로 만국의 노동자들의 단결을 지지하고 있다. 민족적이나 조국이라는 생각을 하게 되면 프로 계급의 논리는 성립할 수 없다는 주장이다. 프로 계급에게는 조국이란 없다는 주장이다.

공산주의자는 기왕에 있었던 정부의 시책이나 방침에 반대하며 협력하지 않는다. 협상이나 타협은 철저하게 거부되어야 한다. 노사 간의 협상은 물론 협조는 절대적으로 거부되어야 한다. 프로 계급은 자본제 사회의 체제를 전복하고 소유 계급을 타도하며 정치권력을 쟁취하기 위한 계급투쟁에 헌신해야 한다.

극좌파 공산주의

공산주의 혁명운동사에서 그 이론이나 실천적 혁명운동을 지도한 뛰어난 여성으로 로자 룩셈부르크(Rosa Luxemburg)를 들 수 있다. 1871년 폴란드의 자모시치촌(村)에서 유대인인 아버지와 폴란드와 독일의 고전 문학에 심취하고 있었던 어머니인 리네의 5남매 중의 막내딸로 태어났다. 하늘과 구름, 넓은 들판과 바다를 특히 좋아했고 동물과 식물을 좋아했다. 꽃 가운데서는 민들레꽃을 좋아했고 개구리와 난초 꽃을 싫어했다. 학교에서는 언제나 반에서 1등을 하는 수재였다.

노동자 대중의 자유와 해방을 위한 투쟁 속에서도 학문적 연구를 계속하여 〈폴란드의 산업발전〉이라는 논문으로 박사학위를 받았다. 여러 차례의 감옥생활 속에서도 친구들이나 혁명동지들에게 거의 100통이나 되는 편지를 보내고 있었다. 감옥생활의 어려운 여건이나 혁명투쟁에 관한 내용이라기보다 문학소녀다운 감성적 내용의 글들이었다. 혁명운동의 거친 파도 속이 아니라 평화스러운 생활을 했다면 그녀가 우리에게 극좌적 공산주의자로 남긴 것보다는 문학적인 작품들을 남겼

으리라고 생각된다.

공산주의 이론으로 철학 · 정치 · 경제적인 많은 글을 남긴 마르크스는 벨기에, 프랑스, 영국 등지에서 망명생활을 했고 러시아 혁명운동의 지도자 N. 레닌은 시베리아에서 얼마동안 유형생활을 했으나 그의 아내 크루프스카야와 생활을 함께했고 시베리아의 여러 곳을 주유했으나 감옥에 수감되지는 않았다. 시베리아 유형에서 풀려난 후에는 망명지에서 안전한 생활을 하면서 혁명운동의 이론과 내용, 그리고 행동의 방향을 동지들에게 써서 보내고 있었다. 혁명의 어려운 풍랑 속이 아니라, 비교적 신상의 위험이 적었던 곳에서 혁명투쟁을 '원격조정'하여 계속되는 감옥생활을 하지는 않았다. 그들은 혁명의 사령부에서 하나의 참모장으로 활동하고 있었다.

로자는 독일에서 혁명운동을 하기 위해 독일 국적을 얻어 독일로 옮겨 살았고 독일의 노동자들의 파업과 폭동을 앞서서 선동했고 폭동의 기수로서 노동자들과 함께 투쟁에 참가하고 있었다. 혁명을 지시하고 지휘하는 참모장이 아니라 폭동의 전방부대를 지휘하며 인솔하는 지휘관의 역할을 하고 있었다. 그리고 감옥에서 석방되면 곧 대중 앞에 나타났고 그들을 선동하며 투쟁을 인도했다. 그리고 마르크스의 이론을 따랐고 동시에 투쟁에 앞장섰던 여성혁명가의 대표로, '극좌파 공산주의자'가 되었다. 마지막으로 숨어있었던 만하임의 집에서 체포되었고 에덴호텔로 연행되는 과정에서 K. 리프크네히트와 함께 독일병사에 의해 살해되었다.

로자는 혁명운동의 기수(旗手)였을 뿐만이 아니었다. '대중의 자연발생론'으로 레닌의 당과 지도자의 조직에 관한 주장에 반대이론을 제기했고, 수정주의와 제국주의에 대한 분석과 함께 비판적 이론을 제시하고 있었다. 민족문제에 대한 레닌의 주장을 논박했다. 마르크스의 이론에 대한 이해와 그 학문적 방법론을 따랐으며 인간의 구제와 해방을 개인적인 차원에서 다루지 않고 역사와 사회과학적인 차원에서 추구했던 공산주의자로서 '극좌적 공산주의'의 대표가 되고 있다.

로자는 인간활동의 근거를 '대중'에게 두고 신뢰했다. 사회의 구속을 풀어가는 열쇠를 대중이 쥐고 있다고 믿고 대중에게 절대적인 지지를 두고 있었다. 혁명활동과 노동자의 스트라이크는 대중이 행하는 주체적인 창조성에서 나타나는 것이며 대중의 자유와 해방을 실현하기 위한 것이라고 했다. 대중은 사회발전의 산물이며 결과이고, 발전의 원인이 된다고 주장했다. 행동하는 대중을 당이나 지도자보다 앞세워야 한다. 대중은 자각하고 그러한 의지를 가짐으로 그들의 이상을 실현하고 스스로의 해방을 추구한다. 대중이 혁명의 핵심체가 되어야 한다는 주장이다. 이들 대중은 당(党)이나 어떤 지도자의 지시나 조직에 의지하는 것이 아니고, 대중의 지성에 의해 자연발생적으로 만들어지는 것이다.

당은 정치적인 행위에 있어서 어떠한 잘못도 하지 않는다는 '무류성(無謬性)'의 조직이라고 하고 있으나 당이 노동자 대중을 그 외부로부터 지배하고자 하는 것 자체가 잘못된 것이다. 대중이 바라지 않거나 자각하지 못한 행위를 당이나 지도자가 강요하는 것은 잘못된 것보다도 하나의 범죄 행위이며, 그런 일은 반드시 실패할 것이다. 객관적인 역사와 사회의 발전의 논리는 당이나 지도자의 주관적인 논리에 앞서서 존재하기 때문이다.

대중이 사회적으로 성숙되지 못했기 때문에 지도자가 강제로 대중을 이끌어야 한다고 주장되고 있다. 그러한 적극적인 행위가 전투적인 것으로 보이고 하나의 영웅주의가 된다고 하나 그것은 대중을 탄압하는 독재의 지배로 나타나게 된다. 결국 대중은 그들의 나아갈 길을 잃게 되고 혁명운동이나 노동운동을 후퇴하게 할 뿐이다.

제국주의는 자본의 축적이 크게 추진되어 새로운 시장을 찾게 되며 점유되지 않는 시장의 영유권이나 새로운 시장을 재분할하려는 시도가 시작되면서 그 발전이 있게 되는 것이다. 자본주의 경제의 발전이 그 한계에 이르게 되면 제국주의적 전쟁은 자본주의 사회 안에서 생기게 되는 모순이다. 자본주의는 세계적 형태로 되려는 경향이 되며 그것은 자본주의 사회 안에서 자연적으로 생기는 모순이다. 따라서 제국주의와 전쟁을 반대하는 투쟁은 인간이 그들의 해방을 위한 투쟁이다. 이러한 사회를 구현하기 위해 노동대중이 결집하고 그 통일을 실천하는 것이다. 노동대중이 권력을 장악하기 위한 투쟁이며 사회주의 사회를 위한 결정적 투쟁이 된다. 따라서 제국주의의 전쟁을 반대하는 '반전 투쟁(反戰 鬪爭)'을 위해 국제 노동자들의 연대가 강화되어야 한다.

제국주의자들은 후진국, 저개발국에 대해 사회적 · 경제적 · 문화적인 원조라는 이름 아래 새로운 식민지 정책을 통해 자본주의의 자본의 특권을 지키고자 정치적 또는 군사적 패권을 행사하고 있다. 그것은 자본주의의 자본가의 특권을 지키기 위한 지배권의 행사라고 볼 수 있다. 실제로 이러한 원조는 노동자 대중의 '부자유의 확대(不自由의 擴大)'이거나 '부자유의 고정화'를 위한 것이다. 현대자본주의 사회가 사용하고 있는 여러 가지 조치는 자본제 사회가 이전에 사용했던 조치보다 외형상으로 훨씬 세련되고 매력적인 것이 되고 있다. 이러한 위장된 조치를 대중은 간파해야 한다.

독일에서는 오랫동안 계속된 전쟁으로 여러 가지 어려움을 겪게 되었는데 특히 식량이 부족하게 되었다. 1916년 중반부터 노동자들의 혁명적 분위기가 확산되었다. 특히 베를린의 금속 노동자들은 '혁명적 오퍼레이터(Operator)'를 조직했다. 이들은 사회민주당이 주장하는 평화혁명을 거부하고 스파르타쿠스(Spartakus)가 주장하는 정치 스트라이크를 위한 대중에 의한 혁명적 수단을 지지하게 되었다. '노동자 오퍼레이터'의 지도하에 1916~1918년까지 정치 스라이크가 계속 일어나고 있었다. 이들은 식량 할당과 배급을 계속할 것, 군부가 수행하고 있는 전쟁을 즉시 정지, 정치적인 민주화를 요구하고 있었다.

1918년 10월에 '막스' 공(公)을 수반으로 하는 의회제 내각이 조직되고 사회민주당의 사이데만이 입각했다. 같은 해 10월에 '킬' 군항(軍港)에서 수병들에 의한 반란이 일어났고 폭동의 진압을 위해 사회민주당의 구스타프 노스케가 파견되었으나 혁명의 불길은 계속 확대되어 베를린은 노동자, 병사 소비에트의 수중에 떨어졌다. 리프크네히트는 왕궁의 베란다에서 노동자 대중을 향해 '사회주의 공화국'의 성립을 선언했고 황제인 빌헬름 2세는 네덜란드로 도망갔으며 '막스' 공은 제정을 폐지하고 자신의 왕위 계승권을 포기했다. 권력은 노동자 평의회에 넘어갔으며 감옥 문이 열리고 로자는 자유의 몸이 되어 대중 앞에 나타나 대중의 환호 속에 연설을 하고 베를린으로 돌아가게 되었다.

로자는 베를린에서 '로테파네[붉은 깃발(赤旗)]'와 '출발'이라는 제명으로 혁명의 프로그램을 발표했다. ① 지방의 노동자, 병사 평의회를 확충하고 재선출한다. 노동자, 병사 소비에트에 정치권력을 이양한다. 동시에 노동자, 병사로 구성하는 국회를 소집하고 행정과 사법 및 군대에서 과거 경찰국가의 기관이었던 모든 조직을 폐지하여 추방한다. 동시에 프로 노동자 계급인 대중을 정치적으로 조직하여 혁명을 지키는 방위군을 조직한다. ② 노동자 대중의 식량문제를 해결하기 위해 황실과 대지주의 토지를 몰수한다. ③ 혁명의 사회주의적인 국제주의를 위해 '국제 노동자 회의'를 소집한다.

정권을 인수한 사회민주당은 우경노선을 채택하고 독립사회당과의 합작에 힘쓰게 되었다. 사회민주당에서는 에베르트, 사이데만, 라스베르크 등이 입각했고 독립사회당에서는 하제, 티트만, 베르트 등이 입각하여 신정부가 수립되었다. 프로독재는 단순한 폭동이나 소요가 아니고 노동자 대중의 의지에 의해 자본제 계급의 재산을 몰수하고 그 체제를 전복시켜 사회주의 사회를 건설하기 위해 정치적인 권력수단을 장악하는 것이라고 주장했다.

이상과 같은 로자의 주장은 노동조합 간부나 반대론자들에 의해 강하게 비판되었다. 로자의 주장은 혁명의 주체가 무시되고 있으며 혁명의 능동성이 부정되고 있다는 비판이었다. 로자의 주장은 극히 기계적이며 동시에 물리적으로 진행되는 역사의 필연성을 이해하지 못한 것이라고 비판되었다. 레닌 역시 로자의 주장을 강하게 비판했다. "혁명운동은 중앙집권적인 조직에 의해 추진되는 것이다. 당대회에만 책임을 지는 중앙위원회가 혁명지도의 정점이 되어 위와 아래가 정연하게 조직되어야 한다. 자연발생적이라는 대중 운동은 당에 의해 지도되어야 하는 것이다. 노동 계급인 대중은 그 외부에 있는 당과 중앙위원회의 직업적인 혁명지도자에 의해 조직되고 지도되어야 한다"고 하여 로자의 대중의 자연발생론을 부정하고 비판했다.

로자는 반대론자들이나 노동조합 간부들과 레닌의 비판을 수용하지 않았고 다음과 같이 반론을 전개했다. "당의 소수 지도자들이 혁명운동의 모든 것을 결정하며 지배하고 있다. 노동자들의 대표인 대중은 이따금 소집되어 지도자의 연설에 박수를 보내야만 한다. 지도자가 제출한 안건은 한 표의 반대도 없이 100% 만장일치로 통과된다. 이러한 현상을 노동자 대중의 지배나 독재라고 할 수 없다. 그것은 당과 지도자의 독재라고 할 것이다. 이러한 독재는 많은 대중을 반동으로 낙인을 찍어 체포하고 처형하기 마련이다."

오늘날 로자가 북한의 독재적 지배를 볼 수 있다면 위와 같은 평가를 하지 않을까 여겨진다. 북한의 3대에 걸친 김일성 일가의 독재는 로자의 이상과 같은 비판을 면할 수 없을 것이다. 로자는 노동자 대중의 앞에 서서 혁명운동을 했던 대중을 인도하는 혁명의 기수였다. 레닌은 고도로 잘 훈련된 군의 사령부에 앉아서 혁명운동을 지휘했던 참모장이었다고 볼 수 있다. 이 두 사람은 혁명운동에 있어서 다른 모습의 지도자였다.

로자는 프란츠메링, 율리안 카우츠키 등과 함께 스파르타쿠스당을 창당했다. '스파르타쿠스(Spartakus)'라는 명칭은 로마시대에 있었던 노예폭동을 주도했던 지도자의 이름에서 따온 것이다. 스파르타쿠스당은 사회민주당의 반대파로 있었으나 사회민주당이 분열되어 독립사회민주당이 되었다. 스파르타쿠스당은 독립사회 민주당과 제휴하고 있었다. 그러나 1919년 독립사회 민주당이 혁명노선을 바꾸어 개량주의 정당이 되었고 1917년 1월 7일 로자가 스파르타쿠스 평의회에 제출한 결의안에 의해 독립사회 민주당과의 제휴를 끊고 독일공산당으로 발전되었다.

베른슈타인(Bernstein)은 자본주의의 발전은 자연히 민주주의의 발전으로 전개되며 거기에서 사회주의의 길이 열린다고 주장했다. 그러나 로자는 자본주의는 민주주의를 부정하는 요소를 내포하고 있는 것으로 민주주의 제도 속에서 노동자 계급이 성장하고 그 속에서 노동자 계급이 그들의 이익을 확대하게 되면 부르주아 계급은 민주주의를 부정하게 된다고 했다. 베른슈타인의 수정주의의 주장을 거부하며 반대하고 있다. 자본주의 제도하에서 사회주의 제도가 점진적으로 발전하는 것이 아니라 그와 반대로 자본주의의 사회제도는 부르주아 계급을 위한 국가의 특수수단이 된다고 했다. 따라서 사회개량을 통해 개량주의적 제도를 거듭 쌓아간다면 그 안에서 사회주의적 여러 가지 내용이 성립되어갈 것이라는 수정주의자들의 주장은 잘못된 것이라고 하여 수정파 공산주의자들의 주장을 로자는 강하게 비판하고 있었다.

수정파 공산주의

공산주의자들이 정통파와 극좌파 공산주의로 갈리는 과정에서 마르크스주의의 내용을 비판하고 그 내용을 수정한 사람이 에두아르트 베른슈타인(E. Bernstein: 1850-1923)이다. 그 내용을 다음에 간단하게 요약한다.

- 노동자들은 점차 큰 집단이 될 뿐만 아니라 강력한 압력단체로 발전할 것이다. 따라서 정치적인 투쟁인 최후의 결전은 하지 않을 것이다.
- 정치적 투쟁과 경제적 투쟁을 병행하게 될 것이다. 폭력적인 투쟁은 점진적으로 개혁주의의 방향으로 발전될 것이다.
- 사회와 역사의 발전은 유물사관에서 주장된 것처럼 경제적인 토대에 의해 이루어질 수도 있으나, 정치, 법률, 철학, 종교와 같은 상부

구조의 역할에 따라서 그 발전이 실현될 수도 있을 것이다.

- 자본주의 사회는 자본가들에 의한 자본의 독점과 집중 현상이 발전하게 되어 부(富)를 소수의 자본가들이 소유하게 되어 부르주아의 수는 점차로 감소할 것이라고 했으나 그와 반대로 자본주의 사회에는 부르주아의 수가 점차 증가하고 있다. 1851년부터 1881년까지 약 30년 동안 영국 인구의 증가는 20%였으나 가족의 수입은 150파운드에서 1,000파운드로 증가하고 있었다. 이러한 증가는 영국 부르주아의 수는 감소되지 않고 증가하고 있다는 것을 입증하고 있는 것이다. 자본을 소유하고 있는 부르주아의 수는 꾸준히 증가하고 있다는 것이 사회와 역사의 현장에서 드러나고 있다.
- 모든 생산수단의 사유가 인정되고 있으며 부르주아의 활동이 자유롭게 인정되고 있으나 무제한 방임되지는 않고 있다. 법적인 조치와 제도적인 간섭과 통제를 통해 조정되고 있는 것이다.

제8장 러시아 공산주의 혁명

34. 러시아 공산주의 혁명: 레닌과 볼셰비키

오랜 역사 속에서 이상주의자들은 살아갈 만한 이상적인 생활공동체의 실현을 꿈꾸고 있었다. 가난이 없는 모든 사람들이 풍요로운 생활을 할 수 있는 풍요의 나라, 억압 없고 모든 사람들이 자유롭게 살 수 있는 자유의 나라가 꿈이었다. 그러나 이러한 풍요의 나라와 자유의 나라는 역사의 현장에서 실현되지를 못했다. 그러한 꿈이 역사의 현장에서 실현될 수 있는 과학적인 이론이 없었기 때문이다. 과학적 이론으로 뒷받침되지 못한 꿈은 한갓 공상일 뿐이다.

18세기 중반 이후에 관념론 철학을 비판하고 거부하면서 유물론 철학을 주장하는 마르크스라는 천재가 나타났다. 유물변증법, 유물사관, 정치와 경제 이론을 종합적으로 체계화한 이론이라고 주장했다. 이상주의자들이 주장하고 있었던 꿈이 현실적인 역사 속에서 실현될 수 있다는 과학적인 이론이 제시되었다고 주장했다. 꿈이 단순한 공상이 아니라 역사의 현장에서 반드시 실현된다고 했다. 꿈과 과학적인 이론이 합해진 것이 하나의 사상이 된 것을 우리는 '마르크스주의'라고 알고 있다.

그러한 사상이 역사의 현장에서 실현되기 위해서는 많은 사람들이 함께하는 사회운동이나 혁명운동이 뒤따라야 하는 것이다. 이상과 꿈 그리고 과학적인 이론이 함께하며 혁명운동으로 실천된 것을 '이데올로기'라고 한다. 마르크스주의의 사상을 이데올로기화한 것이 '러시아 공산주의 혁명'이다. 러시아 공산주의 혁명은 마르크스주의의 이론적 진리를 실현할 과학이라고 유물론자들은 환호했다.

차르의 러시아 국가는 서구 자본주의 국가와 비교하여 산업이 뒤떨어져 있었고 노동자들도 제대로 훈련되거나 조직되어있지 못했다. 1883년 스위스에서 자술리치 등이 농민들을 중심으로 한 나로드니키 운동을 반대하면서 마르크스주의를 도입하면서 '노동자 해방단'을 조직했다. 1890~1895년에 페테르그라드에서 '노동자 투쟁 동맹'이 조직되었는데 러시아 공산주의 운동을 지도했던 레닌이 가담했다. 그의 본명은 블라디미르 일리치 울리야노프였다.

레닌은 심비르스크시에서 관리의 아들로 태어났다. 17살 때에 그의 형 알렉사더가 황제인 알렉산더 3세의 암살사건에 연관되어 사형에 처했고 레닌은 카잔대학에서 퇴학처분을 받았다. 그 이후 변호사 시험에 합격하여 변호사가 되었다.

1895년 스위스로 가서 플레하노프를 방문했고 귀국하여 '노동자 계급 해방동맹'에 가담해 활동했다. 그 동맹에 가담하여 활동 중에 체포되어 시베리아 유형에 처해졌다. 시베리아 유형 중에는 아내인 크루프스카야와 함께 생활하며 시베리아 여러 곳을 주유했다. 유형에서 풀려난 후 마르토프, 플레하노프와 함께 《이스크라》(*ISKRA*: 불꽃)와 《자리야》(*ZARYA*: 새벽)지 등을 발행했다.

1898년 모스크바와 페테르부르크에서 '폴란드 유대인 노동자 총

동맹'에서 유대인 분트에 속했던 9명이 러시아 사회주의 노동당을 창당했다. 이 당이 러시아사회민주당이 되었고 후에 '볼셰비키'와 '멘셰비키'파로 분열되었다. 볼셰비키는 러시아 공산당이 되었다. 레닌은 활동 초기에 여러 가지의 가명을 쓰고 있었다. 일린(ILIN), 투린(TULIN), 페트로프(PETROV), 프라이(FREI) 등이다. 1901년 《자리야》에 발표된 논문에서부터 '레닌'이라는 이름을 쓰기 시작하여 유명해지게 되었다.

1903년 7월에 사회민주당 창립대회가 런던과 브뤼셀에서 열렸다. 51장의 투표권이 있었으나 7명의 대의원은 참석하지 못하고 위임장으로 대신했다. 이 대회에서 당 규약과 당원의 자격문제를 놓고 레닌과 마르토프 사이에 대립되는 주장이 있었다. 레닌은 "당원은 개인적으로 참가하여 당을 지지하는 사람이다"라고 주장했고, 마르토프는 "당원은 당 지도하에 정규적으로 당에 협력하며 당을 지지하는 사람이다"라고 주장했다. 두 사람 사이에는 약간의 이견이 있었다. 레닌의 초안은 28표 대 23표로 부결되었고 마르토프의 안은 28표 대 22표로 통과되었다.

다음의 문제는 레닌이 제안한 것으로 유대인 연합에서 온 7명의 대의원의 자격을 인정할 수 없다는 것이다. 이 제안에 반발하여 7명의 대의원이 회의를 거부하고 귀국했다. 이들은 대중정당론을 지지하는 트로츠키파에 속하고 있었기 때문에 그다음의 회의에서는 레닌파가 22표 대 21표로 유리하게 회의를 진행할 수 있게 되었다. "대중은 '소수파'보다는 '다수파'를 좋아한다"는 레닌의 주장에 따라서 레닌파를 다수파라는 의미의 '볼셰비키(Bolsbeviki)'로 불렀고 반대파를 소수파라는 뜻의 '멘셰비키(Menshevki)'라고 부르게 되었다.

볼셰비키는 공산당으로 발전했고 볼셰비키 혁명으로 러시아의 공산주의 혁명을 이끌게 되었다. 사회민주당의 볼셰비키는 중앙조직으로

'이스크라 편집 위원회'와 당 활동을 지도하는 '당 중앙위원회'를 두었다. 이스크라 편집 위원회와 당 중앙위원회에서 2명씩의 위원과 당대회에서 지명되는 의장 등 5명으로 구성되었다.

레닌은 "흔히 소수가 복종하는 것을 노예가 되는 것이라고 잘못 알고 있다"라고 하며 중앙집권적인 정책은 정치적 · 사회적인 혼란과 무질서를 처리할 수 있는 정책이라고 주장했고 그의 후계자들에게 그대로 계승되었다. 이는 소비에트 체제의 지배적인 정책의 원리가 되었다. 이에 반대하면서 대중의 봉기는 자연발생적으로 일어나며 진전된다고 로자 룩셈부르크는 주장하여 레닌의 민주적 중앙집권제의 정책을 비판했다. "레닌의 초집권적 중앙집권의 정책은 관료적이며 극히 비민주적인 정책이다." 베라 자술리치도 레닌과 볼셰비키를 비판했다. "볼셰비키에 의해 권력이 장악된다면 모든 권력은 어떤 한 사람에게 주어지고 집중될 것이다." 당의 조직은 중앙위원회가 좌우하게 되고 중앙위원회는 한 사람의 독재자에 의해 지배될 것이라고 주장했다.

레닌은 이러한 비판에 대해 다음과 같이 논박했다. "우리의 중앙집권적 정책은 정치적인 모든 문제, 즉 무질서를 처리할 수 있는 '계엄령'과 같은 것이다. 대화를 통해 나타난 모든 정치적 · 사회적인 혼란과 무질서는 계엄령과 같은 강력한 중앙집권적인 정책으로서만 극복될 수 있는 것이다." 볼셰비키의 민주적 중앙집권 정책만이 소비에트 혁명을 성공적으로 이끌어갈 것이라고 주장했다. 멘셰비키와 레닌의 반대론자들은 그러한 정책은 새로운 소비에트의 관료주의가 될 것이며 비민주주의적인 방향으로 나아갈 것이라고 하여 논쟁은 계속되었다.

35. 2월과 10월의 소비에트 혁명

1905년 1월에 공장지대에서 노동자들의 평의회(Soviet)가 자발적으로 계속되어 결성되었다. '노동자 대표 소비에트'가 계속하여 조직되었고 모든 공장지대에 확산되었다. 같은 해 1월 9일 황제의 동궁 앞에서 시작한 폭동은 급속히 그 조직을 확대하여 250만 명이나 되는 노동자들을 대표했고 550명의 대의원을 갖게 되었다. 이때 트로츠키가 두각을 나타내고 있었다.

1905년 12월에 핀란드의 탐메르크로스에서 볼셰비키의 회의가 열리고 당대회에 스탈린이 처음으로 모습을 나타냈다. 레닌은 다음과 같은 내용의 연설을 했다. "정치적 민주주의를 통하지 않고 다른 길로 사회주의 혁명을 하겠다는 것은 정치적으로나 경제적으로나 극히 바보스러운 일이다. 프로 계급인 노동자들은 전제체제를 타도하는 일을 해야 한다. 프로 노동자만이 유일한 혁명 계급이다. 노동자들은 농민들과 결합하여 혁명을 성공적으로 수행할 수 있다. 그러나 혁명이 성공적으로 완수되면 농민들은 토지의 소유를 바라게 되고 더 이상 혁명을 원하지 않을 수도 있고 혁명을 지원하지 않을 수도 있다."

"혁명과정에서 노동자들은 전위적인 지위를 유지해야 하며 동시에 혁명적인 지방조직과 연결하여 중단 없는 혁명활동을 계속해야 한다. 일단 권력을 잡으면 모든 산업과 경제를 국가가 운영하도록 하며 권력을 위해 계속 투쟁해야 한다." 이렇게 프로 노동자만이 혁명 계급이라는 것을 강조하고 있었다. 트로츠키는 당과 지도자에 의한 민주적 중앙집권의 정책에서가 아니고 혁명 자체의 논리에 의해 자연발생적인 필연성으로 시작되며 추진된다고 하여 로자의 주장에 찬성하고 있었다. 한때 농민이 잠재적인 혁명 에너지의 거대한 저장고라고 하고 있었으나 농민은 결정적인 순간에 혁명에 대해 부정적인 주장과 태도를 취해 차르의 관헌들에게 충성을 바치는 일도 있게 되어 농민들의 혁명적 계급으로서의 평가를 절하하고 있었다.

1914년 9월 5명의 대표적인 볼셰비키가 핀란드에서 비밀회의를 열고 레닌의 주장을 지지하며 정부가 하고 있는 전쟁을 비난하는 결의를 했다. 1915년 2월에 레닌, 지노비예프, 부하린 등이 베를린에서 볼셰비키 혁명투쟁의 방향에 대한 회의를 열었다. 그러나 모스크바나 페테르부르크에 있었던 스탈린, 스베르드로프 등 볼셰비키 지도자들이 제정 경찰에 체포되어 시베리아로 유형을 가게 되었다. 이때 일시적으로 볼셰비키의 중앙조직은 무너지고 활동은 정지 되었다. 1916년에 쉴라프니코프에 의해 볼셰비키는 재건되었으나 모로토프와 잘르스키는 부르주아 쪽으로 옮겨갔다.

1916년 레닌은 베른에서 취리히로 옮겼고 〈자본주의 최후의 단체로서의 제국주의〉라는 글을 발표했다. 훈련되고 조직된 프로 노동자들에 의한 혁명의 시대가 도래했다고 주장하고 있었다. 그 후 6개월 뒤에 러시아에서 혁명의 불꽃이 터지고 있었다. 레닌과 지노비예프 등 20명의 볼셰비키 지도자들이 열차에 타고 독일을 거쳐 스웨덴에서 1917년 4월에 페테르부르크에 도착했다.

1917년 2월의 혁명은 오랫동안 계속된 전쟁으로 생활에 필요한 일용품의 부족과 불공평한 분배에 따른 노동자들의 불만이 자발적인 폭동으로 이어져서 일어났으며 로마노프 왕조가 타도되는 혁명이 되었다. 1차의 임시정부가 수립되었다. 2월 혁명은 볼셰비키나 어떤 중앙의 지도자의 지시에 따라서 일어난 혁명이 아니고 노동자 소비에트의 자발적인 투쟁에 의해 일어났고 성공한 혁명이다. 이러한 노동자 소비에트의 폭동과 혁명적 투쟁이 로마노프 왕조를 무너뜨린 혁명이었다. 이때의 노동자 소비에트는 스위스나 시베리아에 있었던 볼셰비키의 지도부에 의한 어떤 지시나 지도를 받은 바가 없었다.

1917년 2월 몰로토프, 자투스키 등이 당 선언문을 작성하여 《이스베스차》(*ISZBESTIUYA*)지에 발표했다. ① 노동자와 병사 소비에트가 임시정부를 수립하고 임시 혁명 정부는 공화국을 선포할 것, ② 지주의 토지를 몰수하고 숨겨놓은 식량을 분배할 것, ③ 보통 비밀선거를 실시하여 헌법제정회의를 소집할 것, ④ 공장의 노동자와 병사 소비에트가 임시정부에 대표를 보낼 것, 그리고 '로테 파네[붉은 깃발(赤旗)]'에 경의를 표할 것을 주장했다. 1917년 3월 시베리아의 유형지에서 볼셰비키 중앙지를 편집했던 카메네프와 당 중앙에 있었던 스탈린, 그리고 페테르부르크에서 당 고위직에 있었던 쉴라노프 등이 풀려났다. 스탈린은 풀려난 다음 날부터 《프라우다》지에 논문을 게재했다. "소비에트 혁명은 전제 차르의 총칼 앞에서도 위축되지 않는다. 노동자, 병사, 농민은 혁명의 기반인 소비에트에 집결하라!"

1917년 4월 3일 당 중앙위원들의 열렬한 환영을 받으며 레닌이 망명지로부터 돌아왔다. 특별히 페테르그라드 소비에트의 의장인 치헤이제의 영접을 받았다. "여러분들이 이룩한 러시아 공산주의 혁명은 계속될 것이다. 그리고 새로운 시대를 열어갈 것이다." 노동자, 병사 소비에트를 향해 강한 어조로 연설을 하고 열렬한 환영을 받았다. 시베리아의 유형에서 풀려난 당 간부와 레닌의 귀국에 의해 볼셰비키는 강력한 투쟁력을 갖게 되었다. 그러나 카메네프에 의해 대표되는 비(非)볼셰비키들과의 반목과 논쟁은 계속되었다. 러시아의 정치권력은 볼셰비키와 타도된 로마노프 왕조를 대신한 '임시정부'에 의해 양분되었다. 이것이 '이중정권(二重政權)'이다. 이중정권에 대한 논쟁은 계속되었다.

레닌이 제시한 제안 ① 모든 토지의 국유화, 특히 대규모의 토지를 소비에트의 통제하에 모범적인 국영 농장으로 전환하는 것, ② 모든 은행들을 국가은행으로 통합한다는 것 등에 대해 카메네프는 강하게 반발하여 반대하고 있었다. 레닌의 이러한 제의는 부르주아 혁명이 완료되었다는 가정을 전제로 한 것이지만 아직도 부르주아 혁명은 완료되지 않았는데 사회주의 혁명을 일으킨다는 것은 지나친 비약이라고 비판했다.

임시정부에서는 리보프가 수상이 되고 사회민주당에서 2명, 멘셰비키에서 2명, 독립사회당에서 2명이 입각하여 임시정부가 구성되고 있었다. 1917년 6월에 노동자, 병사 소비에트가 대대적인 시위를 준비하고 있었다. 리보프 정부가 사임하고 케렌스키가 새로운 수상으로 임시정부를 이끌게 되었다. 1917년 6월에 새로운 폭동이 준비되고 있었다. 임시정부는 정부군을 수도로 진입시켜 많은 소비에트 구성원들을 체포했고, 《프라우다》는 발행을 금지 당했다. 카메네프를 포함한 볼셰비키가 체포되었고 지노비예프와 레닌은 지하에 숨었다가 핀란드로 다시 도피했다. 이중정권의 다음으로 논쟁과 갈등이 된 것이 '슬로건(구호)'에 관한 것이었다.

"모든 권력은 소비에트로!" 이 슬로건은 노동자 혁명에 대한 볼셰비키의 특징을 나타낸 것이었다. 원래 '소비에트(Soviet)'라는 말은 러시아 말로 '평의회(Council)'라는 뜻이다. 노동자 소비에트는 노동자들이 도시의 공장에서 자체적으로 조직한 평의회였다. 로마노프 왕조와 부르주아의 권력체제의 타도를 목적으로 조직된 세력으로 등장한 볼셰비키의 혁명적 전술과 투쟁의 논리가 결합한 것이 소비에트였다. 볼셰비키는 소비에트를 그들의 정치적 목적을 실천하는 조직으로 삼았고 그것이 "모든 권력을 소비에트로!"라는 정치 구호가 된 것이다. 그것은 노동자, 병사, 농민들의 소비에트를 볼셰비키의 민주적 중앙집권에 의해 성립하는 독재를 위한 레닌의 혁명적 정책을 한마디로 표현한 슬로건이었다.

소비에트라는 용어는 1905년의 혁명의 시기에 크게 드러났고, 1917년 레닌이 스위스에서 보낸 편지에서 그 의미가 보다 분명하게 나타났다. "프로 노동자, 병사, 농촌의 극빈층인 농민을 대변하는 것이 곧 소비에트이다." 소비에트는 볼셰비키가 혁명과정에서 앞세운 중요한 역할을 담당한 것이다. 스탈린은 레닌의 이 슬로건을 지지하면서 "지금은 부르주아의 반혁명적 요소와 기도를 제거해야 하는 때이다. 우리는 '모든 권력을 소비에트로!'라는 슬로건을 앞세워야 한다"고 주장했다.

레닌은 망명지를 헬싱키에서 비보로프로 옮겼다. "우리는 지금 혁명의 문지방 위에 서 있다. 소비에트의 혁명투쟁을 강화할 때가 바로 지금이다. 우리는 노동자들에 의해 조직된 소비에트의 혁명 투쟁의 모든 역량을 한데 묶어주어야 한다. 당 중앙위원회는 강력한 '무장폭동'을 준비하고 있다. 정치국을 창설했고, 정치국은 '군사혁명위원회'로 발전했다. 노동자, 병사 소비에트에 요구할 것은 말이 아니고 행동이다. 군사적인 무장봉기로 노동자, 병사 소비에트가 투쟁할 일은 행동이 있을 뿐이다."

무장봉기에 대해 카메네프는 적극적으로 반대한다는 전단을 배포하고 있었다. 카메네프의 반대는 계속되었으나 당 중앙위원회의 여러 위원들과 스탈린 등이 찬성하고 있었다. 모스크바 등 대도시에서 무장폭동은 순조롭게 준비되고 있었다. 레닌, 제르진스키, 부브노프 등은 '군사혁명센터'를 구성하여 무장폭동을 적극적으로 추진했다. 무장폭동을 반대했던 카메네프는 당 중앙위원회의 위원직을 사퇴하고 무장봉기를 반대하는 내용의 글을《노바야 지즌》(*NOVAYA ZHIZN*)에 발표했다.

트로츠키는 군사혁명위원회에 남아있었고 임시정부를 감시하는 일을 하고 있었다. 부브노프는 우편, 전신분야의 일을 담당했고, 제르진스키는 철도요원이 되었다. 밀류탄은 식량문제에 대한 일을 맡았고, 스베르들로프는 임시정부의 요원이 되었다. '군사혁명위원회'는 행정부의 모습을 갖추게 되었다.

노동자, 병사, 농민대표자 소비에트가 1917년 10월 25일 임시정부로부터 모든 권력을 인수받아 소비에트 혁명이 성공했다. 평화에 관한 포고, 토지에 관한 포고가 발표되었다. 노동자, 병사, 농민대표자 소비에트의 무장폭동에 의한 투쟁과 볼셰비키당의 혁명투쟁의 논리가 함께 결합하여 이룩한 혁명이었다. 토지에 관한 문제와 기타 중요한 문제들은 헌법제정회의가 소집되기까지 잠정적으로 인민위원회(The Council of people Commission)가 담당하도록 했다. 러시아 공화국이 수립된 것이다. 이러한 과정을 거쳐서 이룩한 혁명이 '러시아 공산주의 혁명'이다.

36. 사회주의 연방 소비에트 공화국 헌법

러시아 중앙집행위원회가 헌법기초위원을 임명하여 '헌법위원회'를 구성했다. 인민위원회의 대표자이며 민족문제 전문가인 스탈린과 2월 혁명 후 페테르그라드 소비에트 위원장이었던 스테글리프, 볼셰비키의 고참 당원인 포크로프스키와 부하린 등과 함께 인민위원부의 내무, 사법, 민족, 문화, 국민 경제에 관한 대표들이 포함되었다.

소비에트 헌법은 부르주아 체제하에서 군주가 국가권력을 남용하는 것을 막고 각 정당의 당리당략을 위해 만들어진 것과는 다른 것이다. 볼셰비키당과 노동자 소비에트가 자발적으로 실천했던 투쟁방법과 정책의 내용을 성문화한 것이다. 헌법의 내용이 종이에 쓰이기 전에 실천되었던 것이라는 특징이 있는 것이다. 예컨대 행정지역에 관한 규정 역시 그런 것이다. 촌(村) 소비에트는 어떤 내용이 먼저 규정된 것이 아니었다. 또 촌 소비에트가 결합하여 향(鄕)이 되고 다시 향이 합하여 군(郡) 소비에트가 되고 군이 현(縣)으로 되었으며 다시 주(州)소비에트로 된 것은 어떤 규범이나 규정에 따라서 조직된 것이 아니다.

헌법제정위원회에서는 몇 가지 문제에 대해 논쟁이 있었다.

첫째, 국가권력의 약체를 주장하는 측과 국가권력의 강화를 주장하는 위원 간의 논쟁이 있었다. 그러나 이러한 논쟁은 '민주적 중앙집권제'와 '당의 독재'가 전제되어있었기 때문에 큰 문제가 되지는 않았다.

둘째, 중앙과 지방의 권력의 분산을 주장하는 위원과 그러한 분산을 반대하는 위원 간의 논쟁이 있었으나 역시 민주적 중앙집권제의 정책에 따라서 큰 문제는 되지 못했다.

셋째, 연방제와 불가분의 단일한 공화국에 대한 이견(異見)이 있었으나 소비에트의 연방제는 광대한 지리적 여건과 다양한 민족문제가 있기 때문에 스위스의 연방제와는 비교될 수 없다는 주장이 제시되었다. 소비에트의 연방제의 형태로 결론이 난 것이다.

사회주의 연방 소비에트 공화국의 헌법은 형식적인 것이 아니고 실질적으로 노동자, 농민들의 자유를 보장한다고 규정하고 있다.

첫째, '양심의 자유': 국가로부터 교회가 분리되어있고, 교회의 권위에 의한 인민들의 생활이 보호되며 노동자들은 생활에 있어 양심의 자유를 갖게 된다.

둘째, '언론의 자유': 신문, 팸플릿, 서적 등 여러 가지 인쇄물을 출판하기 위한 모든 기술적 · 물리적 수단을 사용할 수 있고, 배포할 수 있는 모든 자유를 보장한다.

셋째, '집회의 자유': 설비, 조명, 난방을 갖춘 공공건물이나 시설을 사용할 수 있는 자유를 보장한다.

넷째, '교육의 자유': 지식을 습득할 수 있는 교육을 받을 수 있는 자유를 보장한다.

헌법제정의회에서는 '연방제'에 대한 논의가 중요한 내용이었다. 러시아 공산주의 혁명이 성공했으나 국내외에서 여러 가지의 저항이 계속되고 있었다. 제정 전제시대의 장군들이 인솔하는 백군(白軍)의 공격이 있었고 멘셰비키와 사회혁명당에 의한 반혁명적인 공격도 계속되고 있었다. 독일, 일본, 프랑스, 영국 등 연합국의 간섭과 군사적 침입이 새로운 공화국, 연약한 여러 공화국의 존립을 위협하고 있었다. 트랜스코카서스의 아르메니아, 조지아와 아제르바이잔 공화국들은 그들의 군사력이 외국 군대에 대항할 수 없는 약체임을 알고 있었다.

사회주의 여러 나라의 민족들이 이러한 위험에 당해 공화국 간의 결합은 물론 러시아 소비에트의 군사적 지원을 바라게 되었다. 여러 공화국 사이에 있어서의 '연합'은 군사적인 협정을 통한 '군사적 동맹'으로 발전되어갔다. 동시에 러시아 소비에트와의 군사적 협정을 통한 '군사동맹'으로 나아가게 되었다. 러시아 혁명을 위협하고 연약한 변방 공화국에 대한 국내외의 위협에 대항하기 위한 적군(赤軍)의 '통일과 연합'이라는 동맹이 결성된 것이다.

1920년 사회주의 연방 소비에트 공화국과 아제르바이잔 사이에 군사동맹이 맺어졌고 우크라이나와 아제르바이잔의 협약은 군사동맹으로 성립되었다. 1921년 조지아와 아르메니아의 군사동맹 협약도 체결되었다. 우크라이나와 백러시아, 트랜스코카서스 3국 역시 군사동맹으로 발전되었다. 아르메니아, 아제르바이잔, 조지아 공화국 세 나라는 '트랜스코카서스 소비에트 공화국'에 연합되는 결의를 했다. 이들 나라들은 '지역 경제 위원회'를 창설했다. 군사동맹은 점차 '경제적인 동맹'으로 발전되고 있었다.

군사동맹과 경제적 연합 중에서도 크게 주목될 만한 국제 협약이

1920년 4월에 성립된 독립 민주주의 극동공화국과 일본이 맺은 '곤고다 협정'이다. 그 중요한 내용은 극동공화국과 일본 사이에 어떤 사건이 일어났을 때 다른 나라의 간섭과 군사적 침입을 막기 위해 '완충국'을 설치한다는 것이다. 극동공화국은 소비에트 적군의 주둔을 거부하며 일본은 트랜스바이칼로부터 군대를 철수시킨다는 내용이 포함되어 있다. 1921년에 열린 '대련' 회의 역시 극동공화국은 어떤 요새나 군대를 가지지 않으며 태평양 어디에서도 해군의 함대를 가지지 않는다, 일본은 연해주에서 군대를 철수시킨다는 내용이 포함되어있었다.

이 협약에 의해 극동공화국은 바이칼호로부터 태평양 연안까지 동시베리아 일대를 차지할 수 있게 되었고 일본군은 연해주에서 철수했다. 1922년 11월 극동공화국은 극동공화국을 폐지하고 '사회주의 연방 소비에트 공화국'에 병합할 것을 결의했다. 군사동맹은 '군사 · 경제동맹'으로 되었고 다시 '연방'으로 발전되어갔다. 혁명 소비에트가 서방과 동방 여러 나라들을 연방으로 흡수함으로써 혁명의 확장과 기도가 완성된 것이다.

볼셰비키와 레닌은 '민주적 중앙집권제'와 '일당 독재'의 실현을 혁명의 목표로 삼고 있었다. 이러한 목표를 실현하기 위해 잠정적으로 채택한 정책이 연방을 구성하는 것이었다. 헌법제정위원회에서 중요한 논쟁의 하나가 '연방제'를 채택하는 것이었다. 러시아 공산주의 혁명을 축하하는 대회에서 스탈린은 연방제를 강력하게 주장하며 다음과 같은 연설을 했다.

"전쟁이 남긴 황폐한 토지, 파괴되고 폐쇄된 공장을 재건하고, 경제적인 건설을 하기 위해서는 각 공화국들이 개별적으로 생산시설을 건설한다는 것은 어려운 일이며 불가능한 것이다. 뿐만 아니라 부르주아 국가들과 반혁명 세력이 공격해올 위기가 다가오고 있다. 소비에트 국가들이 안으로 경제 발전을 이룩하며 여러 민족의 자유를 보장하며 밖으로 소비에트 체제의 안보를 보장해줄 수 있는 길은 '연방국가'로 통일되는 것이다. 각각의 개별적인 공화국이 아니라 '연방국가'로 되어야 한다."

37. 체카와 국가보안국

사회주의 국가에서는 착취, 억압, 불평등한 지배의 모순이 없어지고 새로운 질서가 유지된다고 하여 권력의 분립보다는 권력의 집중이 요구된다고 주장했다. 따라서 소비에트 헌법은 입법권, 행정권, 사법권 등 삼권의 분립을 규정하지 않았다. 의회의 기능은 당 중앙위원회가 담당하며 내각의 기능은 인민위원회가 담당했다.

볼셰비키당과 레닌은 당의 독재와 민주적 중앙집권제를 주장하기에 앞서서 테러에 대한 논의를 먼저 제기했다. 레닌과 로베스피에르는 혁명과정에 있어서 통상적인 법률만을 집행한다는 것은 강요될 수 없는 것이라고 주장했다. 혁명과정에서 테러를 포기하지 않았고 또 포기할 수도 없었다. 그러나 현재 혁명의 새로운 질서를 수립하는 과정에서는 적나라한 테러가 아닌 '덕(德)과 테러'를 결합한 테러를 사용해야 한다. 물론 테러는 군사적 활동과 조직에서는 유리하며 필수적인 군사 행동이기 때문에 역시 테러를 부정하며 배제할 수는 없다. 트로츠키 역시 테러를 긍정적으로 보고 있었다. 혁명과정에서 테러를 포기하라는 것은 혁명을 포기하라는 것과 같다고 주장했다.

테러에 관한 이상과 같은 주장을 소비에트 혁명정부가 구체화한 것이 군사위원회를 계승하여 조직된 '체카[Cheka(비상위원회): The All Extra Ordinary Commission]'이다. 체카는 제르진스키를 위원장으로 하여 8명의 위원으로 구성되었다. ① 혁명을 반대하며 거부, ② 태업, 파괴 행위, 공익재산의 은닉, ③ 사람들을 선동하여 정부정책을 반대하거나 방해하는 사람들을 체포하여 재판하는 일을 하도록 했으나 실제로는 폭력적인 테러수단으로 일을 처리하고 있었다. 체카의 구성원은 점차로 증원되었고 모스크바로 수도를 옮기면서도 많은 인원이 증원되었고 중요한 국가기관이 되었다.

1918년 4월 일본, 독일 등 연합군이 군사적 개입을 시작하면서 이들의 스파이들의 활동이 격화되었고 좌파 사회당 등과 연결된 음모가 있게 되었다. 체카는 약 600명이나 체포했고, 그중에서 약 13명을 즉시 총살했다. 차르와 그 가족들이 예카테린부르크에서 체카에 의해 살해되었다. 제르진스키는 "체카는 단순한 재판소가 아니다. 적군(赤軍)과 같은 혁명의 전위기관이다. 혁명의 성공을 위해 적을 제압하는 일에 전념하는 국가기관"이라고 하여 체카의 역할을 바로잡았다.

반혁명분자들은 모든 지역과 영역에서 활동하고 있었다. 체카의 활동도 모든 지역으로 확대되었다. 이러한 체카의 활동에 의해 위협을 느낀 멘셰비키와 사회혁명당은 큰 변화를 하게 되었다. ① 폭력으로 소비에트 권력을 전복하겠다는 어떠한 기도에도 찬성하지 않겠다. ② 어떠한 외국의 군사적 간섭과 개입에도 반대하며 소비에트 정부의 군사적 활동을 적극적으로 지지한다. 이에 대해 레닌은 멘셰비키와 사회혁명당과의 관계를 개선한다고 하여 소비에트 정부의 '유화정책'이 드러나게 되었다.

이때에 체카는 반대 정당이나 세력을 괴롭히거나 보호하면서 또는 그들의 지도자를 체포하거나 석방하면서 그들의 역할을 약화시키고 있었다. 멘셰비키의 지도자였던 단(Dan)은 이러한 유화정책에 따라서 체포되거나 석방되었다. 그는 내란 동안의 소비에트의 승리를 칭찬하기도 했다. 레닌은 체카는 소비에트 혁명을 수행하는 데 필수 불가결한 기관이라고 평가했다. 그러나 사회민주당의 체르노프는 체카에 의한 폭력은 중세에 있었던 교회의 타락과 폭행에 비교되는 악행이라고 비난하고 있었다. 이러한 체카에 대한 비난은 국내에 한정되지 않고 해외에까지 연장되고 있었다. 마르토프는 독일독립당의 '할레 대회'에서 지노비예프와 볼셰비키 혁명을 비판했다. 1921년 크론슈타트에서 반란이 일어났다. 소비에트 체제에 대한 불만이 정치적인 영역으로 확대된 것이다.

1921년에 소비에트의 대표자들과 멘셰비키와 사회혁명당의 대표자들이 합석한 모임이 있었다. 소비에트 측에서는 NEP(신경제 정책)에 대한 설명을 했고 부르주아의 대표들은 정부의 NEP을 환영한다고 답했다. 이것은 소비에트의 '유화정책'에 따른 변화라고 할 수 있다. 볼셰비키 당내에 있어서도 체카에 대한 긍정적이고 부정적인 논의가 계속되었다. ① 비상시에 있어서의 체카의 역할을 높이 평가할 수 있으나 ② 기득권을 가지고 있던 행정 당국이 그들의 정상적인 기능에 가해지는 체카의 특권적 간섭을 반대하고 있었다. ③ 지방에 있어서도 지방관에 대한 체카의 간섭이 지나치다는 주장이 있었다. 정국은 점차 안정되어 가는데 비상시에 있어서의 체카의 특권적 관여가 계속되고 있었다.

고참 당원들이 체카를 재정비할 것을 당 중앙위원회의 상임위원회에 요청했다. 비상적인 혁명적 시기에 체카가 수행한 역할은 높이 평가했으나 지금은 그 기능과 역할 그리고 조직을 점검할 때가 되었다고 하여 사실상 체카의 폐지를 요구한 것이다.

1922년 3월 전 러시아 중앙집행 위원회는 체카와 그 지방 지회의 폐지를 결의했다. 소비에트 사회주의 공화국의 창설 이후 소비에트 체제를 위해 큰 역할을 했던 체카가 해산된 것이다. 체카를 대신하여 그 역할을 담당하게 된 것이 '국가보안국[Gaskrastvennos Politieskoes Upraulende (GPU)]'이다. 자치공화국과 자치주에는 '정치부(Political Section)'가 설치되었다.

1933년, 사회혁명의 지도급에 있었던 47명의 소비에트 권력을 파괴하기 위한 음모를 꾀했다고 하여 체포되고 재판을 받았다. 이것은 정치적인 큰 재판이 되었다. 케렌스키가 반혁명에 가담했다는 것과 레닌의 암살음모가 있었다는 것이 드러나게 되었다. 소비에트당의 독재를 강화한다는 것은 당의 결정에 따른 것이었지만 실제로는 체카와 국가보안국이 담당하여 추진한 것이라고 볼 수 있다. 사회민주당이 멘셰비키와 볼셰비키로 갈라지고, 볼셰비키가 10월 혁명을 주도하여 성공한 후에는 혁명적 지배를 강화하기 위한 일을 한 것은 체카였다. 볼셰비키라는 당 명칭을 바꾸어 러시아 공산당이 되었다. 러시아 공산당은 ① 소수당 지도부의 권력의 확대, ② 기왕에 있었던 제도를 전복하여 정치적 행정의 중심이 되는 것, ③ 유화정책으로 기왕에 있었던 여러 당을 배제하고 공산당의 독점적인 지위를 확보하는 것으로 점차 독재적 정당으로 되어갔다. 이 과정에서 당내의 반대파와 레닌의 논쟁이 계속되었다.

혁명을 한 정당이 정치 정당으로 발전하는 것은 혁명의 일반적인 형태라고 할 수 있다. 이러한 과정에서 당내에 있어서는 일정한 방향으로 정치 정당으로 추진하려는 세력과 그것에 반대하는 세력 간의 논쟁이 있게 되며 더욱이 반정부적인 외부세력과의 논쟁과 갈등이 있게 마련이다. 그러나 혁명그룹의 주장이 유리하게 되면 당의 지도와 통일의 공은 모두 당 지도자의 공으로 되며 지도자에 대한 충성으로 이어진다. 볼셰비키 혁명의 지도적인 역할을 했던 레닌은 당연히 당 안에서 지도적인 권력을 행사할 수 있게 된 것이다.

혁명이 성공한 후에 볼셰비키가 절대적인 통제력을 갖지 못하여 멘셰비키, 사회혁명당과 어느 정도의 이견(異見)을 허용하는 유화정책을 썼으나 볼셰비키의 지도와 정책에 따르지 않는 지도자와 정당은 억압되었고 해체하게 되었다. 물론 카메네프, 지노비예프 등은 "우리는 레닌이 없어도 혁명을 성공적으로 할 수 있었다"고 대항하고 있었으나 레닌은 당내에서 반대파가 혁명에 대해 이견을 드러내어 혁명의 승리를 위태롭게 했으며 이들은 사회명명당과 내통하고 있었다고 비난했다. 1918년에 이들 당내 반대파들이 모두 제거되었고 사회주의에서 공산주의로 변화 발전되어갔다. 볼셰비키에서 러시아 공산당으로 당의 명칭을 바꾸고 당의 체제를 '민주집중제(Democratic-Centralism)'로 수립했다.

'민주집중제'란 모든 당의 기관이 각각 그 상급기관에 종속되며 최종적으로는 당 중앙위원회에 종속되는 것이다. 당의 조직이 위로부터 아래로, 아래로부터 위로 당의 기율이 이중으로 작용되는 것이다. 결과적으로 당의 중앙조직과 하부조직 사이에 지대한 위계질서(位階秩序)가 성립되는 것이다. 이러한 당의 지배를 가능하게 한 것이 '당의 세포'조직이다. 당의 세포는 2~3명의 당원으로 구성되며 당의 위계에서 기본이 되는 제일 아래에 있는 조직이다. 당의 모든 기구의 충성과 능력을 이끄는 기초가 되는 것이며 중앙집권제에서 당 세포는 실제로 지배적인 역할을 하는 것이다.

38. 당의 독재와 민주적 중앙집권제

소비에트 체제에 있어서는 대중인 당원의 협의에 의해 당의 활동이 결정되는 것이 아니다. 지도자들이 문제를 다루고 결정한 것이 당 세포에 의해 행해짐으로 당의 결정이 구체적으로 실천되는 것이다. 당 세포는 중앙집권적 지배에 있어서 가장 중요한 역할을 하는 것이다. 당대회는 당의 운영에 있어서 중요한 역할을 하는 3개의 기관을 설치하고 있다.

첫째, '정치국(Politiburo)'. 5명의 위원으로 구성되며 중요한 정책을 결정한다. 중요한 정책을 결정하여 중앙위원회에 보고하고, 결정된 내용은 국가 여러 기관에 의해 집행된다.

둘째, '조직국(Orgburo)'. 5명의 위원으로 구성되며 당 조직활동 전체를 지휘한다.

셋째, '서기국'. 1명의 책임비서와 5명의 보좌관으로 구성된다.

이 세 가지의 기관 사이에 있을 수 있는 갈등과 대립을 최소화하기 위한 그 구성원들의 겸임이 허락되고 있다. 스탈린은 2개의 기관에 자리를 차지하고 있었다. 1920년 당대회에서는 '당의 정책과 조직의 문제'를 서기국에서 담당하도록 하여 서기국을 강화했다.

1920년 당내에서 '노동자 반대파'가 조직되어 그들의 강령을 발표했다. 당에서 지식인층의 지배를 반대하며 산업과 생산에 대한 통제를 국가가 하기보다는 '노동조합'에서 하도록 하며 노동자가 아닌 당원을 당에서 추방할 것을 주장했다. 이렇게 노동자 반대파를 조직한 사람이 최초의 인민위원이었던 금속 노동자인 실리아프니코프였는데, 노동조합의 독립성과 권한을 요구했다. 트로츠키도 처음으로 레닌의 주장을 반대했다. 레닌은 트로츠키와 노동자 반대파가 잘못된 분파를 만들고 있다고 강하게 비판했다. "이제 반대파와 논의하고 토론하기 보다는 총을 사용해야 한다. 그들은 반대파가 아니고 총을 가진 적이다."

10차 당대회에서는 당원은 일단 당이 결정한 사항에 대해서는 충실히 따를 것을 '당규약'에 명시했다. 당내 그룹에 대한 통제가 강화된 것이다. 정치국과 조직국의 위원이 7명으로 증원되었고 당의 인사에 스탈린의 영향력이 커지게 되었다. 트로츠키를 지지했던 3명을 서기국에서 물러나게 하고 1919년에 30명이었던 서기국의 위원을 1920년에 150명으로 증원했고 그 밖에 경호원과 연락원 등이 140명으로 증가되었다. 러시아 공산당의 당원은 계속 증가되고 있었다. 1905년 혁명 전야에 8,400명이었던 당원이 1921년 1월에는 583,000명으로 증가되었다.

레닌은 중앙위원회를 크게 강화하여 당 활동에 반하는 당원의 숙청을 강화하여 많은 당원이 법정에 소환되거나 국가보안국에 체포되었다. 1922년 5월 레닌이 뇌졸중으로 쓰러지고 스탈린이 정치국과 조직국에 겸임되어 권력 장악의 기초를 쌓았다. 당이 국가기관을 흡수하려고 했고 반대로 국가가 당을 흡수하려는 권력투쟁이 일어나 당과 국가 사이의 갈등이 시작되었다.

'당'은 어떤 국가에서나 국가가 행한 정책을 지지하여 추진할 수 있도록 하기 위해 결합된 정치인에 의해 조직되는 것이다. 이와 반대로 국가정책이 잘못되었거나 다수 국민의 소망과 의사를 저버리게 되는 것을 반대하는 정치인들에 의해 조직되기도 한다. 대개의 경우는 그러한 결합들이 국민들의 요청에 의해 지지되는 가운데 성립되는 것이다. 그러나 러시아에 있어서는 극히 소수의 사람들이 마르크스주의나 이상주의자들의 영향을 받으면서 '노동자 해방단'이나 사회민주당을 조직했고, 사회민주당은 볼셰비키와 멘셰비키로 갈라지고 혁명이 성공한 다음에 볼셰비키는 러시아 공산당으로 발전했다.

볼셰비키는 차르 지배하의 국가에서 조직되었으나 국가의 권력체제를 승인하고 그 발전을 위해 조직된 당이 아니었다. 차르의 전제 국가를 전복하고자 하는 정치 목적으로 조직된 정당이다. 국가는 정치, 경제, 문화 등 여러 가지 국가의 여러 기관을 통해 그 정책을 실현하고자 하는 것이다. 그러나 볼셰비키는 이러한 국가인 차르 정권을 전체적으로 전복하려는 목적으로 혁명을 주도하고 혁명을 성공시킨 정당이다.

국가가 행정 등 여러 기능을 추진하고 있었던 것과는 달리 볼셰비키는 국가의 모든 기능을 파괴하고자 했기 때문에 국가의 모든 기능을 당의 목적에 맞도록 지도하며 지배하고자 했다. 따라서 러시아 공산당은 국가의 모든 기능을 지배하고자 했고 또 부르주아 체제하에 있었던 여러 정당이 계속 존립할 수 있도록 승인하지 않았다. 러시아 공산당은 일당 지배체제를 갖추게 되었고 국가의 모든 정책을 뒤에서 조종하여 지배하는 정치권력체가 되었다. 러시아 공산당은 일당 독재체제로 발전한 것이다.

1918년의 헌법은 인민위원회가 행정권을 행사할 수 있을 뿐만 아니라 법령에 의한 입법권도 행사할 수 있게 했다. 그 배후에는 당이 인민위원회를 지배하고 있었다. 더욱이 레닌은 인민위원회의 위원장직을 차지하고 있었다. 실제로 당이 모든 소비에트의 행정권을 지배하여 통제한다는 것이다. 인민위원회의 최상부에서는 정치국의 권위가 당의 지배를 실현시켰고 행정기구의 운영은 '노동감찰위원부'의 통제에 따르도록 되어 당 통제위원회의 통제가 관철될 수 있었다. 인민위원회의 말단부에 있어서는 당의 지령과 기율에 따르는 당 프랙션의 지도에 따라서 행정기관의 운영이 실시되고 있었다. 국가 기능에 앞서는 당의 지배가 러시아 공산당에 의해 실천된 것이다.

기독교의 전통적인 국가관은 인간의 타락한 본성에서 만들어진 필요악적인 권력체라고 했다. 종교개혁 이후에는 교회가 국가에 종속되며 국가가 정치권력의 중심이 된다고 했다. 모어는 국가란 부자들의 재산을 안전하게 유지하며 빈자들을 싼값으로 일에 동원하여 쓰며 억압하기 위해 존재한다고 했다. 윌리엄 고드윈은 국가는 전적으로 자연에 반하는 악이라 했다. 모제스 헤스는 국가란 지배자와 피지배자의 존재를 전제하여 성립되었다고 했다.

엥겔스는 국가는 본질적으로 악이며 모순의 산물이다. 장기적으로는 국가는 공산주의 사회가 되면 폐지되는 것이 아니고 사멸(死滅)한다고 했다. 단기적으로는 국가는 혁명에 의해 파괴되며 공산주의 사회가 실현되는 시기까지 잠정적으로 존속할 뿐이라고 했다. 러시아 공산주의 혁명은 국가가 당의 지배와 통솔 아래 있게 되고 점차로 무력하게 되어야 한다고 주장하고 있었다.

레닌은 국가가 존재하는 한 자유는 있을 수 없다고 주장했다. 노동자 계급이 자유를 얻게 되는 날 엥겔스가 주장한 대로 국가는 사멸하는 것이다. 러시아 공산당은 국가보다 상위(上位)에 있으면서 노동자들의 참다운 자유의 나라를 건설할 것이라고 강조하고 있다. 공산당은 국가 권력의 실체보다 상위에 있어야 한다. 당이 국가기관의 모두를 지배해야 한다. 당의 지배, 즉 '일당독재'가 실현되어야 한다. 레닌의 국가는 현실에서 이상으로, 상대적인 것에서 절대적인 것으로, 계급의 충돌에서 계급 없는 사회로 이행할 수 있다고 믿고 있었다. 인간의 공통의 이익과 목적을 위해 협력하는 한 국가는 불필요한 것이라고 주장했다.

39. 스탈린과 민족문제

러시아의 공산주의 혁명은 모스크바 등 대러시아 민족들이 살고 있었던 곳에서 폴란드, 우크라이나 등 남쪽으로 혁명을 확장하여 동부 변경지대, 중앙아시아, 트랜스코카서스, 시베리아 등지로 혁명을 전개시켜갔다. 러시아와 그 주변의 산업은 슬라브인들에 의해 운영되고 있었다. 인구에 있어서도 러시아의 슬라브인들이 그 주변의 인구를 합한 것보다 더 많았다. 그 속에 살고 있었던 비(非)슬라브인들은 일본이나 독일의 연합군에 의한 영향을 받기보다는 슬라브인과 함께 사는 것을 바라고 있었다. 이러한 유력한 여건하에 러시아 공산주의 혁명은 성공할 수 있었다.

스탈린은 이러한 비러시아계 이민족의 존재와 역할의 중요성을 알고 있었다. 그는 민족문제의 정책을 혁명으로 연결시켜가고 있었다. 프로 노동자들이 혁명을 전개할 수 있는 공간이 있었던 것이다. 볼셰비키의 토지개혁에 따른 당의 강령은 이 지역의 이민족들의 요구에 부합되고 있었다. 제정시대에 토지를 점유하여 소유했던 대지주들이 반혁명 세력으로 되어 다시 토지를 되돌려 차지하려는 기도가 있었고 그것은 농민들을 볼셰비키 혁명에 영합하는 것이 되었다.

레닌은 민족 정책으로 '민족자결'의 원칙을 내놓고 있었다. 유럽이나 차르 제국도 민족자결의 요구를 수용하면서도 실제로는 힘에 의한 강제가 있었다. 그러나 레닌은 각 민족의 자발적인 동의에 의해 민족의 자결과 독립을 주장했다. 대러시아가 점하고 있는 러시아나 변경지역의 이민족들이 소극적으로나마 혁명에 가담하는 성향을 갖도록 했다. 특별히 외국 군대에 의한 간섭은 이들 이민족들에게 혁명세력을 지지하는 방향으로 민족운동을 전개하게 했다. '민족자결'의 원리는 사회주의를 위한 투쟁에 있어서 하나의 수단이며 사회주의 원리에 부합하며 종속되는 것이라고 했다. 이러한 민족론에 대해 부하린 등에 의해 비판되기도 했다.

스탈린의 민족론은 몇 가지의 특징이 있고, 또 민족평등을 실현하기 위한 사항이 제시되고 있었다. 민족문제와 식민문제를 연관시키고 있으며 자결의 원리로 여러 민족의 분리와 독립 국가를 형성할 수 있는 권리를 승인하고 있다. 민족의 평등을 형식적으로 규정한 것이 아니며 실질적인 평등의 원리에 따라야 한다고 했다. 민족의 평등을 실현하기 위해 첫째로 후진민족의 인민 경제, 문화, 생활 상태를 연구해야 한다. 후진민족의 문화 발전을 도모해야 하며, 후진민족의 정치적 수준을 개발할 것과 생활 상태를 개선할 것과 선진민족과 후진민족 노동자들 간의 협력관계를 조직할 것 등을 제시하고 있다.

민족문제를 다루는 '인민위원'으로 스탈린이 임명되었다. 스탈린의 본명은 이오시프 비사리오노비치 주가시빌리(Josef Visariouovic Dzhugashvili)였다. '민족인민위원부[나르콘나스(Narkom nas)]'가 설치되었다. 인민위원은 민족문제와 사건을 처리하며 연구하는 조직이었다. 처음에는 '위원회(Commissariat)'라 했으나 후에 '부(部, Section)'로 호칭되었다. 인민문제 위원부는 각각의 민족 지도자의 지휘하에 있었고 그들의 임무의 처리는 주로 모스크바에서 취급되고 있었다. 따라서 민족문제는 중앙에서 신속하고 쉽게 처리될 수 있었다.

민족 인민위원부는 자치령 등에는 '지방부'를 두고 있었다. 다음과 같은 몇 가지의 기능을 담당하도록 했다. ① 각 개별적인 민족의 문제는 그들 자신의 언어로 소비에트 권력을 처리하도록 한다. ② 각 자치령 등에서는 중앙에 있는 민족인민부의 결정을 실행한다. ③ 여러 영토안에 살고 있는 노동자들의 문화적 수준과 계급적 의식을 높일 방책을 강구한다. ④ 민족적인 것으로 위장하고 있는 반혁명 세력과의 투쟁에 힘쓴다. 인민이 너무 적은 민족그룹에서는 '소수민족부(Section of National Minorities)'를 설치했다. 인민민족 위원부는 농업, 노동, 교육, 군사, 산림, 사회 보험 등 여러 분야에도 조직되고 있었다.

민족 인민위원부는 민족공화국이나 자치주를 '공화국 연방'으로 결집시키는 데 결정적인 역할을 했다. 그러나 이제 정치체제가 어느 정도 안정되고 있다. 인민 민족위원부를 폐지하고 자치공화국이나 자치주에서는 '연합위원회'를 구성하게 되었다.

폴란드와 핀란드는 차르시대에 민족의 독립을 요구하고 있었다. 핀란드에는 비교적 선진적인 지배 계급이 있었고, 폴란드에는 지주 계급과 봉건귀족이 있었다. 러시아 혁명이 일어나자 독일의 점령하에 있었던 폴란드는 독립을 요구했다. 당시의 임시정부는 자유 폴란드의 독립을 인정하고 있었으나 핀란드의 독립에 대하여는 미온적인 태도를 취하고 있었다. 볼셰비키는 이것을 강하게 비판하고 있었다. 10월 혁명 후 볼셰비키는 폴란드의 독립을 무조건 받아들였다. 폴란드가 차르 정부와 프로시아, 오스트리아 등 여러 나라와 빚었던 모든 조약을 파기했다.

우크라이나의 농민들은 지주와 상인들에 대해 사회적이고, 경제적인 면에서 크게 적개심을 가지고 있었다. 우크라이나의 민족운동은 교사, 문학자, 사제와 대학 교수 등 지식인들이 주로 주장하며 참가하고 있었다. 우크라이나는 쌀의 생산지였고 철과 석탄 등 지하자원이 풍부했고 차르 체제하에서 제일 비옥한 농토를 소유하고 있었다. 1917년 민족주의를 대표한 흐르체프스키의 주도하에 60명의 위원으로 국민의회가 구성되었다. 1917년 6월에는 우크라이나 자치공화국을 수립했다. 사무국을 설치하여 민족정부의 가능을 행사하게 하였다. 이것이 '라다(우크라이나 소비에트)'가 된 것이다. 사무국이 정식 정부가 되었다. '키예프'에서는 노동자, 병사 소비에트가 조직되었다.

러시아 혁명과 함께 코사크에 대해 살펴보고자 한다. '코사크'는 15~18세기 동안 무스코비트(Muscovite) 제국의 변경지대에서 차르의 인정하에 군사적 복무를 전제로 토지를 차지하여 살고 있었던 국경 부근에 있었던 부족의 후예들이었다. 10월 혁명 후에 코사크의 지도자 칼레디가 코사크 정부의 수립을 선포했고, 그 주변의 몇몇 지도자들 역시 독립 코사크 정부를 수립했다. 1918년 2월에 코사크의 청년들이 볼셰비키의 영향하에 정부에 반대하며 봉기했고 전 러시아 집행위원회에 코사크부(部)가 만들어졌다. 코사크 소비에트는 소비에트 사회주의 권력이 성립하는 데 크게 기여했다.

백러시아 '라다(Soviet)'가 1917년 8월에 민스크에서 설립되었다. 같은 해 말 볼셰비키 군사위원회가 라다를 전복하고 인민위원회를 조직했다. 1918년 말에 백러시아 망명회의가 모스크바에 조직되었고 '백러시아 노동자 민족자결'을 선언했다. 독립된 백러시아의 단위를 만들어 낼 것을 당 위원회가 결정했다. 같은 해 5월에 백러시아 사회주의 공화국의 헌법이 제정되고 백러시아 정부가 수립되었다.

핀란드와 우크라이나 백러시아 사이에 인구 125만 명의 에스토니아와 인구 175만 명의 라트비아가 1918년 11월 나르바에서 에스토니아 소비에트 정부를 수립했고 같은 해 라트비아 정부도 수립되었다. 스탈린은 두 나라의 노동자들이 그들의 정치적 운명을 자유롭게 결정할 수 있다고 하여 두 나라의 정부수립을 승인했다. 1919년 두 나라의 정부가 영국 해군에 의해 무너졌다. 1919년에 백러시아의 라다와 같은 '타리바(소비에트)'가 조직되었는데 일종의 부르주아 국가에 있는 '민족평의회'와 같은 성격의 것이었다. 타리바가 빌나에서 추방되고 새로운 소비에트가 수립되었다.

라트비아는 국토나 인구가 에스토니아보다 넓고 많으나 주민의 대부분이 농업에 종사하는 농민들이었고 극소수의 지식인들이 있을 뿐 프로 노동자들은 없었다. 러시아 소비에트의 서부 변경지대의 폴란드, 핀란드, 우크라이나, 백러시아와 라트비아, 에스토니아는 큰 문제 없이 혁명으로 이룩된 볼셰비키에 의한 민족정책에 의해 러시아 사회주의 소비에트에 흡수되었다.

40. 동부 변경지대

러시아 소비에트 공화국의 동부 변경지대는 볼가강 유역, 코카서스 북쪽 기슭, 카스피해의 동쪽인 중앙아시아 지역을 말한다. 민족이라기보다는 하나의 식민자(植民者)들이었고 따라서 이 지역에서는 식민자로서의 문제를 가지고 있었다. 이들은 완전한 독립을 요구하지 않았고 자치(自治)를 희망하고 있었다. 그들은 회교도들이었다. 1919년 말까지 라트비아, 에스토니아에서 볼셰비키는 저항을 받고 있었다. 볼셰비키의 지도자들이 일상생활에서 회교도들의 종교생활을 이해하지 못했고 동부 변경의 넓은 지역에 대한 지식이 없었기 때문이다.

타타르인들은 1905년 혁명 당시 볼가 강변에서 살고 있었고 주로 상업에 종사하고 있었고 농업이나 임업에는 별로 종사하고 있지 않았다. 이와는 달리 바사키르인들은 농업과 임업을 주로 하며 동쪽으로 중앙아시아의 넓은 초원지대에 살고 있었다. 이들은 소수의 지식인들에 의해 초보적인 민족운동을 하고 있었다.

이들이 러시아 이주자들에게 목초지를 빼앗기게 되고 러시아 이주자들에게 노동을 강요당하게 되어 러시아인들에게 반감을 갖게 되었다. 1916년에 바자크의 반란이 일어났다. 이 반란을 진압하기 위해 바자크의 '칸(Khan)'은 러시아군의 지원을 요청했다. 1917년 러시아 회교도 대회가 페테르부르크에서 열리고 민족 자치를 요구하면서 '민주공화국'의 설립을 요구하게 되었다. 민주공화국의 설립을 요구한 다수파와 러시아 국내에서 문화적 자치를 요구하는 소수파 사이에 논쟁이 벌어졌다. 이들은 1917년 7월에 카잔에서 제2차 회교도 대회를 열고 타타르인의 조종하에 회교도 민족운동의 지도권을 장악했다. 이들은 이 지역 회교도 중에 가장 발전된 민족이었다. 오렌부르크에서도 이들 바시키르인들의 자치를 요구하고 있었다. 1918년 '회교도 문제 담당 인민위원회'가 만들어졌고 독일군의 침입이 있었으나 이를 물리치고 적기(赤旗) 아래 결집된 회교도들에 의해 '회교도 공산주의 중앙사무국'이 설치되었다. 이때 레닌과 스탈린이 함께 참석했다.

이 지역에서 민족운동을 이끈 것은 회교승과 부르주아 지식인들이었지만 유목민들에게는 큰 영향을 주지 못했고 이들의 지지를 확보하지 못했다. 반(反)볼셰비키적인 사마리아 정부에 의해 중부와 볼가 지역의 대부분이 점령되고 있었다. 1919년 6월에 카자크 영토를 관리하기 위해 혁명위원회가 설치되었고, 러시아인이 카자크인의 토지를 쉽게 차지하는 것이 요구되었다. 1919년 말까지 라트비아, 에스토니아 지역에서 볼셰비키는 저항을 받고 있었다. 소비에트 체제의 지도자들이 종교적인 회교도의 일상생활에 대한 이해가 부족했고, 동부 변경 지역에 대한 지식이 없었기 때문이었다.

볼셰비키의 혁명 정책은 서부지역이 주로 되고 있었으나 점차로 동부지역으로 옮겨가고 있었다. 1920년 바쿠에서 동부 민족 대회가 열리고 동부 민족 십자군이 발족되었다. 주로 외국의 지원에 의존했던 동부 여러 나라들은 백군 장군들이 구 제정시대에 지주들이 소유했던 농지를 다시 지주들에게 돌려주고자 했다. 산업 소유 역시 구제도를 부활시키려고 하는 기도가 있었다. 이러한 영향하에서 이 지역 농민들과 노동자들은 1918년 이전에 볼셰비키와 소비에트에 가졌던 반대되는 주장을 버리고 점차 볼셰비키 혁명을 지지하는 태도로 변화되고 있었다.

다게스탄은 혁명 소비에트에 의해 자치를 승인받았다. 그들의 생활방식과 종교상의 관행과 관습이 그대로 유지될 것을 승인받게 되었다. 다게스탄의 자치가 소비에트 러시아에서 분리되는 것을 스탈린이 제시하여 다게스탄을 혁명 소비에트에 흡수할 수 있었다. 다게스탄 산악 민족 공화국과 크리미아 자치 사회주의 공화국이 1921년에 수립되었다.

러시아 터기스탄족은 페르시아, 아프가니스탄, 인도의 북부 국경을 따라 카스피해의 동쪽과 산강까지 펼쳐져 있는 좁고 긴 지역인 중앙아시아에 살고 있었던 부족으로, 일찍이 중세시대에는 칭기즈칸 제국의 일부였고 타슈켄트, 사마르칸트 등 고대문명의 중요한 지역이었다. 터키어를 사용하고 있으며 북쪽의 카자흐스탄의 유목민과 다른 생활을 하고 있었다. 러시아 혁명 후에 급진적 성향의 노동자와 병사들이 '터시트나 위원회'를 구성했다. 1917년 9월, '타슈켄트 소비에트 위원회'가 임시정부를 전복시키고 차르의 구 영토에서 최초의 소비에트 정부를 수립했다.

터기스탄은 1918년 6월 소수의 당원으로 당대회를 열고 터키스탄 공산당을 창설했다. 목사, 경찰관, 노동자들로 당이 구성되었으며 많은 소를 소유한 부농도 당원이 되었다. 아시아 지역에서 공산주의의 전초기지가 되었다. 터키스탄의 민족적 특색은 러시아인에 대한 불신감과 식민지 대중의 방어적인 민족주의에 의한 것이었다. 1919년 7월, 당 중앙위원회는 회교도들의 동의 없이 회교도의 재산을 몰수할 수 없다는 규정을 채택했다. 1920년 적군(赤軍)이 지방권력을 장악하여 카바의 '칸'을 추방하고 카바의 옛 명칭인 '코레즘'이 '소비에트 공화국'을 수립했다.

티키스탄은 회교도 농민들로 구성되고 있었다. 1921년 엔베가 청년 보카라 운동과 터키스탄 회교도 단체들을 결합하고 바스미치족과 연계하여 타슈켄트에 저항하면서 포카라 동부지역을 장악했으나 엔베가 살해되어 터키스탄의 소비에트 권력은 서서히 재건되어 중앙아시아 지역을 러시아 소비에트에 포함시켜갈 수 있게 했다.

러시아 서부지역의 폴란드, 핀란드, 우크라이나 등과 같이 민족의 독립을 요구하는 선진적인 민족이 있었으나 동부 변경지대에는 '지방자치'를 요구하는 넓은 지역에 다양한 민족들이 산재하여 살고 있는 후진민족들이 있었다. 혁명 소비에트 권력은 이 지역으로 혁명의 확장을 위해 계속적인 노력을 경주하게 되었다.

트랜스코카서스 공화국

트랜스코카서스 지역에는 다양한 사회적 · 경제적인 구조를 가지고 있는 혼합된 민족들로서 늘 분쟁으로 혼란스러운 상태에 있었다. 아르메니아, 아제르바이잔, 조지아 민족이 큰 민족이었지만 인구가 각각 200만 명 내외였고 그 밖의 5개의 공화국의 인구는 보다 적은 민족으로 다양한 형태의 공화국을 형성하고 있었다. 아제르바이잔의 종교는 회교였고 조지아는 기독교로 조직되어있었으나 토지의 소유는 영주들과 제후들이 점하고 있었다. 이 두 나라에는 상인 계급과 급진적인 지식인이 있었으나 소수의 철도 노동자들만이 있었을 뿐이다. 조지아에는 반(反)아르메니아 민족주의자들이 있었다. 그러나 이 두 나라의 농민들의 생활수준은 유럽이나 러시아와는 비교될 수 없는 미약한 수준에 있었다.

조지아가 중심이 되어 1917년 11월, 티플리스에서 '트랜스코카서스 인민위원부'를 설립했다. 아제르바이잔의 지주들과 조지아의 급진주의자들의 제휴에 의한 것이었다. 민족자결을 내용으로 선언했으나 반(反)볼셰비키적인 것이었다.

여기 주둔하고 있었던 러시아군이 철수하고 아르다한 지역을 러시아에 할양한다는 조약을 체결했다. 러시아는 아르다한 지역을 점령했고 트랜스코카서스 의회는 트랜스코카서스 지역을 러시아에 할양한다고 선언했다. 그리고 트랜스코카서스 공화국의 설립을 선언했다.

아르메니아, 아제르바이잔, 조지아 등 세 나라는 전통적으로 터키에 대해 저항심과 적대감이 있었다. 아제르바이잔과 조지아는 기독교도였으나 회교도인 터키족과의 더 긴밀한 관계를 유지하고 있었다. 세 나라 다 터키에 대해 적대적이었지만 상대적으로 아제르바이잔과 조지아는 터키에 대한 적대감이 적었다는 뜻인지. 아제르바이잔과 아르메니아는 조지아의 지배적인 역할에 대한 시기심과 반감을 가지고 있었다. 1918년 5월에 트랜스코카서스 의회가 공화국의 해체를 선언했고, 같은 해 조지아는 독립 조지아 공화국을 선포했다. 뒤이어 아르메니아와 아제르바이잔도 공화국 독립을 선언했다. 그러나 아르메니아와 아제르바이잔 공화국은 터키에 의해 무너졌고 독일과의 조약으로 지원을 받은 조지아 공화국만이 남아있게 되었다.

조지아 공화국에는 토착귀족들과 지식인들이 있었고 민족적인 결집력도 있었다. 스탈린을 비롯한 능력 있는 다수의 지도자들을 배출하고 있었다. 트랜스코카서스 지역에는 독일, 터키, 영국의 침입이 계속되었고 최종적으로는 영국에 의해 중요도시가 점령되고 있었다. 1920년에 바쿠 등이 볼셰비키에 의해 장악되었다. 아제르바이잔 사회주의 공화국이 선포되고 1921년에 조지아 사회주의 공화국에서 2개의 자치공화국과 하나의 자치지구가 구성되었다.

시베리아의 철도 주변은 러시아인들이 차지하고 있었다. 원시적인 종족들이 인구가 희박하고 넓은 지역에 있어서 민족운동이나 분리운동은 일어나지 않았다. 부랴트 몽고리아는 1922년에 1차 지구가 되었고, 이듬해에 자치공화국이 되었다. 1922년 북동 시베리아의 넓은 지역에 자치공화국이 성립되었고 곧 승인되었다. 그러나 분쟁과 반란이 계속 일어나고 있었다.

일본군이 시베리아 철도를 따라 바이칼호까지 진격했고, 체코군은 블라디보스토크를 거처 볼가강까지 서진하여 1918년 6월 사마리아의 요새를 점령했다. 우익 사회당이 체코군의 보호하에 사마라에 임시정부를 세웠다. 동부 시베리아계의 코사크족의 수장 세메네프가 일본군과 협정을 맺고 치타에 본거지를 두고 트랜스바이칼리아 지역을 지배하게 되었다. 세메네프는 옴스크에 본부를 두고 전 러시아 임시정부를 수립했다.

소비에트군은 카잔, 심비르스크, 사마리아까지 점령했다. 블라디보스토크에 온 콜차크 제독이 전 러시아 임시정부를 무너뜨리고 농민폭동을 무자비하게 토벌하여 농민폭동이 시베리아 전역으로 확대되고 소비에트군이 공세를 강화하여 콜차크 정부가 붕괴되었다. 체코군이 철수했고 프랑스 사절단의 철수가 계속되었다. 시베리아에는 일본군과 독일군만이 남아있게 되었다.

41. 중국 공산주의 혁명

신민주주의의 일반강령

1917년 러시아 소비에트 혁명에 고무되면서 중국에서도 1921년에 중국 공산당이 창당되었다. 1923년 쑨원 등의 주선으로 국민당과 공산당의 국공합작이 이루어졌다. 쑨원은 공산당이 국민당에 병합될 것으로 믿었고 공산주의자들은 국민당과의 합작이 그들의 합법적 활동이 보장하여 공산당의 세력이 강화될 것으로 믿고 국공합작에 찬성했다. 그러나 1927년에 국공합작은 파기되었다.

신민주주의는 노동자와 농민 계급이 지배하는 민주국가를 수립하는 것이다. 대지주나 부르주아가 지배하는 봉건적이고 반민족적인 제도를 반대하는 것이다. 현 단계로서는 민족 부르주아의 민주국가를 수립하는 것도 불가능하고 사회주의 국가를 수립하는 것도 불가능하다. 중국 인민들은 민족적 억압과 봉건적 지배에 반대하고 있다. 중국 인민이 선택할 수 있는 국가의 제도는 신민주주의의 노선뿐이라고 했다.

신민주주의는 외부로부터 오는 민족적 탄압과 국내에 있는 봉건적인 지배와 탄압을 타파하여 모든 인민이 연합을 이루는 것이 신민주주의의 목표라고 했다. 이러한 주장은 마오쩌둥이 주장하는 노선이었다. 쑨원 역시 거의 같은 주장을 하고 있었다. "근래 여러 나라에서 민주제도를 실현해야 한다고 주장하고 있으나 그 내용은 부르주아의 주장이다. 그러나 실제로 그러한 주장은 일반 인민을 억압하는 도구가 되고 있다. 민주주의는 부르주아의 전유물이어서는 안 된다. 일반 인민들이 함께하는 것이어야 한다."

신민주주의의 정치조직은 인민 대표자 회의에서 정치적 기본방침을 결정하고 정부를 조직하는 민주적 집중제여야 한다. 민주적이며 동시에 민족적인 것이어야만 된다. 민중이 중심이 되며 기본이 되는 집중이어야 하며 동시에 집중에 따른 민주여야 한다는 것이 신민주주의가 주장하는 내용이라고 하고 있다. 신민주주의는 노동자와 농민의 해방을 중요한 내용으로 삼고 있다. 쑨원 역시 중국 인민의 독립, 자유, 민주로 통일되는 중국의 건설을 주장하고 있었다. 중국 공산당은 이러한 목표를 실현하기 위해 공산당에 반대하거나 적대하지 않는 어떤 개인이나 정당과도 협조하며 협력한다고 선언하고 있었다. 신민주주의가 일반적으로 적용할 강령을 '일반적 강령'이라고 했고 특별한 시기, 토지혁명의 시기, 항일전과 같은 시기에 적용할 강령을 '신민주주의의 구체적 강령'이라고 했다.

"농민의 힘은 폭풍과 같은 것이다. 그 앞을 가로막을 자는 아무도 없다!" 이러한 구호와 함께 농민들의 힘을 믿고 농민들을 위한 일에 중국 공산당의 중요한 정책 내용이 일반강령의 내용으로 포함되어있다. 중국 공산주의 혁명의 주체는 농민들과 평민으로 러시아의 혁명과는 구별되는 특징이 있다고 본다. 이러한 신민주주의의 강령은 혁명의 주체와 기반을 농민과 평민들의 자유와 해방에 두고 있다는 것을 알 수 있다.

신민주주의의 구체적 강령

일반적 강령과는 달리 북벌 시기, 토지혁명의 시기, 항일전쟁의 시기 등 구체적 시기에 적용할 구체적인 강령이 신민주주의의 구체적 강령이다. 22가지의 구체적 내용으로 되어있다. '항일전쟁 시기의 특별강령'은 대개 열 가지로 구별되고 있다.

- 연합국가와 협력하여 일본 침략자를 물리치고 국제적 평화를 확립한다.
- 민족의 단결을 분열케 하는 민족의 반역자를 타도하고 민족의 단결을 공고히 한다.
- 내란을 조장하는 반동분자를 처벌하여 인민의 단결과 평화를 보장한다.
- 민족을 배반하여 적에게 항복한 장교들을 처벌한다.
- 국민당 정부 하에서 항일전에 계속 패전하고 인민을 탄압한 군대를 정치적으로나 군사적으로 개편한다.
- 병역제도를 개선하고 장병의 생활태도를 개선하며 그 가족의 생활을 보장한다.
- 퇴역군인의 생활을 보장하며 취업을 돕도록 적극 노력한다.

- 연합군이 지원해준 무기와 재정을 각 항일부대에 공평하게 배달하며 군사공업의 발전에 계속하여 힘쓴다.
- 일제의 압박을 피하여 중국에 온 외국인들을 안전하게 보호한다.
- 국내에 거주하는 소수민족의 대우를 개선하며 민족자치의 권리를 보장한다.

'북벌시기의 특별강령'을 다섯 가지로 구분하고 있다.

- 인민을 탄압하는 반동적인 특무기관이나 특무활동을 폐쇄하며 강제 수용소를 폐쇄한다.
- 인민의 언론, 출판, 집회, 결사, 신고와 사상의 자유를 탄압하는 법령을 폐기한다.
- 모든 민주정당의 합법적 지위를 승인한다.
- 중국 해방구에 배치된 부대를 항일부대에 투입한다.
- 피점령지구의 인민들이 지하군대를 조직하도록 최대한 지원한다.

'토지혁명의 시기의 특별강령'은 일곱 가지로 구분한다.

- 많은 자금을 마련하여 난민을 구제하며 각종 재해에 대비한다.
- 잡다하고 무리한 세금을 폐기하며 통일적인 누진세제를 실시한다.
- 농촌을 개혁하고 소작료를 인하하여 가난한 농민들에게 저리의 대출을 한다.
- 노동자의 생활을 개선하며 실업 노동자를 구제한다.

- 교직원의 생활을 보조하며 학문의 자유를 보장한다.
- 중하위 공무원에 대한 처우를 개선한다.
- 모든 애국적 정치범을 석방한다.

42. 마오쩌둥 사상

중국이 당면하고 있었던 여러 가지 문제를 마르크스주의와 레닌주의를 적용하여 성공적인 혁명을 수행할 수 있도록 한 것이 마오쩌둥 사상이다. 도시에 있어서의 당과 노동자, 농촌에 있어서의 농민단체인 농회(農會), 그리고 광산 노동자와 유격전 지역의 유격부대가 혁명의 주체가 되고 있다. 해방지구가 늘어나면서 정규전을 할 수 있는 정규적인 전투부대의 중요성과 역할이 늘어나게 되었다. 이러한 모든 내용을 보다 효과적으로 실현할 수 있도록 한 것이 '마오쩌둥 사상'이다.

모든 권력을 농회로!

러시아 혁명의 중요한 표어는 "모든 권력을 소비에트로!"였다. 러시아 혁명의 주체는 도시의 노동자였다. 도시에서 혁명을 하고 혁명을 전국으로 확대시켜간 것이다. 그러나 중국에 있어서는 당이나 유격대의 병사들도 있었지만 혁명의 대상지역이 농촌이었고 농민들이 혁명의 주체였다.

유격구나 유격 근거지가 모두 농촌에 있었고 해방구에서는 빠짐없이 농회가 조직되고 있었다. 농회의 위력은 대단했다. 이전에 농촌을 지배하고 있었던 토호(土豪)들은 농회가 조직되면서 농촌을 떠나야만 했다. 청조(淸朝)시대에 지방관청이 호적을 만들 때 정책(正册)과 별책(別册)을 만들었는데 일반 양민은 정책에 수록했고 범죄인이나 불량한 사람은 별책에 수록했다. 별책에 수록되면 여러 가지 생활에 지장을 받게 되고 불편한 처우를 받게 되었다. 농회에 가담하여 그 회원이 되는 것은 곧 정책에 수록되는 것과 같은 것이었다. 농민들은 정책에 기록되어 농회의 회원이 되는 것이 희망이었다. 지방과 농촌에 조직된 '농회'가 지방행정에 있어서 중요한 역할을 하게 되었다.

유격 근거지와 공작대

중국 혁명의 근거지는 농촌지역이었고 그곳에서 혁명의 중요한 역할을 한 것은 농회였다. 농회와 함께 농촌에서 혁명을 위한 적극적인 투쟁을 한 것은 유격대의 병사들이었다. 중국 혁명은 농회와 유격대가 함께 이루어놓은 것이다. 유격대가 유격전을 효과적으로 하며 적을 토벌하여 유격전의 영역을 넓혀가며 보존하는 목적을 달성하기 위한 유격전의 전술적인 기지(基地)를 '유격전의 근거지'라고 했다.

유격전이 일시적인 투쟁일 수도 있으나 장기적으로 수행되기도 한다. 오랫동안 유격대가 자신들을 보존하며 장기간 보호되며 머물 수 있는 지역이 필요한 것이다. 유격 근거지는 유격전을 위한 후방이라고 할 수 있다. 유격 근거지가 없는 유격전은 성공할 수가 없는 것이다. 중국은 국토가 넓고 항일전에 협조적으로 동참해주는 인민들이 있었다는 것이 유격전을 효과적으로 장기간 수행할 수 있게 한 이점이다. 여러 곳에 유격 근거지를 갖추고 유지할 수 있는 대부분의 국토가 평야지대였고 다수 인민의 동참이라는 혁명이 성공할 수 있는 객관적 조건을 갖추고 있었다.

유격구와 유격 근거지는 구별되는 것이다. 유격구는 유격대가 들어가면 유격대의 지역이 된다. 그러나 유격대가 철수하면 다시 적의 편에 가담하는 지역이 된다. 따라서 유격대가 철수하면 다시 적의 편에 가담하는 지역이 된다. 따라서 유격전을 성공적으로 수행하기 위해서는 유격구를 유격 근거지로 만들어야 한다. 유격구를 유격 근거지로 만들기 위해서는 다음 몇 가지 조건을 갖추어야만 한다.

유격구를 유격 근거지로 바꾸기 위해서는 주위의 자연환경과 인민들의 성향을 연구하여 전술적인 승리를 위한 계획을 잘 수립해야 한다. 또한 유격 근거지에 있는 유격대를 정규적인 정규부대로 발전시켜가야 한다. 이러한 목적을 달성하기 위해서는 그곳 주민, 즉 민중의 지지와 호응이 무엇보다도 중요하다. 넓은 평야가 있는 지역에서도 하천이나 호수 또는 항만이 있는 곳에서는 유격전을 할 수 있다. 그러나 국토가 좁은 벨기에 같은 나라에서는 유격전을 하기가 어렵다. 우리나라는 많은 산악이 있으나 국토가 좁은 까닭에 유격전을 하기는 불리한 것이 벨기에와 같은 조건이다. 유격전의 유격 근거지를 구축하기 위해서는 구체적으로 다음과 같은 조건을 만들어야 한다.

첫째, 적을 완전히 그리고 효과적으로 격파하여 그 잔존세력의 뿌리를 뽑아야 한다. 둘째, 그곳을 지배하고 있던 행정기관이나 정권기관을 철저히 격파하여 그들의 영향력은 완전히 뿌리 뽑아야 한다. 셋째, 그곳의 민중을 돌격대로 무장시키고 무장조직으로 발전시켜야 한다.

유격대를 정규 전투부대로 바꾸며 공작대로 편성한다

유격대는 농촌지역에서 유격전을 하면서 유격 근거지를 넓혔고 도시를 포위하여 해방구를 넓혔고 도시를 고립시켰다. 이제 도시를 완전히 장악하기 위해 유격대를 두 가지 형태로 개편할 때가 되었다고 마오쩌둥은 판단했다. 첫째로 유격대를 유격전보다는 도시의 인민들을 완전히 장악하기 위한 공작대로 바꾸는 것이다. 둘째는 도시를 완전히 장악하고 점령하기 위해 유격대를 전면전을 할 수 있는 전투부대로 새롭게 편성하는 일이다.

1) 유격전을 이끌어왔던 군의 간부들은 도시를 접수하고 관리하기 위해 도시의 행정기관이나 인민들을 우리 편에 협력하도록 하는 공작대를 지휘해야 할 것이다.
2) 도시에서 부르주아를 포섭하거나 대처하는 일이 유격대 군 간부들이 해야 할 일이다.
3) 도시의 노동자들을 조직하며 노농동맹을 조직하는 역할을 효과적으로 수행해야 한다.
4) 새로 장악한 해방구의 간부들과 사귀고 그들을 혁명의 동참자로 훈련시켜야 한다.
5) 공장이나 상업 등 기업체의 실정을 살피고 그들을 혁명에 동참하도

록 훈련시켜야 한다.

6) 학교, 신문사, 통신사, 방송국을 관리하는 데 주력해야 한다.

7) 민주적인 정당이나 민간단체의 경향을 살피고 역시 혁명적 사업에 동참하도록 지도한다.

8) 도시와 농촌의 관례를 조정하여 식량이나 연료 등 생활필수품이 부족하지 않도록 관리한다.

9) 지금까지 군의 간부나 병사들이 몰랐던 일에 대해 더욱 연구하고 잘 처리하도록 한다.

병력을 집결하여 적을 섬멸하라!

중국 공산당은 1921년 창당 이후 정강산에 혁명 근거지를 마련했으나 국민당의 토벌군의 대대적인 토벌에 의해 정강산을 버리고 연안까지의 만리장정을 강행했다. 성공적인 만리장정을 실현하여 그곳에 정부를 수립하여 국민당 정부와 일본과의 항일전쟁을 하면서 중국의 적화 혁명운동을 계속했다. 정치적으로는 신민주주의를 내걸고 일반강령과 구체적 강령을 제시하면서 유격전을 통한 혁명의 기초를 닦았다.

해방구를 계속 확대하여 농촌지역의 토지혁명을 수행하면서 농회를 조직하고 농촌지역을 장악했다. 유격구를 점차로 유격 근거지로 발전시켰고 해방구를 넓혀갔다. 군사적 전술보다는 해방구와 점령한 도시에서 정치적인 공작에 힘쓰도록 마오쩌둥은 강조하고 있었다. 농촌과 해방구를 넓혀 대부분의 지역을 점령하고 있었다. 마오쩌둥은 유격 근거지나 유격전보다 정규군에 의한 전면전을 강행하고자 했다.

병력을 집결하여 적을 일거에 섬멸하라!

국민당 군이나 일본군에 대한 전면전이 개시되었다. 유격 근거지와 해방구가 전국적으로 확장된 상황에서 정규전에 의한 최후의 결정을 결행할 때가 되었다고 판단된 것이다. 1946년 9월에 있었던 중국 공산당 중앙 군사위원회에서 마오쩌둥은 다음과 같은 지시를 하고 있다.

1) 우세한 많은 병력을 집결하여 방어를 위해 분산되어있는 열세에 있는 적을 공격하여 철저하게 섬멸하고 도시를 장악하라.

2) 적이 많은 병력으로 공격해올 때에는 그 인근에 있는 민병대나 유격부대는 물론 아군의 협조적인 민간단체의 구성원들까지를 동원하여 적의 병력보다 최소한 5배나 6배가 되는 병력을 집결하여 적보다 훨씬 많은 병력으로 적을 공격하라.

3) 평시에 전투부대의 훈련과 교육을 철저히 하고 적을 경시하지 않도록 한다.

4) 많은 병력으로 적을 일기에 제압하고 섬멸하여 적의 사기를 떨어지게 하고 섬멸된 적이 보유하고 있던 무기와 탄약을 탈취하여 적이 군사장비를 공급하는 부대가 되도록 한다.

5) 항일 유격전의 초기에는 병력을 분산하여 유격전을 주도했고, 유격 근거지와 해방군을 넓히기 위해 정치공작에 힘썼으나 지금은 우리의 강화된 병력을 집결하여 적을 각개로 섬멸하여 정규전으로 전국을 장악할 수 있는 단계에 와 있다.

6) 우리 군이 진격하고 있고 적이 방어하고 있을 때에는 몇 개의 적 부대를 동시에 공격해도 무방하다. 예컨대 우리 군이 청도나 청진 등 몇 개의 도시를 공격하여 성공적으로 그 지역을 점령할 수 있었던

것을 참고할 수 있다.

7) 우리의 주력부대가 적을 집중적으로 공격할 때에는 지방의 병력, 유격대원 및 지방 민방대원을 적극적으로 참전케 하여 각 병단의 영향력을 키우고 참전한 병력 서로 간의 일체감을 키울 수 있도록 한다.

8) 병력을 집중하며 적을 섬멸할 때에는 적의 병력을 섬멸하는 데 주력하고 그 지역을 점령하고 적을 탈취하는 데 목표를 두지 말아야 한다.

중국 공산주의 혁명에서 이상과 같은 전술은 방어를 위해 병력을 분산하고 있었던 국민당 군으로서는 방어할 수가 없었다. 전국의 대소 도시가 하나하나 붕괴되었고 중국의 공산화가 실현될 수밖에 없었다. 한국전쟁 당시 중공군이 압록강, 두만강을 건너 참전했을 때에도 국군의 병력의 5배나 6배나 많았다는 것을 우리는 알고 있다. 우리가 흔히 '인해전술'이라고 알고 있는 것이다. 이러한 마오쩌둥의 전술은 중국을 공산화하는 데에는 성공적이었다. 그러나 항공기에 의한 제공권을 장악하고 최신의 공격무기로 장비를 갖춘 UN군에 대항하기에는 부족했다. 마오쩌둥의 전술은 한국전에서 그 한계를 드러냈고 실패한 것으로 판단된다.

43. 쿠바와 베트남 혁명

쿠바 공산주의 혁명

1956년 11월 24일 멕시코의 항구 툭스판(Tuxpan)에서 카스트로를 포함한 82명의 게릴라 지망자들이 정원 18명인 크란마(Clanma) 요트에 타고 멕시코 항구를 떠났다. 쿠바 해안에 접근하자 게릴라 접근에 대한 기밀이 새어나가 바티스타 정부군이 대비하여 대기하고 있었고, 공격을 받게 되었다. 카스트로의 게릴라들은 곤경에 몰렸고 다음 해 12월까지 여러 명의 게릴라들이 사살되었다. 더 이상의 항쟁을 포기하지 않을 수 없는 상황에서 현지의 비밀조직 단체인 '프랑크 페이스'의 지원을 받게 되었다. 일부 병력의 지원을 받았고 무기의 지원을 받아서 다시 투쟁을 계속할 수 있었다.

바티스타 정권의 부패와 폭정에 불만이었던 쿠바 정글의 주민들은 게릴라 부대에게 적절한 정보를 제공해주었고 최소한의 식량을 제공해주었다. 게릴라들은 지휘와 명령에 잘 따랐고 주민들의 재산에 대해 손하나 대지 않았다. 주민들에게 공손하게 대했으며 빌려온 물건은 위험을 무릅쓰고 주민에게 돌려주었다. 주민들과의 물건 매매는 공정했으며 부인과 여성들을 괴롭히지 않았다.

체 게바라는 게릴라 부대의 대장 중의 한 사람이었다. 그는 천식을 앓고 있는 환자였다. 그 자신을 위해 준비하고 있던 의약품을 정글 주민의 환자에게 아낌없이 나누어주어 주민들을 감동케 했다. 대장이라고 특별히 준비한 식사를 사양하고 대원들과 함께 같은 식사를 했다. 게릴라전에 있어서 지휘관과 일반대원의 일체감을 조성했다.

게릴라 부대원의 수는 정글 주민들이 참가하며 계속 증가되어 부대를 재편하게 되었다. 유격구를 넓히고 유격 근거지는 확장되어 해방구로 발전되었다. 게릴라들은 수도 아바나로 가는 마지막 거점인 산타클라라의 공격을 준비하고 있었다. 산타클라라는 15만 명이나 되는 주민이 살고 있는 비교적 큰 도시였고, 정부군 4,000명이 주둔하고 있었다. 게릴라 부대는 그곳을 공격할 만큼 큰 부대로 발전해 있었고 산타클라라를 공격하여 점령할 수 있었다.

"바티스타 정부의 고위관리들이나 장군들이 타고 있었던 승용차는 타지 말라. 걷거나 트럭을 타고 아바나로 들어가야 한다." 트럭을 타고 수염이 덥수룩한 사나이들이 입성하는 모습을 보는 아바나 시민들의 감동은 매우 큰 것이었다. 1958년 게릴라 부대가 산타클라라를 점령한 후 1959년 1월 2일 오후에 수도 아바나에 입성했고 1956년 쿠바에 상륙한 카스트로의 유격대는 1959년인 3년 만에 쿠바 정부를 수립했다.

대통령: 마니엘 우리티아(Manuel Uritia)

총리: 피델 카스트로(P. Kastro)

국방장관: 라울 카스트로(Raul Castro, 카스트로의 아우이며 게릴라 부대의 부사령관)

농지개척위원 겸 국영은행 총재: 체 게바라(Che Guevara)

새로 수립된 쿠바의 당과 관료들은 소비에트 공산주의를 거부하고 불신하고 있었다. 소비에트 정권은 인민들의 자유를 지나치게 통제하고 지배하고 있다고 하여 소련의 소비에트 체제에 대해 반감을 가지고 있었다. 체 게바라는 특히 그러한 반감을 가지고 있었다. 1962년 5월에 소련이 무기의 지원을 하겠다는 것을 수용했으나 흐루시초프가 미국의 압력에 밀려서 핵미사일의 쿠바 수송을 철수하게 되어 체 게바라는 소련에 대한 불신의 골이 깊어졌다.

체 게바라는 고급관직인 장관직에 있었으면서도 주말에는 뜨거운 폭염을 무릅쓰고 사탕수수밭에서 사탕수수를 수확하며 땀을 흘렸다. 일부 부하 직원들의 불평불만이 있었고 비판의 대상이 됐으나 그 일을 계속했다.

카스트로에 의한 쿠바의 혁명은 여러 가지 면에서 중국 공산주의 혁명과 유사한 점이 있었다. 소수의 유격대로 하여금 농촌과 정글에서 군사적인 게릴라전을 했고 정치적인 공작을 실천하고 있었던 것이 거의 같은 것이었다. 해방구가 적의 도시를 포위하고 게릴라 등이 결합하여 정규군으로 발전하여 최후의 결전을 감행한 것도 두 나라의 혁명의 형태와 내용이 서로 같았던 것이다.

중국의 혁명은 마오쩌둥과 같은 지도자가 있었던 것처럼 쿠바혁명에는 카스트로와 같은 뛰어난 혁명지도자가 있었다는 것 역시 같은 것이다. 중국은 넓은 대륙으로 유격전을 하는 데 유리했고, 쿠바는 정글이라는 유리한 조건과 추운 겨울이 없어 계절적인 제약을 덜 받는 게릴라전을 하는 데 좋은 조건을 갖추고 있었다는 점에서 두 나라는 유격전을 하는 데 객관적인 자연조건이 유리했다고 볼 수 있다.

그러나 두 나라는 마르크스가 주장했던 유물사관의 혁명적 가설에 따른 혁명은 아니었다. 공산주의 혁명은 생산력과 생산관계의 모순이 크게 되는 파국점에서 일어난다는 유물사관의 논리에 따른 것이 아니었다는 것이 분명하다.

베트남 공산주의 혁명

베트남 공산당

프랑스는 1903년까지 인도지나반도를 지배하고 있었다. 안남(베트남), 라오스, 캄보디아는 프랑스의 보호령이었고 통킹과 고친 차이나는 프랑스의 직할 식민지였다. 1903년 중국과 인도, 필리핀에서 일어난 민족 해방운동에 자극되어 안남 공산당이 창당되었다. 1917년 러시아의 소비에트 혁명의 영향을 받아 1929년에 호찌민이 중심이 되어 베트남 공산당이 창당되었다. 역시 같은 해에 구엔 다이 호구가 주도한 베트남 국민당이 창당되었다. 이러한 정당은 오랫동안 프랑스 지배하에 고통받고 있었던 베트남 인민들의 민족적 열망에 의한 것이었다. 노동자, 농민, 민족 자본가 등 베트남 인민들의 다수가 참여한 민족통일 전선체였다. 이들은 베트남에서 일어났던 폭동 중 최초로 큰 규모의 안시(安市) 폭동을 주도한 것이다. 물론 안시 폭동은 곧 진압되었으나 베트남 민족주의가 발전하는 계기가 되었다.

2차 대전이 일어나고 일본군이 인도지나반도에 침입했다. 호찌민의 지휘하에 항일유격대가 조직되었다. 1941년에 호찌민의 지도하에

'베트남 독립 동맹(Vietminh)'이 조직되어 게랄라전으로 일본군에 대항했다. 1945년 5월경에 베트남 공산당과 민주당의 세력은 더욱 강화되었다. 노동단체, 농민동맹, 청년단체와 여성단체 등 12개의 사회단체가 공산당과 민주당에 가세했다. 베트남의 모든 사회단체들이 공산당에 가담하여 강화되었고 모든 항일 게릴라 부대를 통합하여 인민해방군을 창설했다. 1945년 8월 15일 민주공화국 정권을 수립했고 8월 19일 하노이에서 쿠데타를 일으켜 일본의 괴뢰정권이었던 바오다이를 퇴위시키고 같은 해 9월 2일 베트남 민주공화국이 수립되었다. 대통령에 호찌민, 부통령에 국민당의 구엔하이 단을 선출하여 1946년 11월에 신헌법을 제정했다.

새로 수립된 공화국은 몇 가지의 기본적인 정책을 발표했다. "베트남 민족의 자유를 위해 모든 외국의 간섭을 물리친다. 민족의 자유와 독립을 지키기 위해 투쟁을 계속한다. 토지의 개혁을 실시하여 토지에 대한 일체의 사적인 소유를 승인하지 않고 모든 토지를 경작하는 농민들이 소유하며 경작하도록 한다. 노동자들의 노동시간을 8시간으로 제한하여 노동자들을 보호한다." 이상과 같은 정책은 그 후 모든 사회적 분야로 확대되어갔다. 특히 1945년 8월 19일 하노이에서 정권을 수립한 날을 혁명 기념일로 지정했다.

베트남 전쟁

1946년 3월 6일 '베트남 프랑스 예비협정'이 체결되어 베트남의 자유가 보장된다고 했으나 프랑스는 다시 베트남을 식민지로 지배하기 위해 1946년 12월에 베트남 공화국에 도전했다. 일본군의 보호하에서 정권을 잡고 있었던 바오다이를 영입하여 1949년 3월에 친프랑스 정권을 수립했다. 베트남을 다시 식민지로 지배하기 위한 전쟁을 일으켰다. 이에 베트남의 각계각층의 항불 세력이 프랑스 식민정책에 대항하며 참전하게 되었다. 프랑스는 많은 전상자를 냈고 많은 전비를 지불했으나 베트남의 대부분의 영토에서 물러날 수밖에 없게 되었다. 프랑스 국내에서 일어나고 있던 반전(反戰) 여론에 밀려 프랑스는 더 이상 전쟁을 수행할 수가 없게 되었다.

미국은 베트남이 공산화되면 동남아시아의 여러 나라들이 적화혁명으로 공산체제로 발전하여 공산주의의 확산이 되는 것을 막기 위한 목적으로 소위 통킹만 사건을 구실로 하여 적극적으로 베트남전에 참전했다. 바오다이는 다시 미국의 후원과 원조를 받는 자리를 차지했으나 베트남 전쟁은 처음부터 그렇게 간단한 전쟁이 아니었다. 베트남전은 정글을 중심으로 한 민족주의자들이 참가한 게릴라전이 기본이었다. 처음부터 정글은 유격 근거지였고 대부분의 정글지역은 유격전과 함께 하나의 해방구가 됐다. 노동자, 농민, 청년단체와 여성단체는 물론 종교단체까지 게릴라 부대를 후원하며 동조하고 있었다. 베트남은 자연조건이나 사회적 조건이 게릴라전을 성공적으로 수행할 수 있게 했다.

게릴라전이 성공하기 위한 조건은 자연적인 조건과 사회적인 조건이 중요한 것이다. 이에 더하여 게릴라 요원들의 병력과 무기 탄약 등 군사장비가 쉽게 공급될 수 있어야 한다. 베트남은 게릴라전을 수행하기 위한 자연조건이나 사회조건 이외에 유격전 병력이나 무기탄약 등의 조달이 그다지 어렵지 않았다. 소모된 병력은 게릴라전을 지지하며 후원하는 여러 단체에서 보충 받을 수 있었다. 무기탄약은 구소련이나 중국으로부터 라오스나 캄보디아의 국경에서 그다지 어렵지 않게 조달되고 있었다. 엄동설한이 없는 기후적인 조건도 게릴라전의 성공을 돕는 조건이 되고 있다.

우리나라에서도 여순 사건 이후 제주도에서 무장 게릴라들에 의한 게릴라전이 전개되고 있었으나 제주도에서 게릴라전을 계획하고 실행한 남로당 등 한국의 공산주의자들은 큰 실책을 했다고 평가된다. 제주도는 작지 않지만 하나의 섬이다. 그곳에서 게릴라전을 하기에는 객관적인 자연조건이 불리할 뿐이다. 게릴라 부대를 섬멸하기 위해 해안을 봉쇄하고 외부로부터의 병력의 지원과 무기탄약 및 식량을 게릴라 부대에 공급할 수가 없었다. 기후적 조건 역시 엄동설한이 있다. 소모되는 병력을 보충할 수 있는 곳은 제주도의 도민뿐일 수밖에 없다. 무기와 탄약도 그곳에 주둔하는 군과 경찰로부터 탈취할 수밖에 조달될 방도가 없다. 개전 초기에는 경비가 미약한 군이나 경찰로부터 탈취한 무기가 있었으나 게릴라 소탕이 본격화되면서 그 길이 막혔다. 병력이나 무기 등이 계속 보충될 수 없는 조건에서 제주 게릴라전을 실행한 공산주의자들은 게릴라전을 하면 된다고 믿었을 뿐 그것이 성공될 수 있는지 여러 가지 조건과 상황을 따지지 못했다고 볼 수 있다. 애매한 제주도의 동포들만을 희생시킨 결과가 됐다. 베트남 게릴라전을 논하면서 한반도에 있었던 제주도 게릴라 대해 사족을 단 것을 죄송하나 참고해주시기를 요청한다.

베트남 공산화의 특색은 그때까지 있었던 공산혁명과는 그 유형을 달리하고 있다. 정글을 중심으로 전국이 해방구가 될 수 있었다. 게릴라들은 유격구가 아닌 유격 근거지에서 보호되고 있었다. 도시에서는 민족의 자유와 독립을 열망하는 많은 사회단체의 구성원들과 심지어 종교단체나 지도자들까지 합세하여 도시 폭동을 계속 격화시키고 있었다. 정글 지역에서의 게릴라전, 도시에서의 소요와 폭동과 정규부대에 의한 정규전이 배합하여 수행한 혁명이 베트남 공산혁명을 위한 혁명의 특징이라고 할 수 있다.

어떤 나라에서 혁명의 전술로 게릴라전이 있었다면 게릴라전에 대비한 부대를 편성하여 이에 대처할 수가 있었다. 지난날 북한이 무장공비를 남파했을 때 우리는 무장공비 토벌을 능히 효과적으로 할 수 있었다. 도시 폭동과 소요도 시민들의 협조와 진압부대를 편성하고 강화하여 진압할 수도 있다. 정규적으로 혁명운동이 수행된다면 강력한 자주국방 노선을 강화하면 되었다. 그러나 베트남에서는 도시에서 많은 시민이 참가하는 도시폭동이 계속되고 있었고 정글에서는 게릴라전이 지방의 사회 안전을 크게 위협하고 있었다. 강력하게 편성되고 무장한 정규전을 위한 인민해방군이 미국과 연합군을 상대한 전면전을 하고 있었다. 이전에는 어떤 공산혁명에서도 볼 수 없었던 혁명유형이 전개됐다. 사이공 정부나 미국이 전혀 새로운 혁명 전술에 적절하고 효과적인 대처를 할 수 없었다. 베트남이 적화될 수밖에 없었다.

2차 대전 중에 소련은 폴란드를 비롯한 동구라파의 여러 나라를 점령하고 있었다. 군사적인 점령하에서 그 지역의 공산주의자들을 지원하여 공산정권을 세우게 했다. 게릴라전이나 도시폭동이 아닌 정규전에 의한 군사적 점령으로 공산정권을 수립하여 그곳의 여러 나라를 위성국가로 했다. 그러나 소련의 소비에트 체제가 해체되면서 그곳의 여러 나라 역시 공산체제에서 벗어나게 되었다. 이데올로기 시대의 냉전의 영향으로 소련에 의해 수립된 북한만이 한반도의 북반부에 그대로 남아있다. 북한은 동구라파 여러 나라들과는 달리 주체사상을 구체화하고 있다.

우리는 주체사상이 무엇인가를 제대로 알지 못한다. 이데올로기

시대에 분단되었던 서독과 동독 그리고 남베트남과 북베트남이 통일되고 있다. 한반도에서만 냉전시대의 유물인 분단이 계속되고 있다. 그동안 북한이 주장한 주체사상이 무엇인가를 다음에 그들의 주장대로 소개하고자 한다.

44. 북한의 세습독제와 집단전략과 종교

세습독제의 전개

쿠바의 공산화는 카스트로의 유격대와 정글 주민의 유격전에 대한 지원이 연합하여 이룩한 성과였다. 베트남 공산당의 지도하에 프랑스 등에 의한 식민지적 지배를 반대하는 도시의 모든 사회단체가 참가하는 항불(抗佛) 세력과 정글에 있어서도 애국적인 정글 주민들이 참여하는 범국민적인 단합이 베트남 공산당을 지원하며 이룩한 혁명이었다. 중국에서는 마오쩌둥의 식민주의의 깃발 아래 중국 공산당이 적화혁명을 주도적으로 수행하였다. 그러나 북한에서는 김일성이 카륜(卞倫)에서 반제(反帝)청년동맹, 공산주의 동맹을 조직하였으나 김일성이 북한에 올 때까지 공산당의 조직은 없었다. 조선노동당이 창단된 것은 그 후의 일이다. 비록 조선노동당이 창당되었으나 명목상으로나마 사회주의(공산주의) 정권을 수립한 것은 노동당의 역할보다는 김일성의 독제적인 지배를 위한 정치적인 반대파를 제거하는 것이 목적이었다.

1950년 연안파의 무정(武亭)을 숙청하면서 교조주의(教條主義)가 주장되었고, 1952년 허가이 등 친소파를 차장주의(車丈主義)로 제거하였다. 1956~1958년에 남로당의 박헌영, 김두봉 등 세력을 제거하면서 사대주의(事大主義)를 비난하였다. 이렇게 북한 세습독제체제는 김일성의 반대파를 제거하는 데 이용되었다. 1953년에 사상에서의 주체(主體), 1955년에 정치에서의 자주(自主)와 경제에서의 자립(自立)이 주장되었다. 1962년에 국방에서의 자위(自衛)가 주장되었다. 정치적 반대파를 제거하기 위함과 세습적 통치를 강화하기 위하여 주체 · 자주 · 자립 · 자위를 내세워 세습적 독제를 확립하였다. 이렇게 김일성, 김정일, 김정은으로 이어지는 부자삼대(父子三代)에 걸친 독제적 지배가 비록 북한이 명목상의 것이지만 사회주의 독제를 가능하게 하였다. 이러한 주장이 정치권력을 세습하는 데 도움이 되었다. 이러한 주장들은 종합적이며 체계적인 것이 아니고 1972년 김정일이 사회과학자대회에 「주체사상에 대하여」라는 논문을 제출하였는데, 그때까지 단편적으로 주장하였던 내용을 종합한 것으로 세습제가 독제를 가능하게 하는 논리가 되었다. 이에 더하여 집단전략을 현실적으로 제시하며 실시하였고, 더하여 세습독제를 강화하기 위하여 세습독제의 종교론(宗教論)을 제출하여 실행하고 있다. 북한의 세습독제는 앞으로 계속 발전될 것으로 예상된다. 김정은이 남북정상회담과 북미정상회담을 핵과 관련하여 열고 있으나, 북한의 세습적 독제는 계속될 것으로 예상된다.

다음에 집단전략과 독제를 위한 종교론을 소개하고자 한다.

세습독제와 집단전략

고대사회, 중세사회는 물론 서양 근대사회에 있어서 군주권과 교황권에 의한 정치 · 경제 · 사회의 통제와 지배는 전적으로 군주나 교황에 의하여 지배되고 있었다. 특히 서양 근대사에 있어서 절대왕정체제에서는 군주의 권한이 더욱 강화되고 있었다. 문예부흥기를 거치면서 사람들은 개인으로서의 자아를 발견하고 자신들의 생각으로 행동하며 살아가고자 하였다. 이들은 군권(君權) 밑에 순종하며 복족하는 사람들이 아니었다. 개인 생활이나 사회 생활에서 그들의 교양과 교육의 정도, 사회적 지위나 재산의 소유 정도 등에 의하여 자기의 존재 의미를 새롭게 발견하고 있었다. 각자의 개성과 주관에 따른 생활을 희망하고자 하였다. 군주권에 의하여 지배되는 통제에 따르고자 하지만은 않게 되었다. 특히 19~20세기에 걸친 민주정치에 의하여 각 개인의 생각과 행위는 사회구성원의 개인적인 것으로 분회되어갔다. 이러한 개인적인 성향을 어떻게 통제하며 지배체제로 전환시킬 수 있는가 하는 것이 정당과 선거라는 정치적인 제도로서 채택되었으나 이것을 보다 효과적으로 운영하기 위하여 '집단전략'이라는 지배 형식이 채택되었다. 특히 북한에서 세습독제의 성공적인 수행을 위하여 유럽이나 세계 어느 곳에도 없는 제도가 채택되고 시행되고 있다.

야구장 등 경기장에는 많은 관중이 모이게 된다. 이들은 많은 사람들이 모인 '대중'이다. 그러나 이들의 생각은 같지 않으며 행동 또한 그러하다. 어떤 사람은 A팀의 승리에 박수를 보내며 환호성을 지른다. 또 다른 사람은 B팀을 응원하고 있다. 이들은 모두 같은 생각을 가지고 있지 않으며 나름대로의 주관적 판단에 의하여 생각하며 행동하는 사람들이다. 이들의 개인적인 견해는 운동경기에 있어서 큰 문제가 되지 않는다. 이들 관중으로의 대중과 산업사회에서의 계급은 서로 같지 않다. '계급' 역시 정치목적을 같이하는 많은 사람들의 집합체이지만 그들은 자본가들에 의한 착취와 억압과 탄압의 고통스러움을 알게 된 사람들이다. 그러한 부당한 탄압을 반대하며 타파하려는 사람들이다. 이들은 경기를 보기 위하여 운동장에 모인 '관중'과는 다른 사람들이다. 이러한 '관중'과 '계급'의 사람들이 개인적인 생각과 행동을 하지 못하고 어떤 정치지도자가 특별한 정치목적이나 통치수단으로서 이들을 자신의 정치목적에 일치하도록 교양하며 교육하여 인민들을 일체화된 조직으로 바꾸기 위한 대중조직을 개편하고자 않다. 이러한 정치목적이 운동장의 관중이나 산업사회의 계급이 아닌 정치목적을 위한 정치가가 조직한 집단이 '통제된 집단'이 되는 것이다. 오늘날 북한의 3부자 세습독제는 북한 인민들을 통제집단화하고 있다. 이것이 북한의 '집단전략'이다.

사람들은 각자의 개성에 따라서 생각하고 행동하며 살아간다. 다른 동물들과 같은 본능을 갖고 살아간다. 배고프면 먹고 싶고 피곤하면 잠자거나 쉬고 싶은 것은 다른 동물들과 같은 본능으르 갇고 있다. 일반 동물들은 사람들이 받고 있는 교육이나 교양을 받지 못한다. 따라서 일정한 도덕률이나 윤리관이 있을 수 없다. 이들은 동물적인 본능을 갖고 있을 뿐이다. 그것은 동물적인 유치한 본능 감정을 소유할 뿐이다. 본능과 유치한 감정이 일반의 동물들에게 있는 것과 같이 동물로서의 인간에게도 있는 것이다. 북한에서 어떤 경축행사가 있을 때마다 고위 장성들이 나오는데 이들은 윗옷에 가득히 많은 훈장을 도배하듯이 달고 있다. 그들은 그것을 자랑스럽게 느끼고 있고 많은 인민들도 그들을 부러워하고 있다. 그러나 그것은 자랑스러운 것도 아니며 부러워할 것이 못된다. 동물적 본능인 유치한 것이다. 우리가 어렸을 때에 병정놀이를 하면서 계급장과 훈장을 마음대로 만들어 달고 뽐내며 자랑하였던 때와 다를 바 없다.

사람들은 교육과 교양의 차이, 사회적 지위의 차이, 부의 소유의 정도에 따라서 그들의 생각과 행동이 다르며 같지 않다. 이들이 공통으로 갖고 있는 본능과 유치한 생각은 동물적인 본능으로서 모두 같은 것이지만, 사람들이 갖고 있는 이성이 교양은 모두 같다고 볼 수 없다. 동물로서의 본능을 중심으로 인간을 조직하고 지배하는 것이 여러 가지 다른 교양과 이성의 통일적인 지배를 하기보다는 쉬운 것이다. 유치하며 일반 동물들이 갖고 있는 본능을 조직하여 지배하는 것이 훨씬 쉬운 것이다.

동물과 같은 본능과 유치한 감정을 일반화하며 보편화한 것이 세습독제를 가능하게한 '집단전략'이다. 집단은 인민들의 자발적인 일체화로 이루어진 것이 아니다. 북한의 세습독제의 목적에 합치되도록 교육하고 교양한 결과로 통제된 내용이다. 북한은 이러한 집단전략에 의하여 통제되며 지배되고 있다. 그러나 통제된 인민들은 그것을 자발적으로 선택한 것이 아니고 당과 수령의 강요된 교양에 의한 것이므로, 그들의 개인적인 개성이나 주관적인 생각을 버리지 않는 사람이 있을 수 있다. 그들의 교양이나 학식, 소유하고 있는 부나 누리고 있는 사회적 지위에 따라서 행동하고자 하는 이단자(異端者)들이 나올 수 있다. 집단전략은 사람들의 생각에 따르기 대문에 사람들의 판단으로 집단전략을 거부하며 반대하는 사람들이 있을 수 있다. 사람들을 지배하는 것은 그들의 외형(外形)에 한하는 것이다. 그러나 그들의 마음을 지배하기 위해서는 사람들의 마음을 지배해야 한다. 집단전략의 외형을 통일을 사람들의 마음을 지배하는 '종교'로 감싸고 있는 것이 세습적 독제를 가능하게 하고 있다. 세습독제의 종교가 마련되고 있다. 북한은 세습독제를 위하여 집단전략을 채택하였고, 그것을 세습독제의 종교로 포장하고 있다. 그동안 세계 여러 나라에서 정치지도자들에 의하여 독제적인 지배와 통치가 있었으나 그들의 독제를 위한 종교는 없었다. 미국의 일부 학자와 정치지도자와 정부기관이 북한 정권 기관의 붕괴를 예언하고 있었으나 가까운 장래에 그러한 일은 일어나지 않을 것으로 알고 있다. 그들의 예언은 북한에서 집단전략이 채택된 것을 알고 있으나 세습독제를 위한 종교에 대해서는 알지 못하고 있다. 북한의 독제는 일반 다른 나라와 같은 독제가 아니다. 하나의 정치적 숙청을 종교적인 파문(破門)으로 하고 있는 세습독제인 것이다. 집단전략이나 세습독제를 위한 종교는 북한에서 당과 수령의 정치적 목적을 실현하는 데 큰 도움이 되고 있다. 집단전략이 기반이 되고 이것을 세습독제를 위한 종교로 포장한 것이 북한의 세습독제를 가능하게 하고 있다. 모든 사람들과 함께 환호성을 지르며 손바닥이 터지도록 박수를 치게 하면서 이에 동참하지 않는 사람을 반동화하여 제거하는 것이 오늘날 북한의 세습적 독제의 실상이다.

그러면 종교란 무엇인가?

종교에 대한 고대나 중세 있어서는 천지 만물을 창조한 궁극적 실제자인 신(神)을 전제하고 있었다. 그 후 여러 과학자들에 의하여 이들은 영원한 생명과 초월적인 능력을 가진 신을 부정하였다. 포이어바흐는 신이란 인간들이 가지고 있는 아름다운 환상이라고 하여 신의 존재를 부정하였다. 사람들이 둘 이상 결합되면 종교가 성립된다고 하여 종교를 윤학(倫學)으로 하였다.

마르크스는 사람들이 경제 생활이 어렵게 되면 사람들은 신에 귀의(歸依)하게 되고 그 대상이 신이 된다고 하였다. 그러나 실제로 신은 존재하지 않는다고 하였다. 종교는 사람들이 고도의 상상력으로 인간이 생각할 수 있는 아름다운 환상이 신이 되고 사람들은 신에 대치하는 우상들, 예수 그리스도의 십자가상과 예수상, 성모 마리아상 등을 신의 초능력과 영원성을 대신하는 것으로 믿으면서 종교는 성립되었다.

인간이 하나의 종교을 알게 되는 것은 절대자를 직접 만나서 신을 체험하면서 시작된다. 모세가 불붙는 가시덤불 속에서 12동판을 받을어 받게 되면서 신을 체험하였다. 절대자인 신을 체험한 사람이 철학적인 천분이 있는 사람이면 그의 체험을 철학적 내용으로 표현하게 되는데 그것이 그리스도교의 창세기 같은 것이 된다. 그러나 모든 사람들이 철학자는 아니다.

예술적 천분을 가진 사람들은 그러한 체험을 예술적인 표현으로 나타나게 된다. 십자가에 못 박힌 예수상, 성모 마리아상, 십자가상이나 불상 등이 만들어진다. 철학적이거나 예능적 천분이 없는 사람들은 그러한 체험을 이전에 가지고 있던 인간관계(人間關係)보다 앞서는 새로운 인간관계의 변화를 만들어낸다. 그 동안의 인간관계 가운데에서 가장 중요시되었던 부자(父子)관계보다 앞서는 관계가 체험한 신과 인간 사이의 변화된 형태로 나타난다. 그에게 있어서 신과의 관계는 가장 중요한 내용으로 변형되어 종교적 교단을 이루게 된다. 모든 사람들은 철학자이거나, 예술가이거나, 평범한 평민이든지 간에 종교적 속성을 가지고 있는 것이다.

스페인이 중남미의 여러 나라를 무력으로 침략하여 지배하고 있었으나 현재 그곳의 여러 나라들은 독립을 하였다. 그러나 스페인이 그곳에 심어 놓았던 종교는 그곳 사람들에게 계승되어 신앙되고 있다. 그곳 사람들은 오늘도 교회가 가르쳐준 대로 성호를 긋고 신자들로서 살아가고 있다. 기독교나 가톨릭 신자로 살아가고 있다. 종교는 그런 것이다. 엥겔스는 신은 없다고 하여 종교를 부인하며 반대하였으나 여전히 그곳의 종교는 그곳 주민들에게 신앙되고 있다. 북한의 세습적 독제자들에 의한 종교는 오늘날 북한 인민들을 지배하고 있다.

부한에는 그리스도교와 같이 종교를 당과 수령의 정치적 목적을 위하여 지도하는 교단(教團)이 있다. 북한의 세습독제의 종교에도 그리스도교나 불교과 같은 교단으로서의 노동당이 있다. 그리스도교와 불교에 성경이나 불경이 있는 것처럼 북한의 교단에 마르크스의 자본론과 엥겔스의 논문이 있어서 사대주의 · 교조주의 · 종파주의를 비판하고 있다. 그리스도교회에서는 예배를 하며 기도하는 교회의 의식이 있는 것처럼, 북한의 세습독제에는 당 세포회의가 있다. 그리스도교의 참회와 고해성사와 같은 자아비판이 행해지고 있다. 성도와 이단자인 사탄이 있는 것처럼, 당과 수령을 위한 열성분자와 반동이 구별되고 있다. 찬송가나 찬불가처럼, 김○○ 장군의 노래가 불리고 있다.

북한의 '세습적 독제를 위한 종교'는 그리스도교의 여러 가지 종교적 형식과 내용을 모방하고 있다. 북한의 독제적 지배는 단순한 이데올로기로서의 지배체제가 아니다. 집단전략과 세습적 독제를 혼합한 종교로서 존재한다. 북한에 대한 미국의 학자나 전문가들은 이러한 북한의 실정을 제대로 파악하지 못한 상황에서 얻어지고 있다. 그리스도교의 신앙의 대상은 신이다. 북한 세습독제의 종교의 대상은 당과 수령이다. 신이 모든 인간의 역사를 지배하는 것처럼 북한에서는 당과 수령이 모든 인민을 조직하고, 지배하며, 통제하는 절대자인 신이 되고 있다.

끝머리에

이 책을 쓰면서 이상사회를 실현하기 위한 방안과 생산요소에 대한 견해와 배분에 대한 견해, 그리고 관념론과 유물론의 현대철학에 대한 몇 가지의 반대되는 생각을 하게 되었다. 고대사회로부터 이상주의자들은 사유재산제도가 사회 불평등의 원인이라고 하였다. 재산의 사유제도를 개혁하여 재산의 공동소유제도로 개혁할 것이 주장되었다. 토머스 모어의 유토피아에 이르기까지 그 내용이 이상주의자들의 주장이었다. 그러나 모어와 거의 같은 시기에 프랜시스 베이컨은 모어와 다른 주장을 하였다. 그는 종전에 주장되었던 사유재산제도를 개혁하면 이상사회가 실현된다는 논리를 반대하였다. 이상사회는 재산제도로서의 사유재산의 폐지와 공유재산제도로 개혁하는 것으로 실현될 수 없다. 모든 사람들이 쓰고 남을 만큼의 물건을 생산하기 위한 과학과 기술을 개발하고 그것을 모든 사람들이 공동으로 소유하는 공유가 이루어져야 한다고 주장하였다. 종전의 재산의 공유를 주장하였던 이상주의자들과 베이컨의 주장은 서로 상반되는 것이었다. 그는 모든 사람들이 쓰고 남을 수 있는 물품을 생산하기 위하여 과학과 기술을 개발하고 모든 사람들이 재산을 공유하는 것이 아니라, 과학과 기술을 공유하고 그것을 적절하게 배분할 것을 주장하였다.

마르크스는 모든 생산물의 가치는 노동에 의하여 생산된다는 노동가치설을 자본론에 쓰고 있다. 노동자들이 생산한 것이므로 노동자들에게 주어져야 하며 자본가들에 의한 착취가 폐지되어야 한다고 하였다. 그러므로 노동자들의 자유와 평등이 실현된다고 하였다. 일찍이 점진적 개량주의자였던 푸리에(C. Fourier)는 생산은 노동자만이 아니고 자본가와 기술자들의 결합으로 이루어지는 것이라 하여 노동에 더하여 자본과 기술의 공동 작품이라고 하였다. 따라서 생산물을 노동자들에게 줄 것이 아니라고 하였다.

노동자들에게 5/12, 자본 제공자들에게 4/12, 기술 개발에 참여하였던 기술자들에게 3/12를 배분할 것을 주장한 바가 있었다. 이러한 배분의 비율이 합리적이며 정당한가 하는 것은 다시 검토되어야 하겠으나 물품을 생산한 것은 노동자들만의 것이 아니라는 결론이 되고 있다. 이들은 생산물을 적극적으로 생산하였으나, 이들이 생산한 물품들이 계속 생산되기 위해서는 농촌의 농민, 도시의 소시민, 학생, 군인, 공무원 등이 계속 소비해주지 않는다면 생산을 계속될 수가 없다. 따라서 생산은 노동자, 자본가, 기술자 등 적극적 생산주체와 농민을 비롯한 소극적 생산주체가 생산하는 것으로 인정되어야 한다. 자본주의 사회는 원동산업을 발전시키고 산업의 복합체로 발전하여 자본의 대형화를 이루고 있다.

지난날의 식민지 정책은 강력한 군사력을 앞세우누 침략적인 것이었다. 현대사회의 도덕률은 그러한 군사력에 의한 침략, 수탈, 지배를 용납하지 않는다. 앞으로의 식민지 정책은 결제적인 수탈과 지배의 형태가 될 것이 예상된다. 마르크스는 노동자의 해방과, 자유와 평등을 실현하기 위해 착취론의 자본론을 섰다. 이제 착취론은 19세기의 마르크스와 함께 땅에 묻혀 죽은 이론이다. 대형화된 자본론을 가진 국가와 자본가들이 독점하고 있는 자본을 어떻게 세계의 모든 사람들에게 배분(配分)하는가 하는 것이 현대사회가 앞으로 해결해야 할 과제라고 여겨진다.

또 한편, 인간의 정신이 물질이나 자연보다 앞서 생성된 1차적인 것이라 주장하는 관념론 철학과, 물질과 자연이 생성된 후에 그것에서 인간이 태어나고 정신이 생성되었다는 유물론이 현대 철학의 문제였으나, 그것은 철학자들의 추론에 의한 것일 뿐 그대로 믿을 수만은 없다. 나는 철학 전공의 학자는 아니다. 종전의 철학자들의 추런에 그대로 찬성할 수가 없다. 나는 자연의 생성과 함께 인간과 그 정신이 생성되었다는 공생론(共生論)을 추론하고 싶다.